SCHÄFFER
POESCHEL

Norbert Häring / Olaf Storbeck

Ökonomie 2.0
99 überraschende Erkenntnisse

Mit einer Einführung von
Prof. Dr. Axel Ockenfels

2007
Schäffer-Poeschel Verlag Stuttgart

Bibliografische Information der Deutschen Nationalbibliothek
Die Deutsche Nationalbibliothek verzeichnet diese Publikation in
der Deutschen Nationalbibliografie; detaillierte bibliografische
Daten sind im Internet über <http://dnb.d-nb.de> abrufbar.

Gedruckt auf chlorfrei gebleichtem, säurefreiem und alterungs-
beständigem Papier

ISBN 978-3-7910-2635-0

© Schäffer-Poeschel Verlag für Wirtschaft · Steuern · Recht GmbH
www.schaeffer-poeschel.de
info@schaeffer-poeschel.de

Einbandgestaltung: Willy Löffelhardt
Satz: Grafik-Design Fischer, Weimar
Druck und Bindung: C. H. Beck, Nördlingen

Printed in Germany
April 2007

Schäffer-Poeschel Verlag Stuttgart
Ein Tochterunternehmen der Verlagsgruppe Handelsblatt

Vorwort

Dieses Buch soll unterhalten und den Horizont erweitern. Auch wer einen richtigen Beruf gelernt hat, soll die Welt einmal aus dem Blickwinkel von Ökonomen betrachten dürfen. Das ist wie der Blick durch eine Wärmebildkamera. Vieles sieht dadurch verschwommen oder verzerrt aus, aber man sieht Einiges, was man mit bloßem Auge nie erkennen könnte. Und interessant ist es allemal.

Dieses Buch soll auch bilden. Wer Ökonomie studieren will, studiert oder studiert hat, bekommt einen Überblick, in welche Richtungen sich das Fach weiterentwickelt hat. Gerade in den vergangenen Jahren hat die Volks- und Betriebswirtschaftslehre einen großen Sprung nach vorne gemacht. Sie ist empirischer und realitätsnäher geworden. Es ist diese moderne Wirtschaftswissenschaft, die wir als Ökonomie Version 2.0 beschreiben.

Mathematische Formeln und abstrakte Schaubilder erleichtern die wissenschaftliche Analyse. Leider sind sie nicht unterhaltsam. Deshalb kommen sie in diesem Buch nicht vor. Wer nicht darauf verzichten will, darf sie in den wissenschaftlichen Originalaufsätzen nachlesen, auf denen dieses Buch aufbaut. Die Fundstellen sind angegeben. Besonders gutgläubige und besonders skeptische Naturen sollten die ausführlichen Warnhinweise in Kapitel 15 zuerst lesen.

Regelmäßige Handelsblatt-Leser werden Déjà-vu-Erlebnisse haben. Wir haben für dieses Buch die Favoriten aus unseren montäglichen »Wissenswert«-Kolumnen thematisch sortiert, neu editiert und mit einem roten Faden versehen. Wir sind zuversichtlich, dass dadurch etwas Neues entstanden ist, das mehr ist als die Summe seiner Teile.

Unser Dank gilt den Wissenschaftlern, die die Menschheit um die hier präsentierten Erkenntnisse bereichert haben. Wir danken ganz besonders denen, die sich unseren Nachfragen mit Engelsgeduld gestellt haben. Wir danken auch unserem Lektor Frank Katzenmayer, der uns den Anstoß für dieses Buch gegeben hat, und Bernd Ziesemer, dem Chefredakteur des Handelsblatts. Ohne ihn hätten wir uns nicht der produktiven Illusion hingegeben, dass normale Menschen Ökonomie spannend finden können.

Norbert Häring und *Olaf Storbeck*, im März 2007

Inhaltsverzeichnis

Dr. Norbert Häring

ist ein professioneller Skeptiker, sagt seine Frau. Sein Koautor stimmt mit einem tiefen Seufzer zu. Die Schwäbische Alb, wo er 1963 das Licht der Welt erblickte, gilt nicht von ungefähr als rau, der Menschenschlag dort als eher nicht-mediterran geprägt. Sohn Jeremy stört, dass sein Vater Pokemon-Filme nicht mag. Gut sei aber, dass er ein guter Tischtennisgegner ist. Tochter Clio sagt, sie habe einen ganz tollen Pappi. Hätte ein Grundschullehrer sich nicht sehr dafür eingesetzt, dass er aufs Gymnasium geht, wäre Norbert Häring heute Bauer. An der Universität Saarbrücken lernte er ordnungspolitisches Räsonieren und aufrechte Neoklasssik aus dem Effeff. Beim früheren Chef der fünf Wirtschaftsweisen und späteren Landeszentralbankpräsidenten Olaf Sievert promovierte er in Regionalpolitik. Sein wissenschaftliches Ruhmesblatt ist ein Aufsatz in der angesehenen Fachzeitschrift »Public Choice«. So bahnbrechend war der Aufsatz, dass bis heute kein anderer Wissenschaftler darauf Bezug zu nehmen wagte. Nach Stationen erst als Konjunkturanalyst und Öffentlichkeitsarbeiter bei der Commerzbank, dann als Journalist bei Börsen-Zeitung und Financial Times Deutschland schreibt er seit 2002 von Frankfurt aus für das Handelsblatt über Ökonomie, Geldpolitik und Finanzmärkte. Auf seine Initiative hin schlossen sich 18 prominente europäische Ökonomen zum EZB-Schattenrat zusammen, der seit November 2002 regelmäßig und ungebeten Zinsempfehlungen an die Europäische Zentralbank verabschiedet. Er fungiert als Sekretär, Sitzungsleiter und Mädchen für alles.

Olaf Storbeck

ist ein Kind des Ruhrgebietes. 1974 in Gelsenkirchen geboren und aufgewachsen in Gladbeck, stand er nach dem Abitur vor der Frage: Studiere ich, was mir Spaß macht – Geschichte – oder das, was einigermaßen solide Arbeitsmarktchancen verspricht, also Volkswirtschaftslehre? Die Kölner Journalistenschule für Politik und Wirtschaft nahm ihm die Entscheidung ab: Nachdem er zur eigenen Überraschung deren Aufnahmetest bestanden hatte, war klar: Er wird wie von der Journalistenschule vorgeschrieben Volkswirtschaftslehre sozialwissenschaftlicher Richtung an der Universität Köln studieren. Im Laufe der Ausbildung stellte er fest, dass VWL mehr sein kann als eine lästige Pflichtübung. Großen Anteil an dieser Erkenntnis hatte die Kölner Professorin Susanne Wied-Nebbeling. Sie war es auch, die ihn mit einer intensiven Betreuung während der Diplomarbeit über Monopolbildung durch Netzwerkeffekte mit dem mitunter frustrierenden Betrieb der Massenuniversität versöhnte. Weil Storbecks Herz aber dennoch mehr für den Journalismus als für die Wissenschaft schlug – als Gymnasiast hatte er für die Gladbecker Lokalausgabe der »Ruhr Nachrichten« geschrieben, während des Studiums u. a. für »Spiegel«, »Zeit« und »Welt« – lehnte er eine angebotene Assistentenstelle ab und ging 2001 zum Handelsblatt. Dort schrieb er zunächst über Unternehmensthemen, später über Konjunktur und Wirtschaftspolitik. Im Jahr 2005 konzipierte er für das Handelsblatt die erste regelmäßige Wissenschaftsseite einer deutschen Zeitung, die sich mit Volks- und Betriebswirtschaftslehre befasst und die seit November 2005 jeden Montag im Handelsblatt erscheint. Zusammen mit seinem Koautor evaluierte er 2006 die Forschungsleistung von rund 1000 akademischen Volkswirten. Daraus entstand das einflussreiche Ökonomenranking des Handelsblatts, das die beiden regelmäßig aktualisieren werden.

Daten statt Dogmen

Eine Einführung von Prof. Dr. Axel Ockenfels

»Wie viele Volkswirte braucht man, um eine Glühbirne zu wechseln? Antwort: keinen einzigen. Wenn eine neue Glühbirne nötig wäre, hätte der Markt schon dafür gesorgt.«

Solche Ökonomenwitze gibt es zu Dutzenden. Das Spektrum reicht vom Kalauer (»Wirtschaftsforscher haben neun der letzten fünf Rezessionen präzise vorhergesagt«) bis zum geistreichen Aphorismus (»Ökonomie ist das einzige Fach, in dem zwei Forscher den Nobelpreis bekommen, weil sie das genaue Gegenteil herausgefunden haben«). Doch alle werfen ein Schlaglicht auf die öffentliche Wahrnehmung der Wirtschaftswissenschaft. Ökonomen werden gerne als realitätsfern und vage, marktgläubig und modellverliebt beschrieben. Die Kritik an der Wirtschaftswissenschaft ist so alt wie das Fach selbst. Schon Mitte des 19. Jahrhunderts beschrieb Thomas Carlyle das Fach als »dismal science« – eine Beschreibung, die der Disziplin im angelsächsischen Raum bis heute anhängt. Ökonomen, so wird kolportiert, »kennen den Preis von allem und den Wert von nichts«. Wissenschaftler anderer Disziplinen werfen unserem Fach gar »Imperialismus« vor – wir Wirtschaftswissenschaftler würden mit Vorliebe unsere Nase auch in Themen stecken, mit denen wir uns nun wirklich nicht auskennen, von der Familie über Glück bis hin zur Gesundheit.

In der Vergangenheit mag solche Kritik zum Teil berechtigt gewesen sein. In den letzten zwei Jahrzehnten hat sich in der Wirtschaftswissenschaft jedoch eine aufregende Entwicklung breit gemacht: Das Fach ist näher an die Menschen und ihre Probleme gerückt; es gelingt zunehmend, die angeprangerte Lücke zwischen Wissenschaft und »wirklichem Leben« zu überbrücken. Daten statt Dogmen, auf diesen Nenner könnte man das Leitmotiv der modernen Wirtschaftswissenschaft bringen.

Ein Motor dieser Entwicklung war die Entdeckung und Anwendung neuer wissenschaftlicher Methoden – insbesondere die Spieltheorie und ihr empirisches Gegenstück, die experimentelle Wirtschaftsforschung. Beide Forschungsfelder haben gemeinsam die Volkswirtschaftslehre und die Sicht der Ökonomen auf menschliches Verhalten revolutioniert. Zugleich haben sie die Ökonomen mit Instrumenten ausgestattet, mit denen sie gleichsam wie Ingenieure helfen können, effektivere Institutionen zu gestalten und bessere Entscheidungen zu treffen.

Die Spieltheorie liefert ein mathematisch stringentes Werkzeug zur Analyse jeglicher strategischer Interaktion. Bevor die Spieltheorie um die Mitte des letzten Jahrhundert von John von Neumann, Oscar Morgenstern und John F. Nash »erfunden« wurde, ist die Wirtschaftstheorie in ihren Modellen typischerweise davon ausgegangen, dass eine so große Anzahl von Akteuren auf Märkten interagieren, dass jeder einzelne die Reaktion der anderen auf das eigene Verhalten vernachlässigen kann. Dies mag für den Kauf einer Milchtüte im Supermarkt eine nachvollziehbare Vereinfachung sein. Aber für Tarif- und Umweltverhandlungen, Regulierung von Infrastrukturmärkten, oligopolistischen Wettbewerb und andere Formen von Konflikt und Kooperation sind derlei Modelle offensichtlich nicht besonders hilfreich. Die Spieltheorie befreit uns von solchen methodologischen Zwängen. Sie erlaubt uns, ökonomische, soziale und politische Interaktion auf Märkten und außerhalb von Märkten mit denselben Methoden zu analysieren. Dadurch gelingt es Zusammenhänge ökonomischen und sozialen Verhaltens zu offenbaren, und den Einfluss von Markt- und anderen Spielregeln auf Entscheidungen besser zu verstehen.

Die Spieltheorie erweist sich als äußerst erfolgreicher Berater, wenn es um Anreizwirkungen und Verhaltensstrategien geht. Aber auch ihr sind Grenzen gesetzt. Die Akteure, die die spieltheoretischen Modellwelten bevölkern, agieren in der Regel ohne kulturellen oder sozialen Hintergrund, aber dafür mit unbegrenzter Rechenkapazität. Solche vereinfachenden Annahmen sind zwar manchmal hilfreich, führen aber zuweilen zu fundamental falschen Schlussfolgerungen. Ein Beispiel: Aus Sicht der Spieltheorie ist Schach ein völlig uninteressantes Spiel. Da es keine Unsicherheiten über die strategischen Optionen des Gegenübers gibt und alle Züge exakt beobachtet werden können, weiß ein perfekt rationaler Spieler stets, wie sein Gegenüber auf jeden möglichen Zug reagieren wird. Mit anderen Worten, beide Spieler können bereits vor dem ersten Zug exakt voraussehen, wie sich das Spiel entwickeln und schließlich ausgehen wird. Dass der Gewinner bei rationalem Verhalten bereits vor dem ersten Zug feststeht, kann recht leicht spieltheoretisch bewiesen werden. Genauso klar ist indes, dass die Rechenkapazitäten keines Menschen oder Computers ausreichen würden, um Schach rational spielen zu können. Doch wie verhalten sich Menschen dann in komplexen Situationen?

Die experimentelle Wirtschaftsforschung läutete ein neues Zeitalter für die Wirtschaftswissenschaft ein. Schon Ende der fünfziger Jahre haben Volkswirte vereinzelt damit begonnen, ökonomische Phänomene mit Laborexperimenten zu analysieren. Zu den wichtigsten Pionieren gehören die beiden späteren Ökonomie-Nobelpreisträger Vernon Smith und Reinhard Selten. Doch bis diese neue Methode in der Disziplin auf breiter Front akzeptiert wurde, sollten noch Jahrzehnte vergehen. Das Vorurteil, Experimente seien in der Wirtschaftswissenschaft nicht möglich, saß tief in den Köpfen. Heute gehört die experimentelle Wirtschaftsforschung zu den erfolgreichsten Forschungsfeldern in der Wirtschaftswissenschaft. Kaum eine Fakultät, die etwas auf sich hält, kann es sich heute noch leisten, auf ein Experimental-Laboratorium zu verzichten.

Die experimentelle Wirtschaftsforschung beschäftigt sich komplementär zur Spieltheorie mit dem Verhalten von Menschen aus Fleisch und Blut. Und siehe da, der Mensch agiert zuweilen ganz anders, als es die traditionelle Ökonomik unterstellt. Motivationen wie Fairness können eine entscheidende Rolle bei Verhandlungen spielen, kognitive Beschränkungen führen zu systematischen Fehlern auf Finanzmärkten und Erfahrungen aus der Vergangenheit können das Verhalten auch schon mal in die falsche Richtung steuern. (Dieses Buch ist eine Fundgrube für alle, die derlei Phänomene näher kennen lernen wollen.)

Die systematische Untersuchung solcher Phänomene in hoch kontrollierten experimentellen Umgebungen zeigt, dass sich Menschen nicht irrational oder gar chaotisch verhalten. Menschen aus Fleisch und Blut folgen ihrer eigenen Rationalität. Diese stimmt zwar nicht immer mit der des Homo oeconomicus überein, aber sie verhält sich systematisch und prognostizierbar – und damit auch modellierbar. Diese Tatsache ermöglicht es Ökonomen, alte Pfade zu verlassen und neue deskriptiv relevante Verhaltenstheorien zu entwickeln. Einige davon haben sich als überraschend robust und empirisch erfolgreich erweisen. Sie bilden die Grundlage einer neuen Ökonomik, der »Behavioral Economics«.

Der Schwung, den Spieltheorie und experimentelle Wirtschaftsforschung in die Wirtschaftswissenschaft gebracht haben, wird verstärkt durch spannende Entwicklungen in benachbarten Gebieten. Insbesondere hat auch die Psychologie die Ökonomik in den vergangenen Jahrzehnten massiv bereichert. Nicht von ungefähr erhielt Daniel Kahneman als erster Psychologe den Ökonomie-Nobelpreis für die Prospekt-Theorie, die er zusammen mit Amos Tversky entwickelte, und die vor allen Dingen das Fach »Behavioral Finance« begründete und zum Erfolg führte. Neuerdings versuchen Ökonomen gewissermaßen noch tiefer ins Gehirn zu sehen. Die Neuroökonomik kombiniert Methoden der Neurowissenschaften und der Ökonomik. Sie versucht insbesondere, diejenigen im Gehirn stattfindenden Prozesse zu identifizieren und zu verstehen, die mit der Entstehung von Wahrnehmungen und Entscheidungen einhergehen.

Auch Innovationen bei den mathematischen Methoden haben die Wirtschaftswissenschaft in den vergangenen zwei Jahrzehnten deutlich vorangebracht. Die Wirtschaftstheorie und die Statistik entwickeln immer verfeinerte und komplexere Modelle und Analysemethoden. Parallel dazu hat die Wirtschaftswissenschaft vom technischen Fortschritt profitiert. Die Rechenkapazitäten von Computern sind seit 1980 explodiert. Mit einfachen Personal-Computern sind heute auf Knopfdruck komplexe Rechenoperationen möglich, für die man vor zwei Jahrzehnten große Rechenzentren, viel Zeit und jede Menge Geld gebraucht hätte.

Die zunehmende Mathematisierung hat jedoch auch innerhalb der eigenen Profession nicht nur Anhänger. So spricht der amerikanische Volkswirt Alan Blinder von einem »Mathematikrennen« und moniert, die »Ökonomie sei inzwischen mathematischer als die Physik«. Tatsächlich hat es eine Zeit gegeben, in der sich unser Fach zum Sklaven der Mathematik gemacht hat. Doch die ist zumindest in den angewandten Teilen der Wirtschaftswissenschaft inzwischen vorbei: Die moderne ökonomische Wissenschaft kommt zwar ohne Mathematik nicht aus – aber heute sind die Methoden unsere Sklaven, die uns dabei helfen, wirtschaftliche Probleme des realen Lebens besser in den Griff zu bekommen. Wie sollte der Strommarkt designed werden, damit er optimal funktioniert? Welche Instrumente der Wirtschaftspolitik können dazu beitragen, das Beschäftigungsproblem zu lösen? Wie wirkt ein Mindestlohn? Wie interagieren Kooperation, Vertrauen und Wettbewerb in anonymen Online-Märkten? Welche Anreizsysteme motivieren, welche demotivieren? Wie sollen Kindergartenplätze und Organe verteilt werden? Wie sollen UMTS-Frequenzblöcke versteigert werden?

Solche und ähnliche Fragen sind es, die die moderne Wirtschaftswissenschaft zu beantworten sucht. Sie gibt sich nicht mehr damit zufrieden, die Antworten aus den ewigen Wahrheiten des Fachs abzuleiten, sondern sie entwickelt und überprüft problemorientiert und mit großer Methodenvielfalt ihre Theorien und Erklärungsversuche. Moderne Volkswirte wollen Märkte nicht mehr nur verstehen – sie wollen ihre Expertise auch einsetzen, um sie zu verbessern. Aufbauend auf den jüngsten methodischen und inhaltlichen Fortschritten gelingt es in jüngster Zeit tatsächlich zunehmend, Verhalten und Institutionen im Detail zu sezieren und zu kontrollieren. Innovative Experimentaltechniken erlauben einen fließenden Übergang von Labor- zu Feldstudien. Hochkomplexe reale Märkte wie zum Beispiel Elektrizitätsmärkte oder elektronische Auktionsmärkte können gewissermaßen im experimentellen Windkanal einer wissenschaftlich fundierten Untersuchung zugänglich und beherrschbar gemacht werden. Die Brücke zwischen Grundlagenforschung hin zur Realität wird geschlossen, mit positiven Konsequenzen für Wirtschaft und Gesellschaft.

Olaf Storbeck und Norbert Häring gelingt es in diesem Buch, einen auch für Laien verständlichen Überblick über die aufregenden Entwicklungen moderner Wirtschaftswissenschaft und ihrer Erkenntnisse zu geben. Beide Autoren erarbeiten nicht nur im Detail die – nicht immer leicht verdaulichen – Forschungspapiere, sondern sie hinterfragen auch das Gelesene kritisch und mit journalistischem Gespür für das Wesentliche. Heraus kommt dabei eine außergewöhnlich kompetente und elegante Darstellung der State-of-the-art-Forschung. Sie ist geeignet, alte Vorurteile gegenüber der Wirtschaftswissenschaft aufzuweichen und die Intuition über wirtschaftliche Zusammenhänge zu stärken. Wissenschaftsjournalismus auf diesem hohen Niveau wird hoffentlich auch dazu führen, dass die eingangs erwähnten Ökonomenwitze bald niemand mehr versteht.

Köln, im Februar 2007   Prof. Dr. Axel Ockenfels

Kapitel 1

Der Mensch, ein ökonomisches Tier?

Das Gerät steht tief unter der Erde, in einem fensterlosen Raum im zweiten Kellergeschoss des Züricher Universitätsspitals. Der Weg dahin führt über lange, mit kaltem Leuchtstoffröhrenlicht beleuchtete Flure. »Achtung: starkes Magnetfeld!«, warnt ein Schild an der letzten Hürde, einer zehn Zentimeter dicken Stahltür, vor der man alle metallischen Gegenstände abgeben muss. Dahinter befindet sich ein übermannshoher Apparat, der an einen Computertomographen erinnert. Damit kann man Menschen beim Denken zugucken – ein Gehirnscanner der Marke Philips.

Dies ist nicht der Ort, an dem man Wirtschaftswissenschaftler vermuten würde. Der Züricher Ökonom Ernst Fehr jedoch treibt hier unten seine Forschung voran – gemeinsam mit Hirnforschern und Psychologen. Grundlegende Fragen des menschlichen Verhaltens und Zusammenlebens will das Wissenschaftler-Team hier enträtseln: Wann vertrauen Menschen einander, wann kooperieren sie? Was bringt sie dazu, sich egoistisch zu verhalten, und wann haben sie nicht nur ihren eigenen Nutzen im Sinn? Welche Umstände führen dazu, dass ein Mensch soziale Normen bricht?

Eine wissenschaftliche Revolution, zumindest für traditionelle Ökonomen. Denn solche Fragen haben sich Wirtschaftswissenschaftler bis vor kurzem nicht gestellt. Zwar ist die Ökonomie die Wissenschaft von den wirtschaftlichen Entscheidungen, vom Umgang mit Ressourcenknappheit. Doch der Mensch, seine Vorlieben und Entscheidungsmotive, der kommt in der traditionellen Ökonomie schlicht und ergreifend nicht vor. Ökonomen, so lautete das alte Paradigma, ergründen keine Präferenzen – sie nehmen sie als gegeben hin.

Diese Form der Wirtschaftswissenschaft fußte auf einem klaren Paradigma: Der Mensch ist ein ökonomisches Tier, ein *Homo oeconomicus*. In ökonomischen Entscheidungssituationen, so die Annahme, handeln wir stets rational, eigennützig und haben stets und ausschließlich unseren eigenen Vorteil im

Sinn. Menschen aus Fleisch und Blut verwandeln sich in den alten Modellen der Ökonomen in »Wirtschaftssubjekte«, die gnadenlos ihren eigenen Nutzen maximieren – und sonst nichts im Sinn haben. Einem Roboter gleich, wiegt der Homo oeconomicus bei jeder Entscheidung klar, kühl und vernünftig Vor- und Nachteile ab. Moralische Bedenken, Skrupel oder Fairness-Gedanken sind einem solchen Akteur vollkommen fremd – wenn er einen Vorteil auf Kosten anderer erlangen kann, dann tut er das. Noch heute wird jeder Student der Volkswirtschaftslehre bereits im ersten Semester mit dieser Annahme konfrontiert.

Kein besonders sympathisches Menschenbild, finden selbst Ökonomen. »Ich wäre nicht begeistert, wenn meine Tochter später mit einem reinen Homo oeconomicus verheiratet wäre«, gesteht der Kölner Ökonomieprofessor Axel Ockenfels. Allerdings: Dass sein Kind tatsächlich an einen gänzlich rationalen, egoistischen Lebenspartner gerät, der nur den eigenen Nutzen maximiert, ist ziemlich unwahrscheinlich.

Denn Wirtschaftswissenschaftler wie Ernst Fehr und Axel Ockenfels haben in den letzten Jahren nachgewiesen: In der Realität verhalten sich Menschen in aller Regel weder so egoistisch noch so rational, wie Ökonomen in ihren Modellen unterstellen.

In zahllosen Laborexperimenten und in Feldstudien haben Ökonomen gezeigt: Der Mensch ist ein weit sozialeres und weniger rationales Wesen, als die traditionelle Wirtschaftswissenschaft annimmt. Phänomene wie den Wunsch nach Fairness und der Hang zur Kooperation sind keine vernachlässigbaren Randerscheinung, sondern Wesensbestandteile des Menschen. Ohne sie lässt sich sein wirtschaftliches Handeln nicht sinnvoll beschreiben und verstehen.

Eines der ersten Experimente, das die These vom Homo oeconomicus ins Wanken brachte, war das »Ultimatum-Spiel«. Dabei müssen sich zwei Personen, zum Beispiel Max und Moritz, einigen, wie sie einen Geldbetrag von 100 Euro unter sich aufteilen. Die Regeln sind einfach, aber strikt: Max darf einen Vorschlag machen, den Moritz nur annehmen oder ablehnen kann. Schlägt Moritz die Offerte von Max aus, dann gehen beide leer aus. Würden beide so agieren wie ein Homo oeconomicus, dann würde Max für sich den größtmöglichen Anteil herausschlagen – also 99,99 Euro. Moritz würde selbst ein so unverschämtes Angebot akzeptieren – denn ein Cent ist besser als keiner. Dass sich die Gegenseite so viel mehr einstecken kann, wäre ihm als rationalem Egoisten egal – er wäre nur an seinem eigenen Wohlergehen interessiert.

Doch die Wirklichkeit, sie ist nicht so. In Hunderten von Experimenten zeigte sich immer wieder: In aller Regel teilen beide Spieler die Summe deutlich gleichmäßiger untereinander auf. Offerten, die unter 20 Prozent liegen, werden mit hoher Wahrscheinlichkeit abgelehnt – weil der zweite Spieler sie als unfair empfindet. Allerdings zeigten andere Experimente auch: Strenger Altruismus ist den meisten von uns genauso fremd wie extremer Egoismus. Insgesamt orientieren sich die Menschen stärker daran, wie sich ihre eigene Situation im Vergleich zu der anderer entwickelt. Die eigene absolute Position dagegen, die für den Homo oeconomicus allein entscheidend wäre, ist weniger wichtig.

Eine der goldenen Regeln des menschlichen Verhaltens ist es offenbar, Gleiches mit Gleichem zu vergelten. »Die meisten Menschen verhalten sich reziprok«, erläutert Armin Falk, Direktor des Laboratoriums für Experimentelle Wirtschaftsforschung der Uni Bonn. »Sie belohnen faires Verhalten und bestrafen unfaires, selbst wenn dies für sie mit Kosten verbunden ist.«

Wie fair oder eigensüchtig wir uns verhalten, hängt außerdem stark vom institutionellen Rahmen ab, in dem wir uns bewegen – in einem wettbewerblichen Umfeld agieren wir egoistischer als in einem kooperativen. In abgewandelten »Ultimatum-Spielen«, in denen ein Spieler die Aufteilung vorschlägt und es genügt, wenn von mehreren Mitspielern nur einer annimmt, kann der Vorschlagende meist fast den ganzen Kuchen für sich behalten und tut das oft auch. Daraus folgt: In sehr stark wettbewerblich geprägten Entscheidungssituationen kann die Egoismusannahme der Ökonomen eine sinnvolle Näherung sein.

Aber wann, warum und in welchen Situationen genau sich Erwachsene egoistisch oder kooperativ verhalten, wann wir rational oder aus dem Bauch heraus entscheiden – all das können Wirtschaftswissenschaftler bislang bestenfalls ahnen. Von der Zusammenarbeit mit den Hirnforschern versprechen sie sich bessere Antworten auf diese Fragen. »Wir erforschen die biologischen Grundlagen menschlichen Sozialverhaltens«, sagt Ernst Fehr, einer der Pioniere in der noch jungen Disziplin der »Neuro-Ökonomie«.

Wer menschliche Entscheidungen verstehen will, der muss wissen, wie das Gehirn diese Entscheidungen trifft, lautet die Ausgangshypothese dieser Forschungsrichtung. In der Vergangenheit war das Hirn – genauso wie die Präferenzen des Menschen – für Wirtschaftswissenschaftler eine »Black Box«. »Die bisherige ökonomische Theorie wurde unter der Prämisse entwickelt, dass die Details über das Funktionieren dieser Black Box niemals bekannt werden«, schreiben die Neuro-Ökonomen Colin Camerer, George Loewenstein und Drazen Prelec. Dank bildgebender Verfahren können Wissenschaftler neuerdings zuschauen, welche Bereiche des Gehirns bei ökonomischen Entscheidungen involviert sind. »Die Hirnforschung ist dabei, die direkte Messung von Gedanken und Gefühlen möglich zu machen«, so Camerer, Loewenstein und Prelec.

Altruistisches Bestrafen hat biologische Grundlagen, fand das Forscherteam um Fehr heraus. Wenn Menschen entscheiden, ob sie unfaires Verhalten sanktionieren, wird in ihrem Gehirn ein wichtiges Gebiet des Belohnungssystems aktiviert – durch die Bestrafung empfinden die Menschen Befriedigung oder Genugtuung, lautet die Interpretation der Wissenschaftler. Andere Experimente zeigen: Wenn ein Mensch selbst Schmerzen hat, sind dieselben Hirnregionen aktiv, wie wenn er andere Menschen beobachtet, die Schmerz empfinden – auch das ist möglicherweise ein Grund dafür, warum sich Menschen nicht nur egoistisch verhalten.

Die Bereitschaft, anderen Menschen zu vertrauen, hängt ebenfalls von biologischen Faktoren ab. Das Hormon Oxytocin spielt dabei eine wichtige Rolle, zeigte das Forscherteam um Fehr. Versuchspersonen, denen die Wissenschaftler das Hormon verabreichten, brachten anderen Menschen mehr Vertrauen entgegen als Probanden, die ein Placebo erhielten. »Das Hormon erhöht die Bereitschaft, im Umgang mit anderen Menschen soziale Risiken einzugehen«, lautet das Fazit der Wissenschaftler.

Die ökonomische Persönlichkeitsspaltung

Eine Grunderkenntnis der neuroökonomischen Forschung ist: Bei Entscheidungen findet im Gehirn oft ein Wettbewerb statt zwischen verschiedenen Arealen. Vereinfacht gesprochen, steht die Abteilung, die für Emotionen zuständig ist, in Konflikt mit dem Bereich, der sich um die Logik kümmert – beide Bereiche »schätzen dieselbe Situation mitunter unterschiedlich ein«, betont Jonathan Cohen, Psychologie-Professor an der US-Elite-Universität Princeton.

Dieses Phänomen kann erklären, warum Menschen bei intertemporalen Problemen zu widersprüchlichen Entscheidungen neigen. Stellt man einen Menschen vor die Wahl, ob er 10 Euro heute oder 11 Euro morgen haben möchte, entscheidet er sich mit hoher Wahrscheinlichkeit für die 10 Euro heute. Hat er aber die Wahl zwischen 10 Euro in einem Jahr und 11 Euro in einem Jahr plus einem Tag, nimmt er das längere Warten in Kauf und votiert für die höhere Summe.

Ein Forscherteam um Cohen und den Harvard-Ökonomen David Laibson zeigte: Bei Entscheidungen mit kurzem Zeithorizont wird vor allem das limbische System aktiviert, dem Forscher Emotionen und Triebverhalten zuschreiben. Bei der Entscheidung mit langem Zeithorizont ist vor allem der präfrontale Kortex aktiv, der als Sitz der Vernunft gilt.

Inzwischen erhält diese Erkenntnis auch Einzug in die ökonomische Theorie. So haben die Harvard-Ökonomen Drew Fudenberg und David Levine ein Modell konstruiert, in dem der interne Wettbewerb zwischen den zwei Entscheidungsinstanzen des Menschen berücksichtigt wird. Fudenberg und Levine modellieren den Menschen als einen Akteur mit zweigeteilter Persönlichkeit – mit einem »hedonistischen« und einem »rational langfristig planenden« Selbst. Unsere Hedonistik-Abteilung hat allein die Maximierung des Vergnügens im Augenblick zum Ziel, die Vernunft-Abteilung dagegen denkt auch an Übermorgen.

Das Modell kann eine Reihe von Phänomenen erklären, die in der herkömmlichen Ökonomie als irrationales Verhalten erscheinen. Zum Beispiel die Beobachtung, dass Menschen bei Wetten mit kleinem Einsatz oft eine Risikoabneigung zeigen, die im Verhältnis zu ihrem Gesamtvermögen absurd ist.

Oder die Tatsache, dass Menschen mit Geld, das sie unerwartet auf die Hand bekommen, ganz anders umgehen, als mit dem gleichen Betrag, der auf ihrem Bankkonto eingeht.

Wenn unterschiedliche Bereiche des Hirns für große und kleine finanzielle Entscheidungen zuständig sind, lässt sich dieses Phänomen erklären: Das hedonistische, kurzfristig orientierte Selbst darf in dem Modell von Fudenberg und Levine nur über das Geld verfügen, das ihm das rational planende Selbst in die Geldbörse packt. Längerfristig relevante finanzielle Entscheidungen finden dagegen in einem anderen Bereich statt, der »Bank-Sphäre«. Hier entscheidet das langfristig planende Selbst. Im Alltag bezieht das hedonistische Selbst jede Ausgabe auf das zur Verfügung gestellte Alltagsbudget. Das Gesamtvermögen bei der Bank, auf das es keinen Zugriff hat, ist weitgehend irrelevant. Der Weg zur Bank ist zu zeitaufwändig. Für einen Homo oeconomicus wäre dagegen immer das Gesamtvermögen der wichtigste Vergleichsmaßstab.

Allerdings eröffnen Kreditkarten oder Geldautomaten im Kaufhaus dem hedonistischen Selbst neue Spielräume. Gerade diese problematischen Randbereiche des Modells sind besonders instruktiv. Wird dem hedonistischen Selbst der sofortige Zugriff auf die Banken-Sphäre ermöglicht, so überzieht es das Girokonto bis zum Anschlag und reizt die Kreditkarte bis zum Limit aus. Letzteres ist ein Phänomen, das in den USA schon viele Ökonomen beschäftigt hat. Dort sind die Zinsen für Kreditkarten-Schulden noch deutlich höher als bei uns. Trotzdem haben sehr viele Kunden über lange Zeit Kreditkarten-Schulden anstatt günstigerer Konsumentenkredite aufgenommen. Für den Homo oeconomicus ist das Geldverschwendung, für den realen Menschen dagegen vernünftig. Die höheren Zinszahlungen gehen zu Lasten des Verursachers, des hedonistischen Anteils. Sein Alltagsbudget wird gekürzt. Würde dagegen der planende Teil des Selbst umschulden, eröffnete er dem anderen Teil nur neue Verschuldungsspielräume, die dieser bald wieder ausnutzen würde. Das Kreditkartengewerbe lebt daher blendend von einem Phänomen, das es nach der herkömmlichen ökonomischen Theorie gar nicht geben dürfte.

Wenn Ökonomen in den Kindergarten gehen

Menschen aus Fleisch und Blut reagieren auf ökonomische Anreize oft ganz anders, als Volkswirte in ihren traditionellen Modelle annehmen. Ein Grund dafür ist, dass *intrinsische* und *extrinisische Motivation* in Konkurrenz miteinander stehen können.

Das haben die in den USA forschenden Ökonomen Uri Gneezy und Aldo Rustichini eindrucksvoll demonstriert. Sie untersuchten eine relativ simple Frage: Was passiert, wenn ein Kindergarten Strafgebühren einführt für Eltern, die ihre Kinder zu spät abholen? Nach der herkömmlichen ökonomischen Theorie müsste das Ausmaß der Verspätungen sinken. Denn für die Eltern steigen die Anreize, pünktlich zu kommen.

Die beiden Forscher machten in mehreren israelischen Kindergärten die Probe aufs Exempel – und beobachteten genau das Gegenteil. Sobald eine Strafe für zu spät kommende Eltern eingeführt wurde, nahm deren Unpünktlichkeit signifikant zu. Selbst, nachdem die Verspätungsgebühr wieder abgeschafft wurde, verharrte die Unpünktlichkeit auf dem höheren Niveau. Für die Interpretation der Resultate machen Gneezy und Rustichini Anleihen bei der Psychologie und der Soziologie: Durch die Strafgebühr ändert sich aus Sicht der Eltern das Normengefüge in der sozialen Beziehung zum Kindergarten. Ursprünglich sei es einfach eine Frage des Anstands, pünktlich zu kommen – weil sonst ein Kindergärtner nach seinem Feierabend auf den Nachwuchs aufpassen müsste. Dies hätten die Eltern nicht als Markttransaktion wahrgenommen, sondern als Freundschaftsdienst – und es war Ehrensache, den nur in Anspruch zu nehmen, wenn es gar nicht anders ging. Durch die Strafgebühr habe die Verspätung einen Preis bekommen. Das Beaufsichtigen der Kinder verwandelte sich in eine Dienstleistung, die genauso bezahlt wird wie andere Angebote des Kindergartens. Dadurch wurde Unpünktlichkeit aus Sicht der Eltern zu einem akzeptablen Verhalten. Im Psychologenjargon ausgedrückt: Die starke intrinsische Motivation wurde durch eine schwächere extrinsische ersetzt.

Ariel Rubinstein, einflussreicher Ökonomie-Professor aus Tel Aviv, äußerte einige Jahre später schwere methodische Vorbehalte gegen das Vorgehen der Autoren. Er kritisierte die Studie in einem viel beachteten Arbeitspapier als Negativbeispiel für unsaubere ökonomische Forschung. Gneezy und Rustichini wiederholten das Experiment unter penibler Berücksichtigung der Einwände Rubinsteins. Das neue Experiment bestätigte die alten Ergebnisse eindrucksvoll.

Warum Sie ihren Kindern nicht vertrauen sollten

Soziales Verhalten müssen wir allerdings in unserer Kindheit und Jungend erst mühsam erlernen. Kinder kommen mit ihrem Verhalten dem des Homo oeconomicus deutlich näher als Erwachsene, zeigten die Innsbrucker Ökonomen Matthias Sutter und Martin Kocher. Kinder agieren egoistisch, geben ihresgleichen keine Vertrauensvorschüsse und honorieren Vertrauensvorschüsse nicht. Mit 662 Versuchspersonen aus sechs Altersgruppen – von Achtjährigen bis zu Pensionären – machten Sutter und Kocher ein ökonomisches Experiment, das unter Wissenschaftlern als »Trust Game« bekannt ist. In diesem »Vertrauensspiel« erhält eine Versuchsperson zehn Euro und kann entscheiden, ob und wie viel sie davon an einen ihr unbekannten Probanden abgibt. Dieser Betrag für die zweite Versuchsperson wird von der Versuchsleitung verdreifacht. Der Empfänger hat die Möglichkeit, nach Gutdünken einen Teil des Geldes wieder an die erste Person zurückzuschicken. Beide Akteure fahren besser, wenn sie kooperieren – die erste Partei aber nur, wenn sie darauf vertrauen kann, dass die Gegenseite mitspielt und ihre Vorleistung honoriert. In den konkreten Experimenten von Sutter und Kocher galt: Wenn der erste alles weitergab und der zweite die Hälfte seiner Einnahmen zurückgab, bekam jeder 15 Euro.

Vertrauen und Vertrauenswürdigkeit steigen fast linear mit dem Lebensalter an, stellten die beiden Wissenschaftler fest. Achtjährige gaben im Schnitt nur zwei Euro ab und erhielten im Gegenzug nur 66 Cent zurück, machten also 1,34 Euro Verlust. Die 16-Jährigen gaben im Schnitt fast die Hälfte ab, verloren dabei aber immer noch 30 Cent, Berufstätige gaben mit 6,58 Euro am meisten ab und bekamen 2,45 Euro mehr zurück, als sie abgaben. Bei Rentnern verschlechtern sich die Werte wieder etwas. »Vertrauen lohnt sich im Durchschnitt nur in der erwachsenen Bevölkerungsgruppe«, stellen die Autoren fest.

Vertreter der traditionellen Ökonomie wenden ein: All diese Erkenntnisse stehen auf wackeligen Beinen – denn sie stammten aus Rollenspielen, die in künstlichen Laborsituationen stattfinden und nur wenig mit dem realen Leben zu tun haben. Wenn es um größere Beträge in realen Kontexten gehe, würden die meisten Unvereinbarkeiten mit den Rationalitätsannahmen verschwinden, lautet ihr Argument. Doch es lässt sich leicht entkräften – mit Ergebnissen einer Umfrage unter 21 000 Teilnehmern des Sozioökonomischen Panels, das als repräsentativ für die deutsche Bevölkerung gilt. Die Teilnehmer wurden gefragt, wie sehr Aussagen über ihre Neigung zu positiver und negativer Reziprozität auf sie zutreffen.

Ein Forscherteam um den Bonner Ökonomen Armin Falk stellte bei der Auswertung der Umfrageergebnisse fest: In der Realität lassen sich Menschen in drei verschiedene Gruppen einordnen: Erstens gibt es diejenigen, die vor allem im Positiven Gleiches mit Gleichem vergelten – dieses Verhaltensmuster ist am weitesten verbreitet. Zweitens gibt es Menschen, die sich hauptsächlich im Negativen reziprok verhalten – sie sind allerdings in der Minderheit. Drittens gibt es eine Gruppe, für die beides gilt. Der Homo oeconomicus dagegen, der sich weder im Positiven noch im Negativen revanchiert, scheint fast nicht vorzukommen.

Nicht alle Gruppen kommen gleich gut durchs Leben, stellten die Forscher fest. Wer nach den Prinzipien der alttestamentarischen Rächer lebt, muss mit erheblichen wirtschaftlichen Nachteilen rechnen – weil er größere Schwierigkeiten hat, soziale Bindungen einzugehen und aufrechtzuerhalten, vermuten die Wissenschafter. Zudem dürften solche Menschen dazu neigen, auf Zumutungen durch Vorgesetzte oder Kollegen auf eine Weise zu reagieren, die ihnen selbst schadet. Zu diesen Reaktionen scheint auch Blaumachen zu gehören – denn Menschen, die eine starke Neigung zu negativer Reziprozität angeben, haben zugleich überdurchschnittlich hohe Fehlzeiten. Wer stark dazu neigt, Gutes mit Gutem zu vergelten, verdient im Durchschnitt mehr als jemand, der dazu weniger neigt – und ist auch seltener arbeitslos.

Ankunft in der Wirklichkeit

Lange Zeit hat nur ein Fachzirkel von Spieltheoretikern und experimentellen Wirtschaftsforschern diese Forschungsergebnisse zur Kenntnis genommen. Allmählich breiten sie sich aber in immer mehr Teilbereichen der Wirtschaftswissenschaft aus. So setzt sich bei Finanzmarktforschern, Arbeitsmarktexperten und Personalökonomen zunehmend die Erkenntnis durch, dass es sich die traditionelle Ökonomie mit ihren Annahmen über Motivation und Verhalten des Menschen zu leicht gemacht hat.

So müssen zum Beispiel Teile der bisherigen *Arbeitsmarktforschung* neu geschrieben werden. Traditionell haben neoklassische Ökonomen stets unterstellt, dass der Arbeitsmarkt letztlich genauso funktioniert wie ein Gütermarkt – und zum Beispiel höhere Leistungsanreize automatisch dazu führen, dass die Arbeitnehmer ihren Arbeitseinsatz erhöhen.

Neuere experimentelle und empirische Untersuchungen über die Wirkung von Anreizstrukturen zeigen jedoch: Weil Menschen nicht nur an sich denken und weil extrinsische Motivation die intrinsische verdrängen kann, ist das nicht immer der Fall. Besonders deutlich wird dies bei der Analyse so genannter *relativer Entlohnungssysteme*. Dabei hängt der Verdienst eines Arbeiters davon ab, wie viel Leistung er im Vergleich zu seinen Kollegen erbringt. Theoretisch sind die Leistungsanreize dabei weit größer als bei einem reinen Akkordlohn – überdurchschnittlich verdient nur, wer sich stärker einsetzt. Bis vor kurzem galten solche relativen Entlohnungssysteme daher als besonders leistungsfördernd.

Tatsächlich sind sie Leistungskiller: Besonders starker Einsatz bedeutet, dass man den Kollegen den Akkord kaputtmacht und indirekt deren Einkommen schmälert. Weil dies die meisten Menschen berücksichtigen, schieben sie lieber eine ruhigere Kugel. Dass dies nicht nur unter Laborbedingungen, sondern auch in der Realität der Fall ist, haben drei Arbeitsmarktforscher am Beispiel von Erntehelfern einer großen britischen Obstplantage gezeigt. »Die Produktivität eines durchschnittlichen Arbeiters ist bei reinem Akkordlohn mindestens 50 Prozent höher als bei einem relativen Anreizsystem«, lautet das Ergebnis der Studie.

Hinzu kommt: Nur selten kann ein Arbeitgeber die Leistung seiner Angestellten so einfach beurteilen wie bei einem Erntehelfer. Wegen unvollständiger Informationen können Chefs das wahre Engagement ihrer Untergebenen oft nur erahnen. »Der Arbeitgeber ist fast immer auch auf freiwillige Kooperation und guten Willen der Arbeitnehmer angewiesen«, erläutert Armin Falk. »Die Beschäftigten haben in aller Regel einen großen diskretionären Spielraum über ihr Engagement.«

Aus der Neigung zu *reziprokem Handeln* folgt: Wenn Beschäftigte den Eindruck haben, von ihrem Chef unfair behandelt zu werden, sinkt ihre Bereitschaft, mehr Leistung zu bringen als unbedingt nötig. Dies kann für das Unternehmen sehr unangenehm werden. So hat der Princeton-Professor Alan Krueger gezeigt: Die massiven Qualitätsprobleme, die der Reifenhersteller Firestone Mitte der neunziger Jahre hatte und die in den USA Dutzenden Autofahrern das Leben kosteten, waren wahrscheinlich Folge eines harten Arbeitskampfs in einer Firestone-Fabrik.

Generell lohnt es sich für Arbeitgeber, die menschliche Neigung, Gleiches mit Gleichem zu vergelten, zu nutzen. So engagieren sich zum Beispiel Mitarbeiter, denen von ihren Chefs Vertrauen entgegen gebracht wird, merklich stärker als solche, deren Arbeitseinsatz penibel kontrolliert wird. Das belegt der Bonner Forscher Falk zusammen mit Michael Kosfeld von der Uni Zürich in einer Studie. Die beiden Wissenschaftler haben in einem Laborexperiment einen innerbetrieblichen Arbeitsmarkt simuliert – mit 100 Versuchsteilnehmern. Eine Hälfte agierte als Arbeitnehmer, die andere als Arbeitgeber. Jeder Beschäftigte bekam ein Gehalt ausgezahlt und konnte selbst entscheiden, wie stark er sich in seinem Job engagiert. Wie im wirklichen Leben war dieser fiktive Arbeitseinsatz für die Beschäftigten auch mit »Arbeitsleid« verbunden. Da die Entlohnung unabhängig von der Leistung war, hatten die Arbeitnehmer einen Anreiz, so wenig wie möglich zu arbeiten.

Die Unternehmer hatten die Möglichkeit, ein Mindestmaß an Leistung festzulegen – oder sie konnten darauf vertrauen, dass die Mitarbeiter sich auch ohne Überwachung engagieren. Das bemerkenswerte Ergebnis: Arbeitgeber, die auf Kontrolle verzichteten, erhielten im Schnitt ein Drittel mehr Leistung. Wer dagegen ein Minimum festlegte, bekam in aller Regel nicht mehr als die eingeforderte Leistung. Nur eine Minderheit der Beschäftigten agierte so, wie man es vom Homo oeconomicus erwarten würde: Ein Viertel missbrauchte das Vertrauen und arbeitete ohne Kontrolle gar nicht. Jeder Fünfte dagegen ließ sich überhaupt nicht davon beeinflussen, wie viel Vertrauen oder Misstrauen die Gegenseite ihm entgegen brachte und engagierte sich relativ stark. Die Mehrheit der Arbeitnehmer dagegen verhielt sich reziprok: Sie erbrachten für ihr Gehalt freiwillig eine relativ hohe Arbeitsleistung. Sobald der Arbeitgeber aber auf Kontrolle setzte, löste sich bei vielen von ihnen der gute Wille in Luft auf. Sie empfanden die Kontrolle als Misstrauenssignal, auf das sie mit Dienst nach Vorschrift reagierten.

Die Makroökonomie ohne den Homo oeconomicus

Selbst die neo-klassische Makroökonomie könnte durch die Erkenntnisse der verhaltensorientierten Wirtschaftsforscher ins Wanken geraten – und der Keynesianismus möglicherweise eine Renaissance erleben. Diese These zumindest vertritt der Ökonomie-Nobelpreisträger George Akerlof. Es sei höchste Zeit für einen Paradigmenwechsel in der Makroökonomie, sagte Akerlof 2007 als Präsident der American Economic Association (AEA) in seiner »Presidential Address« auf der Jahrestagung des Verbandes.

Die Annahmen über das menschliche Verhalten, auf denen die bisherigen makroökonomischen Modelle basieren, seien viel zu eng und realitätsfremd, kritisiert er. Dass sich Menschen in der Realität nicht nur egoistisch und rational verhalten, werde in den Modellen komplett ausgeblendet. »Die Nutzenfunktionen der Akteure sind sehr eng definiert«, betonte Akerlof. »Die Menschen haben meist auch Meinungen darüber, wie sie sich verhalten sollten und wie nicht.« Wenn man solche Normen in den Modellen berücksichtige, dann »kommt man zu einer Makroökonomie, die wichtige Anleihen an frühes keynesianisches Denken macht«, sagte Akerlof.

Der *Keynesianismus* war in den siebziger Jahren aus der Mode geraten – vor allem, weil seine Methoden als nicht mehr zeitgemäß galten. Denn die Modelle der Keynesianer basierten auf Ad-hoc-Annahmen über das ökonomische Verhalten der Akteure. Die makroökonomischen Zusammenhänge waren nicht aus stringenten Annahmen über das Verhalten der einzelnen Verbraucher und Unternehmer abgeleitet.

Die *neo-klassischen Ökonomen* dagegen setzten auf die so genannte »Mikro-Fundierung«. Sie kamen zu dem Ergebnis: Staatliche Interventionen in die Wirtschaft sind weitgehend wirkungslos. Denn Menschen, die in perfekten Märkten rational ihren Nutzen maximieren, richten ihren Konsum nicht an ihrem aktuellen Einkommen aus, sondern an ihrem Lebenseinkommen – kurzfristige Steuersenkungen oder Lohnerhöhungen sind also neutral für den privaten Verbrauch.

Ähnliches gilt für Unternehmen, die in der neoklassischen Welt ihre Investitionsentscheidungen nicht von ihrem aktuellen Cash-Flow abhängig machen. Zwischen der Inflationsrate und der Arbeitslosigkeit gibt es in den Modellen langfristig keinen Zusammenhang; weder die Geld- noch die Fiskalpolitik haben dauerhaften Einfluss auf die Realwirtschaft.

All diese Phänomene basieren auf der Annahme, dass die jeweiligen Entscheidungsträger Nutzenmaximierer sind. Wenn man aber soziale Normen in den Nutzenfunktionen berücksichtige, brächen alle zentralen Erkenntnisse der neoklassischen Makroökonomie in sich zusammen. So basiere die Aussage, dass es keinen dauerhaften Zusammenhang zwischen Inflation und Arbeitslosigkeit gebe, auf der Annahme, dass sich die Menschen nur an realen und nicht an nominalen Größen orientieren. Dies sei in der Realität aber nicht der Fall. So komme es äußerst selten zu Nominallohn-Senkungen. »Die Beschäftigten haben eine Norm dafür, wie die Löhne aussehen sollen«, betonte Akerlof. Unternehmer schreckten selbst in Krisenzeiten vor Lohnkürzungen zurück, weil sie fürchten, dass dann die Arbeitsmoral und Loyalität der Beschäftigten leide. Auch für Konsum- und Sparentscheidung spielten Normen eine große Rolle. »Eine wichtige Determinante des Konsums ist, dass die Menschen eine Vorstellung darüber haben, was sie konsumieren sollten«, sagte Akerlof. Daraus folgt: Nur, wenn wir eine Ausgabe auch als angemessen betrachten, tätigen wir sie – auch wenn wir uns unangemessene Dinge durchaus leisten könnten.

Dafür, dass Ökonomen soziale Normen jahrzehntelang ignoriert haben, macht Akerlof den 2006 verstorbenen Milton Friedman verantwortlich. Der hatte Ende der fünfziger Jahre das Postulat der »positiven Ökonomik« ausgegeben. Es besagt, dass Wirtschaftswissenschaftler in ihren Modellen nur objektive, mathematisch nachprüfbare Argumente verwenden sollten. »Unsere heutigen Methoden haben einseitige Ökonomen produziert, die blind sind für Normen«, sagte Akerlof.

Um diesen Mangel zu beheben, forderte er eine methodische Neuausrichtung der Disziplin – an die Stelle der »positiven« soll nach seinen Vorstellungen eine »naturalistische« Ökonomie treten. Das Fach müsse größeres Gewicht auf Fallstudien legen und wirtschaftliche Entscheidungsträger genau beobachten, um ihre Motivationen herauszufinden. Dies sollte künftig die Basis für makroökonomische Modelle sein – und nicht mehr abstrakte Annahmen über die Triebkräfte menschlichen Verhaltens.

Literatur

Bandiera, Oriana, Iwan Barankay und Imran Rasul (2005): »Social Preferences and the Response to Incentives: Evidence from Personnel Data«, in: Quarterly Journal of Economics, Vol. 120, S. 917–962.

Camerer, Colin F., George Loewenstein und Drazen Prelec (2005): »Neuroeconomics: How Neuroscience Can Inform Economics« in: Journal of Economic Literature, Vol. 43, S. 9–64.

Cohen, Jonatahn D. (2005): »The vulcanization of the human brain: A neural perspective on interactions between cognition and emotion«, in: Journal of Economic Perspectives, Vol. 19, S. 3.–24.

Dohmen, Thomas, Armin Falk, David Huffman und Uwe Sunde (2006): »Homo Reciprocans: Survey Evidence on Prevalence, Behavior and Success«, IZA Discussion Paper Nr. 2205.

Falk, Armin und Michael Kosfeld (2006): »Distrust – The Hidden Cost of Control«, in: American Economic Review, Vol. 96, S. 1611–1630.

Fehr, Ernst, Urs Fischbacher und Michael Kosfeld (2005): »Neuroeconomic Foundations of Trust and Social Preferences«, in: American Economic Review, Papers & Proceedings, Vol. 95, S. 346–351.

Fehr, Ernst und Tania Singer (2005): »The Neuroeconomics of Mind Reading and Empathy«, in: American Economic Review, Papers & Proceedings, Vol. 95, S. 340–345.

Fehr, Ernst, Michael Kosfeld, Markus Heinrichs, Paul Zak und Urs Fischbacher (2005): »Oxytocin Increases Trust in Humans«, in: Nature, Vol. 435, S. 673–676.

Fudenberg Drew und David K. Levine (2006): »A Dual-Self Model of Impulse Control«, in: American Economic Review, Vol. 96, S. 1449–1476.

Gneezy, Uri und Aldo Rustichini (2000): »A Fine is a Price«, in: Journal of Legal Studies, Vol. 29, S. 1–17.

Krueger, Alan B. und Alexandre Mas (2004): »Strikes, Scabs, and Tread Separations: Labor Strife and the Production of Defective Bridgestone/Firestone Tires«, in: Journal of Political Economy, Vol. 112, S. 253–289.

Quervain, Dominique J.-F. de, Urs Fischbacher, Valerie Treyer, Melanie Schellhammer, Ulrich Schnyder, Alfred Buck und Ernst Fehr (2004): »The Neural Basis of Altruistic Punishment«, in: Science Vol. 305, S. 1254–1258.

Kapitel 2

Der Weg zum Glück

Die Situation ist paradox: Um fast 40 Prozent ist das reale Pro-Kopf-Einkommen der US-Bürger zwischen 1975 und 1995 gestiegen – glücklicher aber sind die Amerikaner in dieser Zeit nicht geworden. Trotz Plasmafernseher, Playstation und Dritt-Auto sind die Menschen in den Vereinigten Staaten mit ihrem Leben keinen Deut zufriedener als vor drei Jahrzehnten. In allen Industrieländern verhält es sich ähnlich: Die heutige Generation ist sehr viel reicher als die ihrer Eltern und Großeltern. Mit ihrem Leben zufriedener sind die Menschen aber nicht.

Schon 1974 hat der US-Ökonom Richard Easterlin zum ersten Mal auf dieses Phänomen hingewiesen – die Beobachtung ist als das »Easterlin-Paradox« in die wirtschaftswissenschaftliche Literatur eingegangen. Aber wie lässt es sich erklären? Jahrelang hat die traditionelle Ökonomie um diese Frage einen großen Bogen gemacht. Denn dieser Befund trifft sie letztlich ins Mark.

Traditionelle Ökonomen gehen schließlich davon aus, dass wir Menschen unseren Nutzen maximieren – und dass dieser umso größer ist, je mehr Geld wir haben. Wenn das so wäre, dann müsste aber eine Generation, deren Einkommen und Vermögen doppelt so hoch ist wie das ihrer Eltern, mit ihrem Leben auch merklich zufriedener sein.

Ist sie aber eben nicht. Nur in armen Ländern verbessert sich mit steigendem Einkommen die allgemeine Lebenszufriedenheit der Menschen. Aber wenn das elementare Existenzminimum erst einmal gesichert ist, löst sich dieser Zusammenhang schnell auf.

Warum das so ist, untersuchen mittlerweile immer mehr Wirtschaftswissenschaftler. Die »Erforschung der Determinanten menschlicher Zufriedenheit« ist eine der am stärksten boomenden Sub-Disziplinen der vergangenen Jahre. Seit 1994 sind im Schnitt pro Jahr 35 Aufsätze in ökonomischen Fachzeitschriften erschienen, die Glück oder Lebenszufriedenheit im Titel führten, hat der britische »Glücks-Ökonom« Andrew Clark ermittelt.

Das Easterlin-Paradox ist inzwischen – vor allem dank der Arbeit der Glücksökonomen – weitgehend entschlüsselt. Sie haben nachgewiesen, was außerhalb der Ökonomenzunft viele nicht wirklich überraschen wird: Das *absolute Einkommen*, das die traditionelle Ökonomie als allein maßgeblich betrachtet, ist für die Lebenszufriedenheit zwar nicht ganz unwichtig, verblasst aber gegenüber anderen Faktoren. Die meisten Menschen interessieren sich vor allem dafür, wie sie selbst im Vergleich zu ihren Mitmenschen dastehen – der relative Status ist wichtiger als die absolute Einkommensposition. Ein berühmtes Experiment macht den Mechanismus deutlich: Studenten der Harvard-Universität wurden gefragt, in welcher Welt sie lieber leben würden – in einer, in der sie selbst 50 000 Dollar und alle anderen halb so viel verdienen – oder in einer, in der sie bei gleicher Kaufkraft selbst 100 000 Dollar erhalten, alle anderen aber doppelt so viel.

Die weitaus meisten wählten die erste Variante – obwohl sie sich eigentlich mit der zweiten Alternative deutlich besser stellen würden. Denn mit einem doppelt so hohen Einkommen haben sie bei identischem Preisniveau deutlich mehr Konsummöglichkeiten. Doch oberhalb eines Existenzminimums ist Geld für uns nicht in erster Linie wegen der Dinge wichtig, die wir uns dafür kaufen können – sondern weil es direkt und indirekt unseren Status in der Gesellschaft bestimmt.

Daraus folgt: Wenn meine Mitmenschen mehr verdienen, mein eigenes Einkommen aber nicht steigt, dann werde ich unzufriedener, denn ich verliere das an Status, was meine Mitmenschen an Status gewinnen. Gesamtwirtschaftlich ist steigender Lebensstandard also ein großes Nullsummenspiel: Wenn eine ganze Nation wohlhabender wird, wird jeder Einzelne relativ zu seinen Landsleuten keineswegs reicher.

Andererseits brauchen wir Menschen für unsere Zufriedenheit ein stetig steigendes Einkommen, unabhängig von dessen Höhe. Stillstand wird als Rückschritt empfunden. Denn der Mensch gewöhnt sich an alles – auch an einen höheren Lebensstandard. Wenn unser Einkommen steigt, wachsen unsere Ansprüche und Ziele quasi mit. Dies vermutete Easterlin schon 1974, konnte es damals aber zunächst nicht belegen. Inzwischen haben es Psychologen und Glücksökonomen aber nachgewiesen: Von dem positiven Effekt, den eine Einkommenserhöhung auf die Lebenszufriedenheit hat, ist nach wenigen Jahren nicht einmal mehr die Hälfte übrig.

Obwohl uns mehr Geld nicht wirklich glücklich macht, stellen wir es in unserem Leben in den Vordergrund – und handeln uns damit glücksfeindliche Übel ein. Wir arbeiten zu viel und haben dadurch zu wenig Zeit für Freunde und Familie – hohe Scheidungsraten sind nur eine Folge davon. Die negativen Begleiterscheinungen der Leistungsgesellschaft haben in den Industrieländern einen guten Teil dessen, was das Einkommenswachstum für sich genommen an zusätzlicher Lebenszufriedenheit hätte bringen können, zunichte gemacht.

Denn Glücks-Ökonomen wissen inzwischen: Psychische Krankheiten, Ehescheidung und mangelnde soziale Kontakte gehören zu den wichtigsten Glückskillern. Eine intakte Familie, Freunde, nette Kollegen und ein hohes Maß an Selbstbestimmung und Anerkennung am Arbeitsplatz haben den gleichen positiven Einfluss auf die Lebenszufriedenheit wie riesige Unterschiede oder Veränderungen im Einkommen.

Auch *Arbeitslosigkeit* macht unglücklich – allerdings nicht in erster Linie, weil Menschen ohne Job weniger Geld zur Verfügung haben. Viel stärker leidet die Lebensqualität, weil sich Arbeitslose ausgegrenzt fühlen und ihre Selbstachtung leidet. Wer die deutsche Beschäftigungsmisere vor allem als eine Frage des Einkommens und der finanziellen Anreize sieht, unterschätzt das Problem und blendet wichtige Aspekte aus. So machen sich auch Menschen, die selbst noch einen Job haben, bei steigenden Beschäftigungsproblemen ebenfalls immer mehr Sorgen um ihren Arbeitsplatz. Und dieser Angstfaktor ist erheblich, hat der britische Ökonom Andrew Oswald festgestellt. Wenn die Arbeitslosenquote um 1,5 Prozentpunkte steigt, müsste man jedem Bürger – nicht nur den Arbeitslosen! – fast 400 Euro zahlen, um die höhere Arbeitsplatzunsicherheit zu kompensieren. In Europa fühlen sich Beschäftigte zudem mit den Arbeitslosen solidarisch. Soziale Ungleichheit schmälert hier zu Lande daher das Wohlbefinden der Menschen – in den USA nicht.

Auf den ersten Blick überraschend ist der Befund, dass Arbeitslose in Gegenden mit sehr hoher Arbeitslosigkeit weniger unzufrieden sind, als in Gegenden, wo die Arbeitslosenquote niedrig ist. Nach der traditionellen ökonomischen Sicht sollte es umgekehrt sein. Denn eine niedrigere Arbeitslosenquote bedeutet, dass man bessere Aussichten hat, wieder einen Job zu finden. Legt man die engen Annahmen der traditionellen Ökonomie beiseite, ist es nicht mehr so überraschend. Wenn es in einer Gegend ganz normal ist, arbeitslos zu sein ist, dann ist Arbeitslosigkeit kein Stigma – und man findet man problemlos arbeitslose Freunde, mit denen man den Tag verbringen kann.

Jeder ist seines Unglücks Schmied

Neben den großen gesellschaftlichen und makroökonomischen Rahmenbedingungen gibt es aber auch eine Reihe von Dingen, mit denen jeder einzelne Mensch seine Lebenszufriedenheit beeinflussen kann.

So fand ein Forscherteam um den Züricher Ökonomen Bruno Frey heraus: Wer viel fernsieht, ist unglücklicher als Menschen mit vergleichbaren Lebensumständen, die wenig Zeit vor der Mattscheibe verbringen. Für neoklassisch geprägte Ökonomen ist dies starker Tobak. Denn ihre Gedankenwelt basiert auf der Annahme, dass Menschen rational handeln und das tun, was gut für sie ist. Nach dieser Logik sieht jeder Mensch genau so viel fern, wie für ihn optimal ist.

Tatsächlich aber haben viele Menschen ihren TV-Konsum nicht unter Kontrolle und verbringen mehr Zeit vor der Mattscheibe, als ihnen gut tut. Grundlage der Studie ist eine Umfrage unter mehr als 42 000 Menschen aus 22 europäischen Ländern, die auch zu TV-Gewohnheiten und Lebenszufriedenheit befragt wurden. »Menschen, die weniger als eine halbe Stunde pro Tag fernsehen sind – ceteris paribus – mit ihrem Leben zufriedener als Menschen, die ein anderes Niveau des TV-Konsums wählen«, schreiben die Wissenschaftler. Besonders groß ist der Unterschied zu Menschen, die mehr als 2,5 Stunden pro Tag glotzen.

Besonders unzufrieden sind Viel-Gucker, die wenig Zeit haben – zum Beispiel Selbstständige, Top-Manager und Politiker. Für sie ist Fernsehen mit besonders hohen Opportunitätskosten verbunden. Wer aus dieser Gruppe trotzdem viel fernsieht, dessen Lebenszufriedenheit sinkt erheblich – so stark wie die eines Menschen, der von seinem Lebenspartner verlassen wird. Umgekehrt gibt es bei Rentnern und Arbeitslosen – also Menschen mit viel Zeit – keinen Zusammenhang zwischen Zufriedenheit und TV-Konsum.

Die Autoren räumen ein, dass ihre Untersuchung letztlich nicht klären kann, ob Menschen, die mit ihren Möglichkeiten und Lebensumständen unzufrieden sind, mehr fernsehen, oder ob das Fernsehen unzufrieden macht. Eine plausibel klingende Erklärung für den Hang zum übermäßigen TV-Konsum gibt es jedenfalls: Der Nutzen – Entspannung und Unterhaltung – ist unmittelbar, der Aufwand auf den ersten Blick minimal. Viele »Kosten« wie Schlafmangel und vernachlässigte Sozialkontakte treten zeitverzögert auf. Daher überschätzen wir den Netto-Nutzen des Fernsehens und begehen einen systematischen Fehler bei der Entscheidung, wie oft und lange wir uns vor die Mattscheibe setzen.

Ähnlich geht es vielen Menschen, die lange Anfahrtswege zu ihrem Arbeitsplatz in Kauf nehmen, stellte Frey mit seinem Koautoren Alois Stutzer fest. Die Nachteile, die lange Fahrzeiten zur Arbeit mit sich bringen, werden bei vielen Menschen unter dem Strich nicht durch mit dem Pendeln verbundene Vorteile kompensiert. »Für viele Leute bedeutet Pendeln Stress, der sich nicht auszahlt«, schreiben die Schweizer Forscher. Viele Menschen überschätzten in Sachen Pendeln offenbar ihre Leidensfähigkeit – und hätten Probleme, den Verlust an Freizeit und Lebensqualität auf Grund des Pendelns richtig zu beurteilen.

Bei der Auswertung des deutschen Sozio-ökonomischen Panels stellten Frey und Stutzer fest: Je länger ein Befragter täglich pendelt, desto weniger zufrieden ist er mit seinem Leben. Wer weniger als zehn Minuten pro Tag zur Arbeit unterwegs ist, bewertet seine Lebenszufriedenheit im Schnitt mit 7,24 Punkten – wer täglich mehr als 30 Minuten Fahrzeit einkalkulieren muss, nur mit 7,0 Zählern. Steigt die Fahrzeit um 19 Minuten, dann sinkt die Lebenszufriedenheit im Schnitt um 0,12 Punkte. Zum Vergleich: Wenn ein Single einen neuen Lebenspartner findet, nimmt seine Lebenszufriedenheit im gleichen Ausmaß zu. Ein Angestellter, der täglich insgesamt eine Dreiviertelstunde zur Arbeit unterwegs ist, müsste pro

Monat 242 Euro mehr verdienen, damit er mit seinem Leben genauso zufrieden ist wie ein Kollege, der nicht pendelt – das entspricht fast einem Fünftel des monatlichen Durchschnittseinkommens. Für ein höheres Gehalt einen längeren Anfahrtsweg in Kauf zu nehmen, will also gut überlegt sein.

Ganz allgemein sollte man bei der Entscheidung, für welchen Arbeitsplatz man sich entscheidet, nicht nur auf das Geld schauen, zeigt eine Untersuchung von John Helliwell und Haifang Huang. Denn gerade Arbeitsbedingungen, die nichts mit der Höhe des Einkommens zu tun haben, haben einen enormen Einfluss auf die Lebenszufriedenheit, stellten die beiden Wissenschaftler anhand kanadischer Daten fest. Wer ein besseres Vertrauensverhältnis zu Vorgesetzten und Kollegen hat, gewinnt im Durchschnitt so viel an Zufriedenheit, wie ihm ein massiver Einkommensanstieg bringen würde.

Bei solchen nicht-monetären Faktoren tritt anders als beim Einkommen zudem kaum ein Gewöhnungsfaktor ein. Über das höhere Gehalt freut man sich kurze Zeit, die ungünstigen Umstände, die man dafür möglicherweise in Kauf nimmt, schlagen einem Tag für Tag aufs Gemüt. Wer also für ein etwas höheres Gehalt einen Job mit schlechteren Arbeitsbedingungen annimmt, der womöglich noch Belastungen für sein Familienleben mit sich bringt, läuft Gefahr, einen schweren Fehler zu machen. Da die Forschung festgestellt hat, dass die Menschen den Gewöhnungseffekt unterschätzen und zu Unrecht erwarten, dass das höhere Gehalt am Monatsende sie dauerhaft glücklicher macht, dürften solche Fehler eher die Regel als die Ausnahme sein.

Rückbesinnung auf die Klassiker

Letztlich kehrt die Wirtschaftswissenschaft mit »Happiness Economics« wieder zu ihren Ursprüngen zurück. Wenn die Klassiker wie Jeremy Bentham, John Stuart Mill und Adam Smith von »Nutzen« sprachen, dann hatten sie eine sehr weite Definition im Sinn. Sie entsprach in etwa dem, was die heutigen Happiness-Forscher Glück oder Lebenszufriedenheit nennen. Bentham, der Urvater des *Utilitarismus*, propagierte die Maxime, das Ziel der Politik solle es sein, die Summe der Nutzen aller Individuen zu maximieren.

Doch in dem Maße, wie die Ökonomie wissenschaftlicher wurde, verlor der Utilitarismus an Einfluss. Das Streben nach Glück und Zufriedenheit galt bei Ökonomen nicht mehr als sinnvoller Untersuchungsgegenstand – schließlich konnten Wissenschaftler Glück weder valide messen noch die Zufriedenheit verschiedener Menschen addieren oder vergleichen. Fortan griff die Ökonomie zu einem Kunstgriff und setzte Nutzen mit Einkommen gleich. Wer sein Einkommen steigert, so die Annahme, der erhöht auch seinen Nutzen.

Dass jeder das Beste aus seinem Einkommen macht, indem er es gemäß seinen eigenen, unabänderlichen Präferenzen in Konsum umsetzt, war eine Grundannahme der herrschenden nicht-utilitaristischen Lehre. Erst der wissenschaftliche Fortschritt in der Psychologie und immer bessere Daten über die menschliche Zufriedenheit brachten die Wende. Heute sind sich Psychologen und Glücksökonomen einig: Glück lässt sich messen und die Gefühle verschiedener Menschen lassen sich vergleichen.

Wichtigster Datenlieferant für die Glücksökonomen sind derzeit lang laufende Befragungen, bei denen Wissenschaftler jedes Jahr den selben Menschen die selben Fragen stellen – von der Beschäftigungssituation über das Einkommen und den Gesundheitszustand bis hin zur allgemeinen Lebenszufriedenheit. Psychologen haben mittlerweile nachgewiesen, dass die Antworten der Menschen auf Fragen zur Lebenszufriedenheit eng mit objektiven Maßstäben korrelieren – zum Beispiel damit, wie oft sie lächeln, oder für wie zufrieden ihre Mitmenschen sie halten. Die Hirnforschung hat auch festgestellt, dass die Aktivitätsmuster im Gehirn von Menschen, die sich als glücklich bezeichnen, anders sind als diejenigen von Menschen, die mit ihrem Leben unzufrieden sind.

Dennoch ist die Aussagekraft solcher Befragungen auch unter Glücksökonomen nicht mehr unumstritten. Ausgerechnet der Psychologe und Ökonomie-Nobelpreisträger Daniel Kahneman, der maßgeblich dazu beigetragen hat, die Wirtschaftswissenschaft für solche Fragen zu öffnen, sägt nun am Grundkonsens der Disziplin. Die Menschen, so Kahnemans Einwand, sind oft nicht in der Lage, aus der Erinnerung, korrekte Antworten auf die Frage zu geben, wie zufrieden sie mit ihrem bisherigen Leben sind.

Tatsächlich gibt es eindrucksvolle Beispiele dafür, dass uns die Erinnerung in Bezug auf Glück oft einen Streich spielt. So ließen die Forscher Versuchspersonen eine Hand in kaltes Wasser tauchen und kontinuierlich mit einem Hebel anzeigen, wie unwohl sie sich dabei fühlten. Sie stellten fest: Wenn man an eine sehr unangenehme Erfahrung noch eine nicht ganz so unangenehme dranhängt, behalten die Menschen die gesamte Episode als weniger unangenehm in Erinnerung – obwohl die Versuchspersonen es in der jeweiligen Situation immer vorziehen würden, ihre Hand sofort aus dem Wasser zu ziehen.

Wie angenehm oder unangenehm wir ein Erlebnis in Erinnerung behalten, richtet sich vor allem nach der maximalen Intensität der Empfindung und danach, was wir kurz vor Schluss erlebt haben. Die Gesamtdauer ist dagegen in der Erinnerung – anders als im Moment des Erlebens – fast unerheblich, fanden die Forscher heraus.

Zudem gibt es bei den Erhebungen zur Lebenszufriedenheit einige Unstimmigkeiten und Widersprüche. Fragt man Personen ganz allgemein danach, wie angenehm oder unangenehm bestimmte Aktivitäten sind, so rangiert das Zusammensein mit den Kindern weit oben. Stellt man ihnen die Frage nach ihrer derzeitigen Zufriedenheit dann, wenn sie sich gerade um ihren Nachwuchs kümmern, ist das Bild ein anderes – das Zusammensein mit Kindern rangiert dann weit unten auf der Glücksskala. Es macht ähnlich froh wie Putzen und Einkaufen. Und wenn man Zufriedenheitsbefragungen aus verschiedenen Ländern vergleicht, dann stellt man fest, dass Dänen sich als in einem Maße glücklicher bezeichnen als Franzosen das vielen Wissenschaftlern unplausibel groß erscheint.

Ein Forscherteam um Kahneman, das aus Ökonomen und Psychologen besteht, hat eine Alternative zu den einfachen Befragungen entwickelt: Es lässt die Befragten zeitnah einen Tag Revue passieren und notiert für jede einzelne Tätigkeit die Dauer und Intensität der Gefühle. Diese »Daily Reconstruction Method« lehnt sich an ein in der Psychologie etabliertes Verfahren an.

Im Jahr 2004 formulierten die Forscher noch den hohen Anspruch, damit auf Dauer eine Art »nationales Wohlfühlprodukt« ermitteln zu können – eine Größe ähnlich dem Bruttoinlandsprodukt, die statt der Wirtschaftsleistung eines Landes die Zufriedenheit der Menschen misst. Inzwischen sind die Wissenschaftler um Kahneman etwas bescheidener geworden – auch bei ihrem Glücksmaß gibt es erhebliche Probleme bei der zusammenfassenden Bewertung verschiedener Gefühle und der Vergleichbarkeit der Zufriedenheit einzelner Individuen. »Ein Bruttoglücksprodukt zu entwickeln, scheint uns beim gegenwärtigen Stand des Wissens und der Grenzen subjektiver Maße ein zu ambitioniertes Ziel«, betonen die Forscher heute.

Gleichzeitig schlagen sie jedoch einen ganz konkreten Zwischenschritt vor, den so genannten *U-Index*. Er verzichtet darauf, die verschiedenen positiven und negativen Gefühle der Menschen zu einem Glücksmaß zu verdichten. Vielmehr misst er nur die Zeit, die Menschen in einem unangenehmen Gefühlszustand verbringen. Im negativen »U«-Zustand befinden wir uns immer dann, wenn ein unangenehmes Gefühl wie Ärger, Frustration oder Langeweile intensiver ist als das stärkste positive Gefühl.

Für 909 texanische Frauen haben sie den Index bereits berechnet. Im Durchschnitt verbrachten diese knapp 18 Prozent ihrer Zeit im U-Zustand. Bei Frauen mit einem Haushaltseinkommen bis 35 000 Dollar lag der Prozentsatz einen Punkt höher, bei Haushaltseinkommen über 55 000 Dollar einen Punkt niedriger. Vor allem zwei Faktoren trieben den U-Index für einzelne nach oben: lange Pendelzeiten zur Arbeit und eine depressive Ader.

Was Glücksökonomen der Politik empfehlen

Die moderne, leistungsorientierte Industriegesellschaft macht die Menschen nicht glücklich – spitzt man die Erkenntnisse der Glücökonomen ein bisschen zu, kann man durchaus zu diesem Ergebnis kommen. Aus den Ergebnissen lassen sich provokante Schlussfolgerungen für die Wirtschaftspolitik ableiten. So bricht der renommierte britische Glücksökonom Sir Richard Layard in seinem Buch »Die glückliche Gesellschaft«

eine Lanze für hohe Grenzsteuersätze auf das Einkommen. Traditionelle Ökonomen kritisieren stets die negativen Leistungsanreize hoher Grenzsteuersätze – aus Layards Perspektive bekommen sie plötzlich etwas Positives. Denn eine leistungsfeindliche Steuerpolitik begrenzt das glücksschädliche »Rattenrennen« um Status durch Einkommen und Konsum. Wenn der Staat von jedem zusätzlichen Euro einen Großteil abkassiert, wird das Streben nach immer höheren Einkommen gedämpft.

Wenn Gewerkschaften in Europa Arbeitszeitverkürzungen herausgehandelt haben, verdammten das liberale Ökonomen mit dem Argument, wenn der Einzelne das wollte, dann könnte er das selbst aushandeln. Glücksökonomen der Layardschen Ausrichtung verweisen dagegen darauf, dass zwar der Einzelne seine Zufriedenheit steigern kann, indem er auf Urlaub verzichtet und dafür mehr Einkommen, sprich Status, einhandelt, die Arbeitnehmerschaft insgesamt aber nicht. Anders als beim Einkommen, gibt es beim Urlaub nämlich kein Statusrennen, hat sich bei Befragungen gezeigt. Aus dieser Sicht löst gewerkschaftliches Drängen auf kürzere Arbeitszeiten das Problem, dass darin besteht, dass die individuellen Anreize der Arbeitnehmer nicht mit dem Gesamtinteresse der Arbeitnehmerschaft übereinstimmen. Layard meint: die Amerikaner arbeiten zu viel, nicht die Europäer zu wenig.

Benjamin Friedman, Ökonomie-Professor aus Harvard, vertritt die Gegenthese, dass im freien Spiel der Kräfte nicht zu viel *Wirtschaftswachstum* herauskommt, sondern zu wenig. Er schreibt dem Wirtschaftswachstum positive gesellschaftliche Konsequenzen zu, die weit über die ökonomische Sphäre hinausreichen. Steigender materieller Wohlstand ist laut Friedman Voraussetzung für fast jede Form von gesellschaftlicher Weiterentwicklung. So seien demokratische Werte, Toleranz, Fairness und Barmherzigkeit eine Funktion des Wirtschaftswachstums. »Wenn eine Gesellschaft materiellen Fortschritt erreicht, ermöglicht ihr das, auch auf anderen Gebieten Fortschritte zu machen«, betont Friedman. »Wenn es Stagnation gibt, kommt es auch auf anderen Feldern zu Stillstand oder Rückschritt.« Das begünstige unter anderem Fremdenfeindlichkeit und alle Arten von Verteilungskämpfen.

Ökonomisch hätte Wirtschaftswachstum damit Charakteristika eines öffentlichen Gutes, das der Einzelne mit seinem

Streben zwar mehrt, das ihm aber nicht alleine zu Gute kommt. Daraus folgt für Friedman genau umgekehrt zu Layard: Die Wachstumsrate, die sich durch das Spiel von Angebot und Nachfrage ergibt, ist wahrscheinlich zu gering. »Die Wirtschaftspolitik sollte versuchen, eine höhere Wachstumsrate zu erreichen.« Die Glücksökonomen Andrew Clark, Paul Frijters und Michael Shields argumentieren ähnlich. Sie zitieren die 300 Jahre alte Fabel von den beiden Bienenstöcken – einem mit lebenslustigen, glücklichen Bienen, einem mit verbissen nach Status strebenden Bienen. Der letztere wird immer größer und mächtiger, bis er den kleinen, schwachen Stock mit den glücklichen Bienen übernimmt.

In einem aber stimmt selbst Friedman Layard zu: Steigende wirtschaftliche Ungleichheit sei abzulehnen – schließlich bedeute sie, dass große Teile der Gesellschaft keinen nennenswert steigenden Lebensstandard erleben. Daraus folge für die USA: »Die Aussichten sind sehr ernüchternd, wir müssen sehr besorgt sein.« Für einen Großteil der Amerikaner sei der Lebensstandard schon zwischen 1970 und 1990 kaum gestiegen. Und seit dem Ende des Börsenbooms kurz nach der Jahrtausendwende »erlebe die Mehrheit der Amerikaner Jahr für Jahr sinkende Einkommen. Daraus folgt für Friedman, dass dem Land mittelfristig auch moralisch-gesellschaftlich schwere Zeiten bevorstehen.

Auch von links werden die Thesen der Glücksökonomen bisweilen kritisiert. So fragte etwa Ökonomie-Nobelpreisträger Amartya Sen mit Blick auf einen Armen, der zufrieden ist, weil er wenig vom Leben erwartet: »Können wir wirklich glauben, dass es ihm gut geht, nur weil er glücklich und zufrieden ist?« Auch wenn den Glücksforschern immer wieder Paternalismus vorgeworfen wird, so zeigt doch gerade diese Kritik von Sen, dass der Vorwurf nicht die Richtigen trifft.

Glücksökonomen wie Layard würden das Glücksempfinden des Armen nicht weiter hinterfragen. Letztlich verteidigen sie sogar die Menschen gegen den Paternalismus vieler traditioneller Ökonomen. Diese haben nämlich die Neigung, Menschen vorgefertigte materiell-orientierte Vorlieben aufzupfropfen und davon abweichende Präferenzen als irrational beiseite zu wischen. Glücksökonomen setzen dem die Forderung entgegen, Politik sollte sich nach dem richten, was die Menschen sagen, dass sie glücklich macht – und nicht danach, was Ökonomen meinen, dass sie vernünftiger Weise glücklich machen sollte.

Paternalismus lässt sich mit dem Ansatz der »Happiness Economics« allerdings auf einer gewissen Ebene doch rechtfertigen. In Situationen, in denen die Menschen erkennbar Probleme haben, die Entscheidungen so zu treffen, dass sie glücklich werden, kann der Staat ihnen manchmal dabei helfen. Ein Beispiel dafür ist das Rauchen. Die Wissenschaftler Jonathan Gruber und Sendil Mullainathan haben festgestellt: Höhere Tabaksteuern machen viele Raucher zufriedener. Denn weil sie für das gesundheitsschädliche Laster mehr bezahlen müssen, rauchen sie weniger oder hören ganz auf. Die Steuer hilft ihnen beim Kampf gegen den inneren Schweinehund.

Eine Maßnahme, mit der der Staat am meisten zur Steigerung der Lebenszufriedenheit der Menschen beitragen kann, darin sind sich die meisten Glücksökonomen einig, sind bessere Behandlungsangebote für psychische Erkrankungen wie Depressionen und depressive Verstimmungen.

Die Standardforderung der Ökonomen, zur Produktivitätssteigerung die Mobilität der Arbeitnehmer zu erhöhen, hält Richard Layard für fehlgeleitet. Denn unter häufigen Umzügen leiden familiäre Beziehungen und soziale Netzwerke, und das begünstigt Kriminalität – all dies wirkt sich negativ auf die Lebenszufriedenheit der Menschen aus. Durch etwas höhere Einkommen werden diese Einbußen nicht ausgeglichen.

Herrschende, liberale Ökonomenmeinung ist, dass strikter *Kündigungsschutz* eindeutig negativ ist – weil er die Unternehmen von Einstellungen abhält und so die Arbeitslosigkeit erhöht. Andererseits ist jedoch zu berücksichtigen, dass die Sicherheit des Arbeitsplatzes für diejenigen, die vom Kündigungsschutz profitieren, ein hohes Gut ist. Wollte man den Angstfaktor aus einem Anstieg der Arbeitslosenquote von 1,5 Prozentpunkten mit Geld ausgleichen, müsste man nach den Berechnungen von Andrew Oswald (vgl. S. 25) jedem Bürger fast 400 Euro zukommen lassen. Ein Wegfall des Kündigungsschutzes dürfte die wahrgenommene Arbietsplatzunsicherheit um einiges stärker erhöhen, als eine um 1,5 Prozent höhere Arbeitslosigkeit. Daher muss eine Abwägung getroffen werden. Einerseits nehmen Kündigungsschutz und feste

Regeln für die Auswahl der zu Kündigenden Millionen Arbeitnehmern die akute Angst vor dem Jobverlust. Andererseits steht ein strikter Kündigungsschutz wohl nicht zu Unrecht bei Ökonomen im Ruf, langfristig den Abbau der – äußerst glücksschädlichen – Arbeitslosigkeit zu behindern. Auch wenn die Glücksökonomie noch sehr jung und ihre Politikvorschläge unausgegoren sind, so beinhaltet sie doch das Potential für eine wesentlich fruchtbarere Politikberatung durch die Ökonomie. Wenn die Ökonomen statt eigener Glaubenssätze die Präferenzen der Menschen zum Maßstab nehmen, und nur Maßnahmen vorschlagen, die wirklich die Summe der Nutzen im Sinne Jeremy Benthams steigern, dann können Politiker wieder auf Ökonomenrat hören, ohne dadurch ihre Wiederwahl zu gefährden.

Literatur

Clark, Andrew (2006):»A Note on Unhappiness and Unemployment Duration«, IZA Discussion Paper. Nr. 2406.

Clark, Andrew, Paul Frijters und Michael Shields (2006):»Income and Happiness: Evidence, Explanations and Economic Implications«, Working Paper.

Di Tella, Rafael, Richard MacCulloch und Andrew Oswald (2001): »Preference over Inflation and Unemployment: Evidence from Surveys on Happiness«, in: American Economic Review, Vol 91, S. 335–341.

Di Tella, Rafael und Robert MacCulloch (2006):»Some Uses of Happiness Data in Economics«, in: Journal of Economic Perspectives, Vol. 20, S. 25–46.

Frey, Bruno und Alois Stutzer (2002): Happiness Economics, Princeton University Press.

Frey, Bruno und Alois Stutzer (2004):»Stress That Doesn't Pay: The Commuting Paradox«, IZA Discussion Paper, Nr. 1278,

Frey, Bruno, Christine Benesch und Alois Stutzer (2005):»Does watching TV Make Us Happy« Working Paper.

Frey, Bruno S. und Alois Stutzer (2002):»The Economics of Happiness«, in: World Economics, Vol. 3, S. 25–41.

Frey, Bruno S. und Alois Stutzer (2002):»What Can Economists Learn from Happiness Research«, in: Journal of Economic Literature, Vol. 40, S. 401–435.

Friedman, Benjamin (2005): »The Moral Consequences of Economic Growth«, Verlag Alfred A. Knopf, New York.

Graham, Carol (2006): »The Economics of Happiness«, in: Steven Durlauf und Larry Blume (Hrsg.): The New Palgrave Dictionary of Economics, Second Edition.

Gruber, Jonathan. und Sendil Mullainathan (2002): »Do Cigarette Taxes Make Smoker Happier?« NBER Working Paper Nr. 8872.

Helliwell, John und Haifang Huang (2005): »How's the Job? Well-Being and Social Capital in the Workplace«, NBER Working Paper Nr. 11759.

Layard, Richard (2005): »Happiness – Lessons from a New Science«, Penguin Press, deutsch: Die glückliche Gesellschaft – Kurswechsel für Politik und Wirtschaft, Campus Verlag 2005.

Kapitel 3

»Suche Arbeit jeder Art«

Was ist das dringendste ökonomische Problem unserer Zeit? Für Reinhard Selten, den ersten und einzigen deutschen Ökonomie-Nobelpreisträger, ist die Antwort eindeutig: »Die Arbeitslosigkeit.« Nicht das niedrige Wirtschaftswachstum, die übermäßige Staatsverschuldung oder die mangelnde Reformfähigkeit des Wirtschaftsstandorts Deutschland machen dem emeritierten Professor der Uni Bonn die größten Sorgen. »Die wichtigste Frage ist: Wie bringen wir die Millionen Arbeitslosen wieder in Lohn und Brot?« Und der Nobelpreisträger, der 1994 den Nobelpreis für seine Beiträge zur Spieltheorie erhielt, gibt offen zu: »Ob das Problem lösbar ist, weiß ich nicht. Ich kann dazu auf jeden Fall keine Patentlösungen anbieten.«

Selten befindet sich in guter Gesellschaft. Seit Jahrzehnten zerbrechen sich die besten Arbeitsmarkt-Ökonomen der Welt den Kopf über die Frage, was genau die Ursache für die schlechte Beschäftigungssituation in Europa ist. Zwar hat die Arbeitsmarktforschung seit den siebziger Jahren deutliche Erkenntnisfortschritte gemacht. Aber bis heute hat sie keine umfassende Theorie zu bieten, welche die Situation auf den europäischen Arbeitsmärkten befriedigend erklären kann.

Wer ganz im Sinne der gängigen mikroökonomischen Lehrbücher davon ausgeht, dass der Lohn Entschädigung für aufgewendetes Arbeitsleid ist, weil die Menschen lieber faulenzen als arbeiten, für den ist Arbeitslosigkeit vor allem freiwillige Arbeitslosigkeit. Die Vertreter dieser Sichtweise tun sich allerdings schwer, ihre Theorien mit dem Befund in Einklang zu bringen, dass Arbeitslosigkeit die meisten Menschen unglücklich macht. Deshalb haben Ökonomen viel unternommen, um ihre Modelle und Erklärungsversuche realitätsnäher zu machen. Aber: »Viele Theorien sind gekommen und wieder gegangen. Alle haben unser Wissen erweitert, aber insgesamt bleibt es sehr unvollständig«, räumt mit Oliver Blanchard vom Massachusetts Institute of Technology (MIT) einer der renommiertesten Arbeitsmarkforscher der Welt ein, dass seine Disziplin bei der Beantwortung ihrer größten Frage noch nicht sehr weit gediehen ist.

Als Musterbeispiel für die Probleme der Ökonomen führt Blanchard Spanien und Portugal an: Beide Länder erlebten in den Siebzigern eine Revolution und eine Explosion der Löhne, beide haben ähnliche Arbeitsmarkt-Institutionen und leisten sich ein hohes Protektionsniveau für Arbeitsplatzbesitzer. Doch trotz all dieser Gemeinsamkeiten ist die Beschäftigungsbilanz beider Staaten grundverschieden. Spanien leidet traditionell unter einer extrem hohen Arbeitslosenquote, die Mitte der neunziger Jahre bei über 20 Prozent gipfelte. In Portugal erreichte die Quote Mitte der achtziger Jahre mit knapp neun Prozent ihren Höhepunkt und ist in den Jahren danach gesunken. Warum das so ist, darüber können die Wissenschaftler nur rätseln.

In den vergangenen Jahrzehnten glich ihre Arbeit zum Thema Arbeitslosigkeit letztlich dem Versuch, ein heruntergefallenes Stück Seife in einer Badewanne zu greifen. Mehrfach dachten Ökonomen, sie hätten das Problem gepackt – um dann festzustellen, dass es ihnen wieder aus der Hand geglitten ist. »Viele Forscher einschließlich mir selbst haben versucht, diese Differenzen auf unterschiedliche Schocks oder unterschiedliche Institutionen zurückzuführen«, schreibt Blanchard. Aber: »Ich bin nicht sicher, ob unsere Argumentationen mehr sind als Ex-Post-Erklärungsversuche.«

Anfang der achtziger Jahre waren sich Volkswirte zum ersten Mal sicher, eine theoretisch gut fundierte Antwort zu haben. Sie erklärten die Beschäftigungsprobleme mit den beiden Ölkrisen der siebziger Jahre und dem gleichzeitig langsameren Produktivitätswachstum. Für konstante Beschäftigung hätten die Löhne langsamer steigen müssen als früher. Tatsächlich war das Gegenteil der Fall. Steigende Arbeitslosigkeit, so sahen es die Forscher, war die Konsequenz dieser Entwicklung.

Ab Mitte der Achtziger kamen Arbeitsmarktforscher damit aber zunehmend in Erklärungsnöte: Die Beschäftigungsprobleme verschlimmerten sich weiter, obwohl die Schocks der siebziger Jahre längst Geschichte waren.

Sein Papier mündet in einer Grundsatzfrage: Wissen Ökonomen überhaupt genug, um Politiker beim Thema Arbeitslosigkeit guten Gewissens beraten zu können? »Ich glaube, ja –

aber nur mit einem angemessenen Grad an Demut«, lautet Blanchards Antwort.

Trotz aller Defizite in Bezug auf die optimale Gesamtarchitektur des Arbeitsmarktes verfüge die ökonomische Wissenschaft über viele gesicherte Erkenntnisse über die Wirkung von Einzelmaßnahmen. So sei unstrittig: Wenn das Arbeitslosengeld unabhängig davon fließt, ob man sich um einen neuen Job bemüht, ist die Dauer der Arbeitslosigkeit höher. Aus solchen Mosaiksteinen hat sich ein Grundkonsens gebildet, an dem sich inzwischen in vielen Ländern auch die Wirtschaftspolitik orientiert – zu Recht, meint Blanchard. Ein Beispiel sind die deutschen Hartz-Reformen.

Aber der MIT-Professor warnt vor überzogenen Hoffnungen: Selbst, wenn in Europa alle Erkenntnisse der Arbeitsmarktforscher komplett umgesetzt würden, wäre damit das Arbeitsmarktproblem nicht unbedingt automatisch beseitigt. So ließen sich zum Beispiel Arbeitsmarkt-Institutionen, die sich in einem Land bewährt haben, nicht in jedem Fall mit den gleichen positiven Ergebnissen auf andere Länder übertragen. Wenn zum Beispiel Frankreich das dänische System der Lohnfindung übernähme, führe dies auf dem französischen Arbeitsmarkt noch lange nicht zwangsläufig zu dänischen Verhältnissen. Nicht nur, weil viele andere Arbeitsmarkt-Institutionen in beiden Ländern grundverschieden sind, sondern auch, weil Dänen einfach anders sind als Franzosen. So ist in dem skandinavischen Land zum Beispiel das Vertrauen zwischen Arbeitnehmern und Unternehmern weit größer als in Frankreich.

Was Arbeitgeber gegen Lohnsenkungen haben

Einig sind die meisten Ökonomen, dass der Arbeitsmarkt in Deutschland und vielen anderen europäischen Ländern zu unflexibel ist – und eine übermäßige staatliche Regulierung das Spiel der Marktkräfte zu sehr beschränkt. Die deutschen Wirtschaftsverbände haben sich vor allem auf den *Kündigungsschutz* eingeschossen und fordern: Es muss für Unternehmen leichter werden, Beschäftigte zu entlassen. Dann, so die Logik, falle ihnen auch das Einstellen leichter – denn der Kündigungsschutz bürde den Firmen Kosten auf, die sie bei der Einstellungsentscheidung berücksichtigen.

Theoretisch gibt es auch andere Möglichkeiten, mit denen es der Staat den Firmen erleichtern kann, dass die Personalkosten mit der Auftragslage atmen. Zum Beispiel Lohn- und Gehaltskürzungen in schlechten Zeiten. Die Möglichkeiten hierfür zu verbessern, fordern die Unternehmensverbände nicht. Warum sind die Löhne nach unten hin so starr? Diese Frage haben Arbeitsmarktforscher intensiv untersucht – und können in diesem Fall auch eine klare Antwort geben.

Truman Bewley, Ökonom an der renommierten amerikanischen Yale-University, hat diejenigen befragt, die es wissen müssen – die für die Gehaltspolitik zuständigen Manager von Unternehmen. Das Ergebnis: Die Manager befürchten, dass die Arbeitnehmer Lohnkürzungen als Affront betrachten. Dies würde die Identifikation der Beschäftigten mit dem Unternehmen und die Arbeitsmoral beschädigen. Zusätzlich gehen die Arbeitgeber davon aus, dass bei generellen Gehaltskürzungen zuerst die besten Arbeitnehmer abwandern. Deren höhere Produktivität spiegelt sich schließlich in der Regel nicht in vollem Maße in ihrem Gehalt wider. Daher haben sie eine relativ gute Position auf dem Arbeitsmarkt. Wichtiger noch: diejenigen, deren Gehalt gekürzt würde, bleiben mit ihrer Unzufriedenheit im Unternehmen. Die Entlassenen danach sind draußen – ihr Groll kann dem Unternehmen kaum noch etwas anhaben.

Insgesamt zeigt sich eine Neigung der Unternehmen, die Kosten im Bedarfsfall über Entlassungen statt über die Löhne atmen zu lassen. Lohnkürzungen sind für Unternehmen nur die Ultima Ratio. Wenn sie die Arbeitskosten senken müssen, ziehen sie in der Regel Personalabbau und Entlassungen vor. Betriebsräten und Gewerkschaftern wird von vielen nicht ohne Grund eine ähnliche Vorliebe nachgesagt.

Für die Betroffenen und für die Gesellschaft ist das nicht ideal. Denn Arbeitslosigkeit verursacht hohe private und soziale Kosten. Bevor die Wirtschaftspolitik diese Neigung durch Erleichterung von Entlassungen noch verstärkt, lohnt es sich, über Alternativen nachzudenken, mit denen Entlassungen vermieden werden, ohne die Flexibilität der Unternehmen einzuschränken. Dazu müsste der Gesetzgeber zunächst rechtliche Hürden von Lohn- und Gehaltskürzungen abbauen. Die Förderung der Gewinnbeteiligung über variable Lohnbestandteile würde in die gleiche Richtung wirken. Denn Boni, die aus nachvollziehbaren Gründen gesenkt werden, haben auch im Urteil der Arbeitgeber bei weitem nicht den negativen Effekt auf die Moral wie eine Kürzung des Grundgehalts. Und mit dem Geld, das der Finanzminister spart, wenn er weniger Arbeitslosengeld zahlen muss, kann er sich einige steuerliche Anreize für variable Lohnbestandteile leisten.

Sinn und Unsinn von Mindestlöhnen

In einem Punkt ist der Arbeitsmarkt in Deutschland weniger reguliert als in den meisten anderen Ländern. Hier zu Lande gibt es keinen allgemein verbindlichen Mindestlohn. Einige Tarifverträge schreiben sogar Löhne fest, die in den meisten Industrieländern gegen den Mindestlohn verstoßen würden. Gewerkschaften und Teile der SPD machen sich daher für Mindestlöhne stark – viele Wirtschaftswissenschaftler dagegen lehnen sie strikt ab.

So laufen etwa der Wirtschaftsweise Wolfgang Franz und sein Amtsvorgänger Horst Siebert Sturm gegen die Idee. Ein Mindestlohn, argumentieren sie, würde noch mehr Jobs vernichten. Wer auf einem Markt einen Preis festlegt, der höher ist als durch Angebot und Nachfrage bestimmt, bringt den Markt aus dem Gleichgewicht. Auf dem Arbeitsmarkt, so die Logik der Mindestlohn-Gegner, sei Arbeitslosigkeit die unweigerliche Folge einer solchen Politik.

Bis in die 90er-Jahre war dies auch international die fast einhellige Ansicht unter Ökonomen. Seitdem allerdings hat sich die internationale Debatte verändert. Inzwischen stellen immer mehr ernst zu nehmende Wirtschaftswissenschaftler das traditionelle Paradigma in Frage. Denn seit zehn bis zwölf Jahren nähren wissenschaftliche Untersuchungen zunehmend Zweifel an der These, dass Mindestlöhne automatisch die Beschäftigungschancen Geringqualifizierter vermindern. Im Jahr 1998 empfahl die OECD daher ihren Mitgliedstaaten ein »durchdachtes Paket ökonomischer Maßnahmen mit einem

angemessen gesetzten Mindestlohn und Lohnzuschüssen«.
Vier Jahre zuvor hatte die Organisation noch geraten, Mindestlöhne abzuschaffen.

Die Abkehr vom alten Dogma begann 1994 mit einem
Aufsatz im »American Economic Review«, einer der angese-
hensten ökonomischen Fachzeitschriften. Zwei US-Ökonomen
präsentierten dort eine empirische Studie mit dem erstaunli-
chen Ergebnis: Eine kräftige Erhöhung des Mindestlohns kann
zu zusätzlichen Arbeitsplätzen führen.

David Card aus Berkeley und Alan Krueger aus Princeton
hatten untersucht, wie sich nach 1992 die Beschäftigung in
der von Niedriglöhnen geprägten Fast-Food-Branche der US-
Bundesstaaten New Jersey und Pennsylvania entwickelte.
New Jersey hatte 1992 den Mindestlohn um fast 20 Prozent
auf 5,05 Dollar erhöht, im benachbarten Pennsylvania blieb
der Mindestlohn dagegen bei 4,25 Dollar. Obwohl einfache
Arbeit in New Jersey erheblich teurer wurde, entwickelte sich
dort die Beschäftigung in Fast-Food-Restaurants deutlich besser als in Pennsylvania. Pro Fast-Food-Restaurant entstanden
in New Jersey 2,5 zusätzliche Stellen – ein Plus von mehr als
13 Prozent. Im Vergleich zu Pennsylvania stiegen in New Jersey aber die Preise für Fast Food.

Die Untersuchung löste unter Arbeitsmarktforschern eine
heftige Debatte aus – mehrere Ökonomen machten sich an
Gegenstudien. Sechs Jahre nach der Veröffentlichung erschien
eine Fundamentalkritik am Vorgehen von Card und Krueger:
Doch Card und Krueger behielten das letzte Wort. Sie konnten ihren Kritikern eine problematische Datengrundlage nachweisen und ihr eigenes Ergebnis mit verbesserter Datengrundlage reproduzieren.

Theoretisch kann man das Ergebnis von Card und Krueger herleiten, wenn man von einer gewissen Nachfragemacht
auf Arbeitsmärkten ausgeht. Auf regional und qualifikato-
risch fragmentierten Arbeitsmärkten herrscht danach keine
vollständige Konkurrenz – größere Arbeitgeber beeinflussen
mit ihrer Personal- und Gehaltspolitik das Lohnniveau. Auf
solchen Arbeitsmärkten ist die Beschäftigung niedriger als
auf wettbewerblichen Märkten. Ein geschickt gewählter Mindestlohn kann die Beschäftigung sogar steigern.

Man stelle sich eine Kleinstadt vor, in der es ein Fast-
Food-Restaurant gibt. Würde der Betreiber eine zweite Filiale

aufmachen, fände er zum alten Lohn womöglich nicht genug Personal. Er müsste höhere Löhne zahlen – und zwar den Beschäftigten in beiden Restaurants. Auch wenn die zweite Filiale für sich betrachtet profitabel wäre, könnte es sein, dass die Eröffnung unterbleibt, weil der Eigentümer nicht selbst die Löhne im ersten Restaurant nach oben treiben will. Sorgt bereits ein Mindestlohn für höhere Löhne im ersten Restaurant, gibt es diese negative Rückkopplung nicht mehr. Den gleichen Effekt haben Arbeitsmarktforscher in Laborexperimenten mit simulierten Arbeitsmärkten festgestellt.

»Über die Gesamtwirkungen, die eine Anhebung von Mindestlöhnen auf die Beschäftigung im Niedriglohnsektor hat, besteht heute eindeutig kein Konsens mehr«, räumen inzwischen selbst die vehementen Mindestlohn-Kritiker David Neumark und William Wascher in einem 2006 erschienenen Literaturüberblick ein. Je nach Land, Untersuchungsmethodik und Betrachtungszeitraum stellen Studien eindeutig negative, neutrale oder positive Arbeitsmarkteffekte fest.

In der deutschen Debatte über die Einführung von Mindestlöhnen spielt die moderne Mindestlohnforschung bislang so gut wie keine Rolle. Das Thema ist hierzulande stark weltanschaulich aufgeladen. »Die Befürchtung beschäftigungsfeindlicher Wirkungen eines gesetzlichen Mindestlohns ist aus theoretischer Sicht und durch empirische Studien gut begründet«, argumentiert der Sachverständigenrat in seinem Jahresgutachten 2004/2005. Als empirischen Beleg für die Arbeitsplatzvernichtung durch Mindestlöhne führte der SVR eine Studie aus dem Jahr 1999 an, die für Frankreich zu dem Ergebnis kam: Erhöhungen des Mindestlohns haben die Beschäftigungschancen gering qualifizierter junger Männer deutlich verschlechtert. Ein einprozentiger Anstieg des Mindestlohnes führe dazu, dass die Beschäftigungswahrscheinlichkeit eines zum Mindestlohn beschäftigten Arbeitnehmers um 1,0 bis 1,3 Prozent sinke. Mindestlöhne seien daher als »untaugliches, sogar kontraproduktives Mittel« abzulehnen, schrieb der Sachverständigenrat.

Nachdem das »Handelsblatt« darüber berichtet hatte, dass der Sachverständigenrat die Literaturlage falsch dargestellt und zum Beispiel die berühmte Studie von Card und Krüger unterschlagen hatte, widmete sich der Sachverständigenrat 2006 erneut dem Mindestlohn-Thema. Die »Fünf

Weisen« stellten fest, »dass in den Vereinigten Staaten für Mindestlöhne keine gesicherten negativen Beschäftigungseffekte mehr festzustellen sind«. Allerdings ließe sich das nicht auf Deutschland übertragen – in den USA sei der Arbeitsmarkt flexibler und die Abgabenbelastung auf Arbeitseinkommen geringer. Relevanter sei der Vergleich mit Frankreich, wo es ähnliche Arbeitsmarkt-Institutionen wie hier zu Lande gebe – und negative Job-Effekte von Mindestlöhnen.

Neue Studien aus Großbritannien geben den Zweifeln an der traditionellen Sicht allerdings zusätzliche Nahrung. »Obwohl die ökonomische Standardanalyse impliziert, dass Mindestlöhne eine negative Wirkung auf die Beschäftigung haben sollten, fällt es den meisten empirischen Studien schwer, diese negative Wirkung festzustellen«, lautet das Fazit eines Forscherteams vom Centre for Economic Performance an der renommierten London School of Economics, einem der führenden ökonomischen Forschungsinstitute des Landes. Mirko Draca, Stephen Machin und John Van Reenen haben untersucht, welche Folgen der 1999 in Großbritannien eingeführte Mindestlohn auf Beschäftigung und Gewinne hatte. Sie stellen allenfalls geringe Beschäftigungseinbußen im Niedriglohnsektor fest.

Die britischen Arbeitgeber hatten dagegen deutliche Gewinneinbußen zu tragen. Die Profitabilität der besonders betroffenen Unternehmen sank deutlich. Die Firmen konnten also höhere Löhne nicht vollständig über höhere Preise kompensieren. Trotzdem stellten die Forscher bislang keine erhöhten Marktaustritte der betroffenen Firmen fest. Daraus schließen sie: Entweder ist der Untersuchungszeitraum noch zu kurz – oder die Unternehmen haben vorher dank niedriger Löhne übermäßige Gewinne erzielt.

Unerwünschte Nebenwirkungen von Mindestlöhnen

Wenn man einen Mindestlohn einführt, sollte man sich seiner Sache auf jeden Fall sehr sicher sein. Denn Mindestlöhne sind wie Zahnpasta, zeigt eine Studie eines deutsch-schweizerischen Forscherteams. Wenn man die aus der Tube gedrückt hat, gibt es kein Zurück mehr. Wenn man einen Mindestlohn abschafft, wirkt er weiter. Und nicht nur Niedriglöhner sind betroffen – die gesamte Lohnstruktur der Wirtschaft rutscht nach oben.

Die Ökonomen Armin Falk, Ernst Fehr und Christian Zehnder haben diese Ergebnisse mit einer für Arbeitsmarktforscher recht neuen Methode ermittelt: In Laborexperimenten bauten sie *künstliche Arbeitsmärkte*. 240 Züricher Studenten übernahmen die Rolle von Unternehmern und Beschäftigten. Löhne und Gewinne wurden mit Spielgeld abgerechnet, das am Ende in Schweizer Franken umgerechnet wurde.

In der Modell-Ökonomie galten einfache Gesetze: Der Umsatz eines Unternehmens stieg mit der Zahl der Mitarbeiter, ebenso wie die Personalkosten. Mit wachsender Belegschaft sank zudem die Produktivität eines weiteren Beschäftigten. Jede Firma konnte in jeder Spielrunde bestimmen, wie vielen Beschäftigten sie zu welchem Lohn einen Job anbot. Jeder Arbeiter konnte entscheiden, ob er auf die Offerte einging. Wenn nicht, war er eine Runde arbeitslos und hatte kein Einkommen.

Ohne staatliche Interventionen pendelte sich der Lohn im Mittel bei 188 Euro ein. Eine Firma mit zwei Beschäftigten erwirtschaftete dabei einen Gewinn von 364 Euro. Nach 15 Spielrunden führte der Staat einen Mindestlohn in Höhe von 220 Euro ein – der Marktlohn aber pendelte sich deutlich darüber ein. Im Mittel zahlten die Firmen ihren Beschäftigten fortan 238 Euro. Bei zwei Mitarbeitern schrumpfte ihr Gewinn um mehr als ein Viertel. 93 Prozent aller Löhne lagen höher als 220 Euro – vorher waren es nur acht Prozent.

Durch den Mindestlohn verschoben sich für die Beschäftigten die Maßstäbe. Ein Gehaltsangebot von 220 Euro erschien den Arbeitern als fair und generös, solange die Unternehmen die Möglichkeit hatten, auch weniger anzubieten. Als die Firmen aber gezwungen waren, mindestens 220 Euro zu zahlen, kam das gleiche Angebot als unfair oder geizig daher. Weil sich Menschen nicht gern ausgebeutet fühlen, würden viele Arbeiter so ein Angebot im Zweifel lieber ganz ablehnen.

Der so genannte *Reservationslohn*, unter dem ein Beschäftigter keinen Job annimmt, stieg also durch den Mindestlohn. Dieser Effekt blieb bestehen, als der Modell-Staat seinen Eingriff ins Gehaltsgefüge rückgängig machte: Die Marktlöhne waren auch lange danach noch deutlich höher als ohne Intervention. »Eine zeitweilige Einführung von Mindestlöhnen hat dauerhafte Effekte auf die tatsächlich gezahlten Gehälter«, schreiben die Autoren. Offenbar hatten sich die Arbeiter an bessere Bezahlung gewöhnt und waren später nicht bereit, für weniger zu arbeiten.

Bemerkenswert sind die Beschäftigungseffekte des Mindestlohns: Die Zahl der Jobs fiel nicht etwa, sie stieg – pro Unternehmen um 14 Prozent. Der Grund: Durch den Mindestlohn sinken in manchen Fällen die Grenzkosten für die Einstellung eines weiteren Beschäftigten.

Die Mechanismen, die die Forscher im Experimentallabor beobachteten, waren die gleichen, die David Card und Alan Krueger in New Jersey beobachtet hatten: Ohne Mindestlohn hatten im Experiment die Arbeitnehmer einen Job, die auch für relativ wenig Geld bereit waren zu arbeiten. Hätte ein Unternehmen seine Belegschaft aufstocken wollen, hätte es zusätzliche Mitarbeiter in vielen Fällen mit höherem Lohn locken müssen. Dies änderte sich durch den Mindestlohn: Für die schon angestellten Arbeiter stieg der Lohn ohnehin – die Grenzkosten für einen neuen Beschäftigten entsprachen in vielen Fällen nur noch dessen Lohn.

Allerdings warnen die Autoren: Durch den Mindestlohn sanken die Unternehmensgewinne deutlich. Dies könnte im wirklichen Leben dazu führen, dass Betriebe ihre Investitionen zurückfahren oder ganz aus dem Markt ausscheiden. Beides hätte langfristig negative Arbeitsmarkteffekte.

Gesellschaftliche Folgen der hohen Arbeitslosigkeit

So unklar die genauen ökonomischen Ursachen der Beschäftigungsmisere sind, so offenkundig sind ihre negativen gesellschaftlichen Wirkungen. So besteht zwischen der Anzahl der rechtsextrem motivierten Verbrechen in den deutschen Regionen und der Höhe der Arbeitslosigkeit eine statistisch signifikante Korrelation. Dies haben die beiden Ökonomie-Professoren Armin Falk von der Universität Bonn und Josef

Zweimüller von der Universität Zürich in einem Forschungspapier herausgearbeitet.

Für ihre Untersuchung nutzen sie Detail-Daten aus der
polizeilichen Kriminalstatistik des Bundeskriminalamtes –
eine Datenbank, in der alle Verbrechen mit rechtsradikalem
Hintergrund in den verschiedenen Bundesländern erfasst werden. In den Jahren 1996 bis 1999 waren dies insgesamt 41 535
Fälle. Überproportional viele davon ereigneten sich in Ost-
deutschland: Pro 100 000 Einwohner gab es dort 2,6 Verbrechen mit rechtsextremen Hintergrund – fast drei Mal so viele
wie in Westdeutschland. Auch der Anteil der Gewaltverbre-
chen an den rechtsextrem motivierten Taten war in den neuen
Ländern mit 9,2 Prozent gut ein Drittel höher als in den alten.
»Bei den rechtsextremen Verbrechen«, so ein Zwischenfazit
der Wissenschaftler, »existiert ein dramatischer Ost-West-Ge-
gensatz«.

Mit mathematischen Regressionsanalysen untersuchen
Falk und Zweimüller, in wieweit sich dieses Phänomen durch
die unterschiedliche Arbeitsmarktlage in Ost- und Westdeutschland erklären lässt. Sie entwerfen ein Modell, in das
neben der örtlichen Arbeitsmarktsituation eine ganze Reihe
anderer Variablen einfließen, die potenziell die Anzahl rechts-
radikal motivierter Verbrechen in einer Region beeinflussen –
vom Pro-Kopf-Einkommen über das Bildungsniveau, den
Ausländeranteil, die Höhe der Sozialhilfe-Zahlungen bis hin
zur Aufklärungsquote von Verbrechen.

Das Ergebnis: Wo die Arbeitslosenquote um einen Pro-
zentpunkt höher ist, da ist im Durchschnitt auch die Zahl der
Neonazi-Taten pro 100 000 Einwohner um 0,09 bis 0,18 Fälle
höher. Die Ökonomen schätzen: Sollte die Arbeitslosenquote
im Osten auf den westdeutschen Durchschnitt sinken, würde
die Zahl der rechtsextremen Verbrechen pro 100 000 Einwohner in den neuen Ländern von 2,6 auf 1,3 sinken – denn rund
80 Prozent der Ost-West-Differenz bei den Neonazi-Taten seien
durch wirtschaftliche Probleme zu erklären.

Die DDR-Vergangenheit dagegen kann nicht für die höhere Anzahl fremdenfeindlicher Taten in den neuen Ländern
verantwortlich gemacht werden. In westdeutschen Regionen
mit hoher Arbeitslosigkeit ist das Problem genauso ausgeprägt wie in den neuen Bundesländern. Allerdings gibt es keinen linearen Zusammenhang zwischen ökonomischer Lage

und Rechtsextremismus. Solange das absolute Niveau der Arbeitslosigkeit gering ist, lässt sich keine Korrelation feststellen. Erst, wenn die Beschäftigungsprobleme überhand nehmen, kippt die Situation – dann spielen die wirtschaftlichen Probleme den Neonazis in die Hände.

Wider die Mär vom faulen Europäer

Nicht nur die unterschiedliche hohe Arbeitslosigkeit in Europa und den USA gibt Volkswirten Rätsel auf. Auch die Frage, warum ein Beschäftigter in der alten Welt pro Jahr auf wesentlich weniger Arbeitsstunden kommt als sein Kollege in den Vereinigten Staaten, ist eine in der Wissenschaft heftig diskutierte Frage. Europäer haben mehr Urlaub, arbeiten pro Woche weniger, und auch die Erwerbsbeteiligung ist hier zu Lande geringer.

Das war nicht immer so. Bis zur ersten Hälfte des vergangenen Jahrhunderts arbeiteten die Europäer deutlich mehr als die Amerikaner. Erst 1970 lagen sie pari. Heute arbeiten Amerikaner in Arbeitsstunden ausgedrückt im Durchschnitt jährlich rund 50 Prozent mehr als Europäer.

Der US-Ökonom Edward Prescott, der 2005 den Nobelpreis für Wirtschaft erhielt, kommt zu einem provozierenden Ergebnis: Allein die unterschiedliche Belastung der Arbeitseinkommen mit Abgaben könne erklären, wie viel Arbeit der Einzelne leistet.

Prescott geht von einer international einheitlichen Nutzenfunktion aus, die angibt, wie viel Konsum eine Stunde Freizeit aufwiegt. Damit schätzt er, welchen Einfluss Steuern auf die Konsummöglichkeiten und das Arbeitsangebot haben. Für die einzelnen Länder errechnete er dann, wie Arbeitseinkommen bei Entstehung und Verwendung mit Abgaben belastet werden. Und siehe da: Die Unterschiede im Arbeitsangebot zwischen den sieben größten Industrieländern und innerhalb der Länder im Zeitablauf liegen sehr nahe an den theoretisch abgeleiteten Werten. Eine höhere Freizeitpräferenz (vulgo: Faulheit) der Europäer brauche man nicht zu bemühen.

Es gibt, wie im zweiten Kapitel bereits erwähnt, auch die konkurrierende Sichtweise des gleichen Befunds. Richard Layard und andere »Glücksökonomen« würden sagen, dass nicht die Europäer zu wenig, sondern die Amerikaner zu viel arbeiten.

Was den Standard-Arbeitnehmer angeht und Steuersätze im normalen Bereich, stehen sich die beiden Sichtweisen unversöhnlich gegenüber. Es gibt allerdings auch viele Steuerfälle, wo Prescott und die Glücksökonomen zu den gleichen Ergebnissen kommen würden. Das sind all die Fälle, bei denen die Steuerlast auf zusätzliche Einkommen extrem hoch ist, und wo es kein Statusrennen zu beschränken gibt. Wer danach sucht, wird in Deutschland schnell fündig bei extremen Abgabensätzen, die an bis zu hundert Prozent heranreichen. Ältere Arbeitnehmer werden mit finanziellen Anreizen zum vorzeitigen Ausscheiden aus dem Erwerbsleben motiviert. Gering Qualifizierte bekommen staatliche Transfers, solange sie nicht arbeiten. Wenn sie eine Arbeit aufnehmen, stellen sie sich oft gar nicht oder nur unwesentlich besser, weil die Transfers entfallen. Nicht von ungefähr ist die Frauenerwerbsquote niedrig. Frauen profitieren durch Ehegattensplitting und kostenlose Sozialversicherung vom Nicht-Arbeiten – diese Subvention fällt weg, wenn sie arbeiten. Manche Ökonomen sind sogar der Ansicht, die unterschiedliche Beschäftigungsentwicklung in den USA und Europa lasse sich gar nicht sinnvoll analysieren, ohne speziell das Arbeitsangebot der Frauen in den Blick zu nehmen. Aber das ist das Thema des nächsten Kapitels.

Literatur

Bewley, Truman (2004): Fairness, Reciprocity and Wage Rigidity, IZA Discussion Paper Nr. 1137.

Blanchard, Olivier (2004): »The economic future of Europe«, in: Journal of Economic Perspectives, Vol. 18, S. 3–26

Blanchard, Olivier (2006): »European Unemployment: The Evolution of Facts and Ideas«, in: Economic Policy, Vol. 21, S. 5–59.

Draca, Mirko, Stephen Machin und John Van Reenen (2006): »Minimum Wages and Firm Profitability«, IZA Discussion Paper Nr. 1913.

Falk, Armin und Josef Zweimüller (2005): »Unemployment and Right-Wing Extremist Crime«, IZA Discussion Paper Nr. 1540.

Falk Armin, Ernst Fehr und Christian Zehnder (2006): »Fairness Perceptions and Reservation Wages – The Behavioral Effects of Minimum Wages«, in: Quarterly Journal of Economics, Vol. 121, S. 1347–1381.

Neumark, David und William Wascher (2006): »Minimum Wages and Employment: A Review of Evidence from the New Minimum Wage Research«, NBER Working Paper Nr. 12663.

Prescott, Edward (2004): »Why do Americans work so much more than Europeans«, in: Federal Reserve Bank of Minneapolis Quarterly Review, Vol. 28, No. 1, July 2004, pp. 2–13.

Kapitel 4

Der fast vergessene kleine Unterschied

Auf einen Job als Anwältin hatte Sandra Day O'Conner keine Chance. 1952 hatte sie an der Stanford Universität ihr juristisches Examen abgelegt, als eine der drei besten Absolventen ihres Jahrgangs. Trotzdem wollte keine Anwaltskanzlei die junge Frau einstellen – gerade mal ein Job als Sekretärin in einem Anwaltsbüro hätte sie über Beziehungen ergattern können. Um ihre männlichen Kommilitonen mit schlechteren Zeugnissen rissen sich dagegen die besten Kanzleien. Day O'Conner heuerte schließlich bei der Staatsanwaltschaft an und arbeitete sich im öffentlichen Dienst nach oben – bis US-Präsident Ronald Reagan sie 1981 als erste Frau in den amerikanischen Supreme Court berief.

Noch in den fünfziger Jahren waren gute Schreibmaschinenkenntnisse für Frauen ähnlich wertvoll wie ein Jurastudium. Die Frage nach der persönlichen Tippgeschwindigkeit hörten Akademikerinnen noch Jahrzehnte lang in jedem Vorstellungsgespräch. Qualifizierte Positionen bekamen sie kaum, weil die Arbeitgeber davon ausgingen, dass sie ohnehin nur kurze Zeit arbeiten würden, bis sie heirateten und Kinder bekamen. Diese Zeiten sind vorbei, auch wenn Frauen bis heute im Durchschnitt weniger verdienen und schlechtere Jobs haben als Männer. Dass sie Karrieren verfolgen und ein volles Berufsleben lang arbeiten, ist heute eher die Regel als die Ausnahme.

Trotzdem hat die steigende Erwerbsneigung der Frauen tief greifende Auswirkungen auf den Arbeitsmarkt und die gesamte Wirtschaft. Wer verstehen will, was auf dem Arbeitsmarkt in den letzten fünf Jahrzehnten passiert ist, der muss verstehen, was sich bei der Erwerbstätigkeit der Frauen getan hat. Wer den Arbeitsmarkt beeinflussen oder prognostizieren will, muss sich mit *ökonomischer Geschlechterforschung* beschäftigen. Dass sie den Status eines Randthemas in der Ökonomie verliert, ist überfällig.

So ist die Beschäftigung in den USA zwischen 1970 und 2000 vor allem deshalb so stark gestiegen, weil Frauen viel stärker als früher auf den Arbeitsmarkt drängten. Und dass ein Beschäftigter in Amerika pro Woche deutlich länger arbeitet als sein Kollege in Europa, liegt vor allem daran, dass hier zu Lande die Frauen weniger ins Erwerbsleben integriert sind und häufiger Teilzeitjobs haben, stellten die Ökonom Richard Freeman (Harvard) und Ronald Schettkat (Wuppertal) fest. »Wenn Europa das amerikanische Jobwunder nachahmen will, wird es die Situation der Geschlechter auf dem Arbeitsmarkt dramatisch ändern müssen«, schließt Freeman daraus. Dieser Punkt ist nach seiner Ansicht für mehr Beschäftigung in Europa fast wichtiger als traditionelle Arbeitsmarktreformen, die Ökonomen üblicherweise angemahnen. So empfehlen Volkswirte als Antwort auf die demographische Entwicklung in aller Regel längere Lebensarbeitszeiten, niedrigere Renten und höhere Zuwanderung. Dass sich aber auch durch eine gleichberechtigte Beteiligung von Frauen am Erwerbsleben die Sozialversicherungen fit für die Zukunft machen lassen, vernachlässigt die Zunft fast völlig. Gerade in Deutschland wäre damit einiges zu holen – denn die Bundesrepublik ist bei der Erwerbsbeteiligung der Frauen ein Nachzügler. Auch die Debatte um arbeitsmarktpolitische Maßnahmen, wie etwa Minijobs oder Änderungen von Hinzuverdienstregeln bei Hartz IV kommt bisher fast ohne Bezüge zu den Geschlechtern aus. Dabei müssen sie geschlechtsspezifisch analysiert werden, will man ihre kurzfristigen Wirkungen auf den Arbeitsmarkt und ihre langfristigen Wirkungen auf die Rollenverteilung abschätzen.

Zwar ist die *Erwerbsquote* verheirateter Frauen auch in Deutschland in den letzten Jahrzehnten gestiegen – vor allem aber dank einer starken Zunahme der Teilzeitbeschäftigung. In den alten Bundesländern haben zwei von fünf Frauen laut einer Analyse des Deutschen Instituts für Wirtschaftsforschung (DIW) einen Teilzeitjob. Auch der Gehaltsnachteil von Frauen ist bei uns noch relativ groß. Im »Gender Gap Report 2006« des World Economic Forum nimmt Deutschland in Sachen Chancen und Beteiligung am Wirtschaftsleben nur den 32. Rang ein und liegt damit weit hinter den USA. Der Anteil von Frauen bei deutschen Führungskräften liegt laut DIW nur bei 30 Prozent. In den Spitzenpositionen von Politik, Verwaltung und vor allem Wirtschaft sind Frauen immer noch Exoten.

Ökonomen können mit ihren Instrumentarien viel zum Verständnis der Problematik beitragen, zeigt die Harvard-Ökonomin Claudia Goldin. Dass sie 2006 die renommierte Ely-Lecture der American Economic Association zu diesem Thema halten konnte, zeigt deutlich, dass zumindest in den USA die Geschlechterforschung Einzug in den Mainstream der Ökonomie hält. Ihre Analyse macht aber auch die Grenzen solcher Betrachtungsweisen deutlich – denn auch heute noch behindern nicht nur ökonomische, sondern auch psychologische, soziale und kulturelle Aspekte Frauen in ihrem beruflichen Fortkommen.

Eine Wirtschaftsgeschichte der Frauenemanzipation

Anfang des 20. Jahrhunderts arbeiteten verheiratete Frauen nur, wenn es gar nicht anders ging und ihre Familie anders nicht ernährt werden konnte. Es war mit einem Stigma verbunden, wenn ein Mann seine Frau zum Arbeiten schicken musste – unter anderem, weil die verfügbaren Jobs meist schmutzig und unangenehm waren. Ledige Frauen waren nur so lange berufstätig, bis sie ihren Mann fürs Leben gefunden hatten. Steigende Löhne wirkten für sich genommen der weiblichen Beschäftigung entgegen: Weil die Männer mehr verdienten, sank die Notwendigkeit eines Zusatzeinkommens.

Das änderte sich erst, als immer mehr Büroarbeitsplätze entstanden – statt kräftigen waren immer mehr kluge Beschäftigte gefragt. Ein starker Ausbau des Bildungssystems sorgte dafür, dass dieser Bedarf erfüllt wurde und eröffnete Mädchen neue Bildungsmöglichkeiten. Diese Entwicklung verlief aber in den USA und in Europa nicht im gleichen Tempo, betonen die Ökonomen Freeman und Schettkat. In der »alten Welt« verzögerte der zweite Weltkrieg den Prozess. Die Kriegswirren und der mühsame Wiederaufbau sorgten dafür, dass das Bildungssystem erst deutlich später reformiert und ausgebaut wurde – amerikanische Mädchen kamen dadurch früher in den Genuss einer besseren Schulbildung als europäische.

Das hatte Folgen. Weil Frauen in Europa weniger gebildet waren und weniger verdienten als in den USA, blieb es hier viel länger die Norm, dass sie zu Hause blieben und sich um Kinder und Hausarbeit kümmerten. Für viele amerikanische Familien lohnte es sich dagegen, sich für das Kochen, Putzen und die Kinderbetreuung fremde Hilfe zu holen.

Aber die Erfahrung von Sandra Day O'Conner zeigt exemplarisch: Bis weit in die zweite Hälfte des Jahrhunderts hinein galt auch in den USA das College für Mädchen vor allem als beste Möglichkeit, einen guten Ehemann zu finden. Junge Frauen planten mangels entsprechender Aussichten nicht für eine berufliche Karriere, sondern nur für ein paar Jahre Büroarbeit, bis zur Heirat oder vielleicht bis das Haus abbezahlt war. Entsprechend geringe Erwartungen setzten potentielle Arbeitgeber in die Dauerhaftigkeit des Engagements von Frauen. Große Investitionen in das eigene Humankapital tätigten Frauen damals nicht und konnten sie sich auch im Beruf kaum aneignen. Was Frauen brauchten, um ihre Jobs als Krankenschwestern oder Bürokräfte auszufüllen, konnten sie weitgehend schon bei Antritt der Arbeitsstelle, beschreibt Claudia Goldin die damalige Situation. Dass sie bei ihrer Arbeit ökonomisch wertvolle Erfahrungen sammelten und damit eine berufliche Laufbahn begründeten, war die Ausnahme. Schreibmaschinenkenntnisse und Krankenpflege statt Jurastudium eben.

Ende der sechziger Jahre begann dann das, was Goldin als »stille Revolution« bezeichnet: Innerhalb weniger Jahre änderte sich das Selbstverständnis der Frauen radikal. Befragungen von jungen Männern und Frauen zeigen, wie sich die Ziele und Perspektiven junger Frauen denen der Männer dramatisch annäherten. Anerkennung im Beruf wurde innerhalb weniger Jahre für Frauen als Lebensziel genauso wichtig wie für Männer. Die Bedeutung familiärer Beziehungen ging bei den Frauen zurück und nahm bei den Männern zu, bis sie sich in der Mitte trafen. Auch bei der Bedeutung des finanziellen Erfolges engte sich der zuvor sehr große Abstand deutlich ein, wenn er auch nicht ganz verschwand.

Junge Frauen drängten massiv in hoch qualifizierte Ausbildungen und Berufe, die vorher fast ausschließlich Männern vorbehalten gewesen waren. Sie studierten Medizin, Jura und

Betriebswirtschaft. Schon seit über 15 Jahren gehen in den USA mehr Mädchen aufs College als Jungen, viel mehr Mädchen schaffen den Abschluss. Zeitverzögert ist diese Entwicklung auch bei uns angekommen. Seit einigen Jahren sind die Mädchen in den Gymnasien in der Überzahl; zudem eilen sie den Jungen mit ihren schulischen Leistungen davon.

Eine Erfindung der Pharmaforschung trug erheblich dazu bei, dass diese Revolution stattfand, die Antibaby-Pille. Wie groß, das hat Martha Bailey von der Universität Michigan in ihrer 2006 im »Quarterly Journal of Economics« veröffentlichten Studie »More Power to the Pill« nachgewiesen. Bevor diese eingeführt wurde, war die Hälfte der amerikanischen Frauen mit 21 Jahren bereits verheiratet und 40 Prozent waren schwanger oder schon Mutter. Doch dann verschob sich das Alter bei Heirat und bei der ersten Schwangerschaft schnell nach hinten. Um nachzuweisen, dass dies eine bewusste, von der Pille ermöglichte Entscheidung der Frauen war, nutzte Bailey die Tatsache, dass unverheiratete Frauen unter 21 Jahren in den verschiedenen Bundesstaaten zu sehr unterschiedlichen Zeiten Zugang zur Pille bekamen. Die Spanne reicht von 1960 bis 1974. Die Leiterin der Gynäkologie der Yale Medical School ging Ende 1961 in Connecticut dafür ins Gefängnis, dass sie Frauen Empfängnisverhütung zugänglich machte. Erst 1965 annullierte das Verfassungsgericht die entsprechenden Verbote des Bundesstaates in Bezug auf volljährige und verheiratete Frauen. Aber bis auch unter 21-jährige unverheiratete Frauen überall Zugang zur Pille bekamen, dauerte es noch lange.

Baileys ökonometrische Analyse zeigt: In Bundesstaaten, in denen die jungen Frauen früh Zugang zur Pille bekamen, heirateten diese später, bekamen später ihre Kinder und hatten bis Mitte 30 eine deutlich höhere Erwerbsbeteiligung als in anderen Bundesstaaten.

Familienökonomie und ihre Grenzen

Das neue Selbstbewusstsein der Frauen fand gegen Ende der 70er Jahre auch in der Arbeitsmarkttheorie ihren Niederschlag. Der spätere Ökonomie-Nobelpreisträger Gary Becker von der University of Chicago machte eine Sichtweise populär, in der die Ehepartner nicht ein gemeinsames Ziel verfolgten, sondern ihre relative Position aushandelten. Wer qualifizierter ist und mehr verdient, hat bessere Karten auf dem Heiratsmarkt und im familiären Poker um Macht, Ressourcen und Karriere. Drohpunkt für beide Seiten ist die Scheidung. Gerade an der Beckerschen Ökonomisierung der Ehe zeigen sich allerdings die Grenzen der rein wirtschaftlichen Betrachtung.

Denn heute verdient in rund 30 Prozent der amerikanischen Haushalte die Frau mehr als der Mann, zeigt eine Untersuchung von Richard Freeman. Würde Beckers These den Kern des Problems treffen – würde also die Entscheidung, wer in der Familie kocht, putzt und die Kinder betreut, vorrangig nach ökonomischen Kriterien getroffen – so hätte sich die Rollenverteilung von Mann und Frau in solchen Familien deutlich ändern müssen. Doch das ist nicht der Fall. Die Betreuung der Kinder bleibt auch in den USA nach wie vor an den Frauen hängen – auch, wenn diese voll berufstätig sind und mehr Geld nach Hause bringen als ihre Partner. Bei Familien ohne Kinder lässt sich immerhin feststellen: Frauen, die mehr verdienen als ihre Partner, arbeiten weniger im Haushalt als schlechter situierte Geschlechtsgenossinnen, aber eben doch immer noch mehr als ihre Ehepartner.

Rechnet man die Arbeitszeit in Job, Haushalt und Kinderbetreuung zusammen, dann arbeiten Frauen, die im Vergleich zu ihren Männern relativ gut verdienen, zehn Prozent mehr als ihre Partner, stellt Freeman fest. Bei schlechter verdienenden Frauen ist der Unterschied überraschender Weise geringer. Freeman resümiert in bester Ökonomensprache: »Da kaum einzusehen ist, warum Männer nicht mehr Hausarbeit leisten können, könnte es sein, dass die Elastizität der Substitution zwischen männlichem und weiblichem Zeiteinsatz im Haushalt aus historischen und kulturellen Gründen gering ist.« Das bedeutet: Wenn Frauen neben ihren Pflichten im Haushalt auch noch einen bezahlten Job haben wollen, dann dürfen sie das aus Sicht des Mannes gerne tun – deswegen übernimmt er aber lange nicht mehr Hausarbeit, ökonomische Anreize und Vertragstheorie hin oder her.

Es lohnt sich, Frauen weniger zu bezahlen

Aber warum verdienen Frauen trotz »stiller Revolution« und mehreren Jahrzehnten Frauenbewegung bis heute weniger als Männer? Leben die meist männlichen Chefs ihre Vorurteile gegen Frauen aus? Mögen sie Frauen nicht, oder vielleicht nur als Haus- und Ehefrauen? Ökonomisch wäre es unvernünftig, aus solchen Gründen schlechter qualifizierte männliche Mitarbeiter vorzuziehen. Ein solches Verhalten würde den Gewinn des Unternehmens schmälern. Daher sollte der Wettbewerb derartige Diskriminierung eigentlich zurückdrängen.

Drei Wirtschaftsforscher von der Universität Erlangen-Nürnberg haben sich einen großen Datensatz angeschaut und stützen damit eine alternative Erklärung: Frauen bekommen weniger Geld, weil ihnen Geld nicht so wichtig ist. Wichtig bedeutet hier: Sie machen Entscheidungen darüber, ob und für wen sie arbeiten, weniger vom eigenen Gehalt abhängig als Männer.

In der Sprache der Ökonomen heißt das: Die Unternehmen sehen sich unterschiedlichen Angebotselastizitäten bei Frauen und Männern gegenüber. Wenn ein Unternehmen zehn Prozent weniger zahlt als ein vergleichbarer Arbeitgeber, dann laufen ihm die männlichen Angestellten als erste davon. Will die Firma ihre Mitarbeiter halten, muss sie ihnen höhere Gehälter zahlen. Da aber das Unternehmen die Erfahrung gemacht hat, dass Frauen sich mit Geld weniger beeinflussen lassen als Männer, stellt es sich besser, wenn es vor allem den Männern mehr bietet.

Diskriminierung von Frauen wäre damit eine Gewinn maximierende Strategie und nicht das Ausleben von Vorurteilen zum eigenen Nachteil. Die Frauen würden durch niedrigere Gehälter dafür bestraft, dass sie ihre berufliche Rolle oft als Zweitverdiener definieren oder definieren lassen. Sie ziehen um, wenn ihr Mann den Arbeitgeber wechselt. Aber sie tun sich schwer, ihre Familie zum Umzug zu bewegen, wenn ihnen woanders ein besser bezahlter Job winkt. Die Unternehmen nehmen das zur Kenntnis und konzentrieren sich vor allem auf die Männer, die sich mit Geld leichter halten oder anwerben lassen.

Anhand von Daten des Instituts für Arbeitsmarkt- und Berufsforschung haben Boris Hirsch, Thorsten Schank und Claus Schnabel nachgeprüft, wie hoch die Angebotselastizität der Arbeitnehmer in Bezug auf das Gehalt ist, und ob sich die Elastizität von Männern und Frauen deutlich unterscheidet. Die Daten beruhen auf den Meldungen der Unternehmen zur Sozialversicherung. Sie erlauben es festzustellen, wie hoch die Gehälter sind, und wie viele Männer und Frauen das Unternehmen verlassen und neu eingestellt werden.

Wie nicht anders zu erwarten, verlassen umso weniger Angestellte ein Unternehmen, je besser dieses Unternehmen bezahlt. Die Elastizität ist aber mit 0,6 bis 1,4 Prozent (je nach Schätzmodell) recht gering. Eine Erhöhung des Gehalts um ein Prozent vermindert die Abwanderungsrate nur um etwa ein Prozent. In Bezug auf die Geschlechter stellen die Forscher fest: Frauen reagieren nur halb so stark auf Gehaltsunterschiede wie Männer.

Frauen lassen sich leichter über den Tisch ziehen

Auch wenn Männer und Frauen miteinander feilschen, spielt das Geschlecht der Verhandlungspartner eine entscheidende Rolle. Oft zieht die Frau den Kürzeren, zeigt ein interdisziplinäres Forscherteam der Universitäten Harvard und Carnegie Mellon, in dem Politikwissenschaftlerinnen, Ökonominnen und Betriebswirtinnen zusammenarbeiten – aber es kommt sehr auf die Umstände an.

Die Forscherinnen fanden heraus: Frauen erzielen vor allem dann schlechtere Ergebnisse, wenn die Unsicherheit über den Verhandlungsrahmen groß ist und objektive Bewertungsmaßstäbe fehlen. Auch wenn es um das Durchsetzen eigener Ansprüche geht, schneiden sie schlechter ab.

Die Forscherinnen untersuchten, zu welchen Gehältern 525 Absolventen und Absolventinnen einer Managementhochschule Jobs fanden. Faktoren wie übernommene Funktion, relevante Erfahrung und Ähnliches rechneten sie dabei aus den Zahlen heraus. Unter dem Strich erzielen Frauen ein um fünf Prozent niedrigeres Anfangsgehalt als vergleichbar qualifizierte Männer. Aber: In Branchen, in denen die Bewerber ein recht klares Bild von den üblichen Einstiegsgehältern hatten, ist der Nachteil der Frauen kaum feststellbar. In Branchen mit intransparenten Gehaltsstrukturen verdienen Frauen dagegen zehn Prozent weniger.

Mit einem Laborexperiment lieferten die Forscherinnen eine Erklärung dafür. Sie simulierten Preisverhandlungen zwischen einem Produktionsunternehmen und einem Zulieferer. Männer und Frauen bekamen dabei paarweise die Rolle von Käufer und Verkäufer zugewiesen und mussten um den Preis von Halogenscheinwerfern feilschen.

Die Verkäufer bekamen einen Mindestpreis vorgegeben und die Information, welcher Preis ein sehr gutes Ergebnis für ihren Auftraggeber wäre. Die Käufer bekamen eine Preisobergrenze gesetzt. Der Hälfte der Käufer wurde zudem mitgeteilt, dass ihr Auftraggeber gerne nur etwa halb so viel bezahlen wollte wie den Maximalpreis. Diese Zusatzinformation reduzierte für die Käufer, die sie bekamen, die Unsicherheit über die Verhandlungspositionen erheblich.

Im Experiment zeigte sich: Bei hoher Unsicherheit lag schon der von den weiblichen Einkäufern angestrebte Preis höher als der von Männern angestrebte, beim tatsächlichen Kaufpreis war der Unterschied dann noch größer. In der Verhandlungssituation mit besserer Information und geringerer Unsicherheit strebten Käuferinnen dagegen sogar einen etwas niedrigeren Kaufpreis an als männliche Einkäufer. Sie konnten das zwar nicht durchsetzen, zahlten aber immerhin im Endeffekt nur wenig mehr als die Männer.

Die Forscherinnen erklären das Ergebnis so: Wenn beide Seiten über den Verhandlungsspielraum der anderen Seite wenig wissen, sind eher männliche Verhaltensweisen wie Dominanz, Penetranz und Egoismus besonders günstig für das Verhandlungsergebnis. Eher weibliche Tugenden wie Einfühlungsvermögen, Verständnis und Kompromissbereitschaft sind in solchen Situationen besonders nachteilig.

Behindert wird der Verhandlungserfolg von Frauen aber nicht nur durch ihre Persönlichkeitsstruktur, sondern auch durch das von ihnen erwartete und ihnen anerzogene Rollenverhalten. Das stellten die Forscherinnen durch die Analyse von Rollenspielen in einem Seminarprogramm mit 176 Führungskräften fest. Dort mussten Männer und Frauen entwe-

der für sich selbst oder als Mentor für einen Dritten Gehalts-
verhandlungen führen. Die Männer erzielten für sich selbst
ebenso wie für Dritte im Durchschnitt ein Gehalt von 146 000
Dollar. Die Frauen dagegen schlugen für sich selbst nur
140 000 Dollar heraus, für andere aber 167 000 Dollar.

Doch das weibliche Geschlecht ist nicht einfach von Natur
aus selbstlos und bescheiden. Die Gesellschaft – vor allem die
Männer – erwartet dieses Verhalten von ihnen, zeigen weitere
Laborexperimente. So beurteilten Männer in der Rolle des
Vorgesetzten Frauen, die eine Gehaltserhöhung einforderten,
negativ. Fordernde Männer erhielten von ihren Geschlechts-
genossen dagegen keinen Malus. Weibliche Vorgesetzte sahen
fordernd auftretende Angestellte dagegen unabhängig von
ihrem Geschlecht negativ. Den Frauen war dieser Unterschied
offenbar bewusst. Wenn der Vorgesetzte ein Mann war, traten
Frauen bescheidener auf als Männer. Wenn eine Frau Vorgesetzte war, gaben sie sich genau so selbstbewusst wie ihre
männlichen Kollegen.

Auch hier zeigte sich wieder, dass mehr Transparenz vor
allem den Frauen nützt. Wenn weibliche Versuchspersonen
gute Anhaltspunkte dafür hatten, was ihre Arbeit wert ist,
setzten sie sich in Verhandlungen ebenso sehr für ihre eigenen Belange ein wie für die von Dritten. Sie holten für sich
etwa ebenso viel heraus wie Männer.

Alles in allem zeigt sich: Die Erwartungshaltung der Männer in Bezug auf angemessenes geschlechterspezifisches Verhalten hat erheblichen Einfluss auf das Auftreten von Frauen
in Verhandlungssituationen. Dieses Phänomen könnte ein
wichtiger Grund sein, warum Frauen schlechter bezahlt werden als Männer und geringere Karrierechancen haben. Denn
einerseits sind die Vorgesetzten, mit denen sie zu tun haben,
in aller Regel Männer und andererseits ist zur Schau gestellte
Ambition im realen Arbeitsleben sehr wichtig, um vorwärts
zu kommen.

Da tief in unserer Kultur und Sozialisation verwurzelte
Einstellungen, wie dass es sich für Frauen nicht gehört zu fordern, sich allenfalls langfristig ändern, folgt aus solchen For-
schungsergebnissen eine gewisse ökonomische Rechtfertigung
für staatliches Eingreifen durch Antidiskriminierungsgesetze
und die Forderung nach transparenten Verfahren in der Per-
sonalpolitik.

Mit Männern konkurrieren ist kein Zuckerschlecken

Drei amerikanische Ökonomen haben sich mit einer Serie von Laborexperimenten aus einem anderen Blickwinkel der Frage angenommen, warum Frauen gerade in den Top-Positionen so extrem schwach vertreten sind. In der Ökonomie wird das Aufsteigen in Top-Positionen gern als eine Serie von Turnieren modelliert. Bei diesen Wettkämpfen strengt sich jeder an, Erster zu werden. Aber nur der Sieger bekommt die Beförderung und darf beim nächsten Turnier um den weiteren Aufstieg wetteifern – und so weiter und so fort. Nur, wer sich in mehreren Runden in einem harten Konkurrenzkampf durchsetzt, schafft es bis ganz an die Spitze.

Deshalb haben Uri Gneezy, Muriel Niederle und Aldo Rustichini in ihren Experimenten die Frage untersucht, ob Frauen vielleicht mit einem stark wettbewerblichen Umfeld schlechter zurechtkommen als Männer. Dazu ließen sie Studenten einer israelischen Ingenieurhochschule am Computer Irrgarten-Spiele spielen und bezahlten für jedes gelöste Labyrinth. Wenn die Probanden nicht miteinander in Wettbewerb standen, gab es nur einen relativ geringen, statistisch nicht signifikanten Leistungsunterschied zwischen Männern und Frauen.

Dann änderten die Forscher das Entlohnungssystem. Sie teilten die Probanden in gemischte Sechsergruppen ein und bezahlten nur noch den jeweils Besten. Die Männer wurden durch die Wettbewerbssituation angespornt und lösten deutlich mehr Rätsel. Bei den Frauen gab es keine Veränderung, sie lösten genau so viele wie bei Bezahlung pro Stück.

Anders war es in gleichgeschlechtlichen Gruppen. Wenn Frauen nur gegen Frauen antreten mussten, stellte sich bei ihnen ein ähnlicher Wettkampfwille ein wie bei den Männern. Der Unterschied in der durchschnittlichen Performance von Männern und Frauen schmolz zusammen. Gneezy, Niederle und Rustichini ziehen daraus den Schluss: Nicht der Konkurrenzdruck an sich lässt die Frauen zurückfallen, sondern ihre Scheu, mit Männern in Konkurrenz zu treten.

Psychologen haben für dieses Verhalten eine Erklärung parat, die Stigma-Theorie: Menschen scheuen Aktivitäten, bei denen sie aufgrund ihrer Gruppenzugehörigkeit oder sonstiger Merkmale mit Vorurteilen kämpfen müssen. Im konkreten Fall wäre das bei Frauen das Vorurteil, dass sie sich Männern gegenüber nicht durchsetzen können.

Die Ergebnisse des Laborexperiments sind umso bemerkenswerter, als die Teilnehmer Studierende einer Elite-Ingenieurhochschule in Haifa waren. Teilnehmerinnen waren also Frauen, die sich für einen traditionellen Männerberuf entschieden haben und stolz sein konnten auf die Aufnahme in die Ingenieurschule. Dennoch scheinen sie sich ihren männlichen Kommilitonen nicht ebenbürtig zu fühlen.

Gneezy, Niederle und Rustichini machten mit ihren Probanden noch ein letztes Experiment, um herauszufinden, ob tatsächlich mangelndes Selbstvertrauen die Ursache dafür ist, dass Frauen nicht gern mit Männern konkurrieren. Die Teilnehmer konnten bei diesem Experiment selbst die Schwierigkeitsstufe der Aufgaben festlegen, für deren Lösung sie später bezahlt wurden. Je schwieriger die Rätsel, desto höher die Bezahlung pro gelöster Aufgabe. Vorher durften sie ein einziges Labyrinth-Spiel einer niedrigen Schwierigkeitsstufe lösen, um eine gewisse Vorstellung von den Schwierigkeitsgraden zu bekommen. Männer waren zwar beim Lösen der Aufgaben im Durchschnitt nur minimal besser als Frauen – zeigten aber bei der Auswahl des Schwierigkeitsgrads erheblich mehr Selbstvertrauen.

Die weibliche Scheu, mit Männern zu konkurrieren, dürfte eine große Rolle für die Besetzung von Führungspositionen haben, vermuten die Ökonomen. Sie rechnen vor: Hätte man aus allen Teilnehmern die besten 40 Prozent für eine Führungsposition ausgewählt, dann wären darunter beim Wettbewerb in gemischten Gruppen nur 24 Prozent Frauen gewesen. In den Experimenten ohne Wettbewerbsdruck und in gleichgeschlechtlichen Wettbewerben hätte der Frauenanteil unter den Besten dagegen bei 40 Prozent gelegen.

Die Scheu vor Wettbewerb ist anerzogen

Aber was ist der Grund für dieses Verhalten der Frauen? Liegt die Zurückhaltung in den weiblichen Genen? Oder ist die Erziehung dafür verantwortlich? Dieser Frage ging Uri Gneezy, der schon an dem Experiment in Haifa beteiligt war, zusammen mit zwei US-Kollegen gezielt nach. Die Forscher suchten Frauen, die eine möglichst unterschiedliche Sozialisation erfahren hatten – und reisten dafür nach Indien und Tansania.

In Tansania besuchten sie den Volksstamm der Massai, der extrem patriarchalisch geprägt ist. Fragt man einen Massai nach der Zahl seiner Kinder, nenne er nur die seiner Söhne, berichten die Ökonomen, Töchter zählten nicht mit. Mädchen werden in jungen Jahren mit deutlich älteren Männern verheiratet, die mehrere weitere Frauen haben und sie eher als Besitz denn als Partnerin betrachten. Ganz anders ist es nach den Recherchen der Forscher beim indischen Volksstamm der Khasi – dort haben ganz klar die Frauen das Sagen. Vererbt wird entlang der weiblichen Linie über die jüngste Tochter. Diese bleibt mit ihren Kindern im Haus der Mutter, selbst wenn sie verheiratet ist. Auch ihre Schwestern ziehen nicht bei ihren Ehemännern ein, sondern bilden in der Nähe der Mutter einen neuen Hausstand. Die Männer arbeiten für das Wohl der Familie ihrer Frau und haben weder Besitz noch eine wichtige soziale Rolle. Eine Männerrechtsbewegung versucht, gegen diese extreme Benachteiligung anzugehen.

Mit den Männern und Frauen dieser beiden unterschiedlichen Volksstämme machten Uri Gneezy, Kenneth Leonhard und John List Experimente. Sie gaben ihnen eine einfache Aufgabe, die Männer und Frauen gleich gut konnten – aus drei Metern Entfernung einen Ball in einen Eimer werfen. Die Wissenschaftler stellten die Probanden vor die Wahl: Sie konnten entweder 50 US-Cent pro erfolgreichem Wurf erhalten – eine Summe, die in etwa einem durchschnittlichen Tageslohn entspricht. Alternativ konnten sie sich für ein Entlohnungssystem entscheiden, in dem sie 1,50 Dollar pro Treffer erhielten – aber nur dann, wenn sie besser waren als ein anonymer Gegenspieler unbekannten Geschlechts. Die zweite Variante war vor allem für diejenigen attraktiv, die sich zutrauen, bei der Lösung der Aufgabe überdurchschnittlich gut zu sein.

Insgesamt nahmen 156 Personen an den Experimenten teil, knapp vierzig je Volksgruppe und Geschlecht. Das waren ausreichend viele, damit die Ergebnisse nach den üblichen statistischen Maßstäben aussagekräftig waren. Von den Khasi-

Frauen in Indien wählten mehr als die Hälfte den Wettbewerb, von den Massai-Männern in Tansania genau die Hälfte. Von den Massai-Frauen war es dagegen nur jede vierte, von den Khasi-Männern nur knapp 40 Prozent.

»Wir interpretieren dieses Ergebnis als Indiz für den maßgeblichen Einfluss der Sozialisation auf die individuelle Neigung zu konkurrieren«, schlussfolgern die Autoren der Studie. Geschlechtsspezifische Faktoren spielten anscheinend gegenüber den gesellschaftlichen eine untergeordnete Rolle bei der Erklärung von Unterschieden im Verhalten.

Literatur

Bailey, Martha (2006): »More Power to the Pill: The Impact of Contraceptive Freedom on Women's Life Cycle Labor Supply«, in: Quarterly Journal of Economics, Vol. 121, S. 289–320,

Freeman, Richard und Ronald Schettkat (2005): »Marketization of Houshold Production and the EU-US-Gap in Work«, in: Economic Policy, Vol. 20, Nr. 41, S. 6–50.

Freeman, Richard (2002): »The Feminization of Work in the USA: A New Era for (Man)kind?«, in: Gender and the Labour Market: Econometric Evidence of Obstacles to Achiving Gender Equality, hrsg. von Siv Gustafsson und Danièle Meulders, MacMillan, S. 3–21.

Gneezy, Uri, Kenneth Leonard und John List (2006): »Gender Differences in Competition: the Role of Socialization«, Working Paper.

Gneezy, Uri, Muriel Niederle und Aldo Rustichini (2003): »Performance in Competitive Environments: Gender Differences«, in: Quarterly Journal of Economics, Vol. 118, Nr. 3, S. 1049–1073.

Hausmann, Ricardo, Laura Tyson und Saadia Zahidi (2006): »The Global Gender Gap Report 2006«, hrsg. vom World Economic Forum.

Riley Bowles, Hannah, Linda Babcock und Kathleen McGinn (2005): »Constraints and Triggers: Situational Mechanics of Gender in Negotiation«, in: Journal of Personality and Social Psychology, Vol. 89, S. 951–965.

Kapitel 5

Jenseits von Pisa

Bundespräsident Horst Köhler griff zu kräftigen Worten: »Beschämend« sei es, dass in Deutschland ein Kind aus einem Akademikerhaushalt mit einer viermal höheren Wahrscheinlichkeit das Gymnasium besuche als ein Kind aus einer Facharbeiterfamilie. Bildungschancen »dürfen nicht von der Herkunft abhängen«, sagte der Bundespräsident 2006 in einer Berliner Hauptschule. Allein schon die Wahl des Ortes war ein Statement, hatte doch zuvor die Berliner Rütli-Schule bundesweit Schlagzeilen gemacht, weil die Lehrer in einem öffentlichen Hilferuf ihre völlige Überforderung eingestanden hatten.

Köhler hat nicht übertrieben. Seine Zahlen scheinen das Ausmaß des Problems sogar noch zu beschönigen. Nach einer Studie des deutschen Ökonomen Christian Dustmann, der in London lehrt und forscht, liegt die Gymnasiumswahrscheinlichkeit der beiden Gruppen eher bei eins zu acht als bei eins zu vier. Bei der Wahrscheinlichkeit, auf die vielerorts zur Restschule verkommene Hauptschule zu gehen, sind die Unterschiede teilweise noch größer. Ein Mädchen aus einem Akademikerhaushalt wird mit einer Wahrscheinlichkeit nahe Null später einmal auf der Hauptschule landen. Bei einem Mädchen aus einem Arbeiterhaushalt steht es dagegen annähernd fünfzig zu fünfzig.

Viele Bildungspolitiker haben aus den schlechten deutschen Ergebnissen in einer OECD-Vergleichsstudie der schulischen Leistungen (Pisa) den Schluss gezogen, dass das dreigliedrige Schulsystem Teil des Problems ist. Immerhin schneiden deutsche Schüler bis zur vierten Klasse deutlich weniger schlecht ab als danach. Inzwischen gibt es eine ganze Reihe von Studien, in denen Ökonomen – zum Teil gemeinsam mit Soziologen, Psychologen und Verhaltenswissenschaftlern – mit modernen ökonometrischen Methoden internationale Vergleiche anstellten oder auf andere Weise die Wirkung der frühen Aufteilung auf Schularten untersuchten.

Von Finnland Schule lernen

Populäres Vorbild für diejenigen, die mit dem Leistungsstand der deutschen Schüler insgesamt und der schwächeren Schüler im Besonderen nicht zufrieden sind, ist Finnland. Das Land war nicht nur Pisa-Spitzenreiter, es kann auch viel gleichmäßigere Schüler-Leistungen aufweisen als Deutschland.

Eine Studie von drei finnischen Ökonomen zeigt, welch positiven Einfluss eine Reform des finnischen Bildungssystems Anfang der siebziger Jahre auf die Chancengleichheit der Schüler hatte. Die finnischen Reformerfahrungen sind für Deutschland besonders interessant, denn bis zu der Reform glich das finnische System dem heutigen deutschen – insbesondere, was die frühe Aufteilung der Kinder nach nur vier Jahren auf verschiedene Schulformen angeht.

Zwischen 1972 und 1977 wurde in Finnland das zuvor zweigliedrige System auf eine Einheitsschule umgestellt, die alle Schüler gemeinsam neun Jahre lang besuchen. Erst mit 16 Jahren findet nun die Aufteilung auf eine gymnasiale Oberstufe und auf berufsbildende Schulen statt. Außerdem führten die Finnen eine zentrale Abschlussprüfung ein, die sicherstellen soll, dass alle Schulen vergleichbare Standards der Wissensvermittlung einhalten.

Weil die Umstellung auf das neue System in den einzelnen Landkreisen zu unterschiedlichen Zeiten stattfand, konnten die drei finnischen Ökonomen für sechs Jahrgänge Schüler vergleichen, die nach dem alten und nach dem neuen System unterrichtet wurden. Sie verfolgten dafür deren berufliche Laufbahn bis weit über das Ende der Schulzeit hinaus. Das Ergebnis: Die Einheitsschule reduzierte die Abhängigkeit der Einkommen der Söhne vom Einkommen der Väter beträchtlich. Wie das hervorragende Abschneiden Finnlands in der Pisa-Studie zeigt, hatte dies keine negativen Auswirkungen auf die allgemeine Bildungsqualität. Eher das Gegenteil ist der Fall.

Eine ökonomische Untersuchung aus Deutschland, die individuelle Pisa-Testergebnisse aus Finnland und Deutschland mit Informationen über Schüler und Schulen verknüpft, deutet ebenfalls darauf hin, dass eine spätere Selektion die Chancengleichheit fördert. Andreas Ammermüller vom Zentrum für Europäische Wirtschaftsforschung (ZEW) in Mannheim stellt fest: Mittelausstattung, Lehrerausbildung und Schüler-Lehrer-Relationen tragen statistisch kaum etwas zur Erklärung des schlechteren Abschneidens deutscher Schüler bei. Trotz des geringen Anteils von Ausländern in Finnland ist die Schülerstruktur in Deutschland sogar günstiger – wenn man das Bildungsniveau der Eltern und andere Faktoren mit einbezieht. Sein Fazit: Deutschlands Schulsystem versagt vor allem bei der Bildungsvermittlung an die schwächeren Schüler, die in der Regel einen ungünstigen Familienhintergrund haben. »Durch die frühe Selektion haben sie kaum eine Möglichkeit, diesen Startnachteil zu kompensieren, bevor sie auf die verschiedenen Schultypen aufgeteilt werden«, stellt Ammermüller fest.

Das große Einmaleins der Ungerechtigkeit

Frühe Selektion nach schulischen Leistungen als Hauptgrund dafür, dass der Schulerfolg von Kindern in Deutschland so stark vom Geldbeutel der Eltern abhängt? Was Ammermüller auf Grundlage seiner Ergebnisse nur vermuten kann, haben die Bildungsökonomen Eric Hanushek und Ludger Wößmann auf direktere Weise nachgewiesen.

Die beiden Ökonomen arbeiteten mit Daten der Pisa-Studie und zahlreichen anderen internationalen Tests, bei denen sowohl die Leseleistung als auch das Können in Mathematik und Naturwissenschaften in unterschiedlichen Jahrgangsstufen geprüft wurden. Als Indikator für den familiären Hintergrund der Schüler nutzen die Wissenschaftler eine unter Soziologen gängige Größe: die Zahl der Bücher im Elternhaus. Denn diese hängt in aller Regel eng mit Bildungsniveau und Einkommen zusammen. Kinder können die Frage, wie viele Bücherregale es zu Hause gibt, eher beantworten als die nach Gehalt oder Bildungsabschluss von Papa und Mama.

Ein deutsches Kind, dessen Eltern nur ein Regal voller Bücher haben, schneidet deutlich schlechter ab als eines, bei dem zu Hause doppelt so viel Literatur vorhanden ist. Der Leistungsunterschied ist etwas größer als der zwischen einem

Siebt- und einem Achtklässler. Zwischen beiden Kindern liegt also »etwas mehr als das, was Schüler durchschnittlich in einem ganzen Schuljahr lernen«, stellen die Autoren fest. Noch größer ist die Kluft zwischen Kindern gebildeter und weniger gebildeter Eltern nur in England, Schottland und Ungarn. Deutlich geringer ist sie dagegen in Frankreich, Kanada und Portugal.

Um herauszufinden, ob dieses Phänomen tatsächlich durch die frühe Mehrgliedrigkeit des deutschen Schulsystems verursacht wird, analysieren die Forscher, ob und wie sich die Ungleichheit im Laufe der Schulzeit verändert. Dabei machten sie sich die Tatsache zu Nutze, dass die Kinder in allen Ländern in ihren ersten vier Schuljahren in die gleiche Schule gehen, danach erst werden sie in einigen Staaten wie Deutschland aufgeteilt.

Für Deutschland zeigt sich: In der vierten Klasse ist die Kluft zwischen Schülern mit gebildeten und wenig gebildeten Eltern im internationalen Vergleich noch nicht übermäßig ausgeprägt. Danach aber divergieren die Leistungen rasant: »Deutschland erweist sich als das Land, in dem die Ungleichheit zwischen dem Ende der Grundschule und dem Ende der Mittelstufe am stärksten von allen betrachteten Ländern ansteigt«, heißt es in der Studie. Andererseits führe die Aufteilung in Hauptschule, Realschule und Gymnasium nicht einmal dazu, dass das durchschnittliche Leistungsniveau der Schüler steige, im Gegenteil.

Auch Bildungsökonom Ammermüller stellte in einer internationalen Vergleichsstudie fest: Die Varianz des Schulerfolgs ist negativ mit dem durchschnittlichen Niveau korreliert. Auf deutsch: Länder wie Deutschland, in denen die schulischen Leistungen der Kinder besonders unterschiedlich sind, bringen ihren Schülern im Durchschnitt besonders wenig bei. Geringe Chancengleichheit und niedriges Niveau – schlechter kann das Verdikt über ein Schulsystem nicht ausfallen. Auch ein hoher Anteil von Privatschulen in einem Land und ein hoher Grad an schulischer Autonomie haben eine ähnliche Wirkung – in allen Fällen schlägt das Bildungsniveau der Eltern stärker auf den schulischen Erfolg der Kinder durch. In die Gegenrichtung wirkt eine hohe Wochenstundenzahl. Wenn die Kinder viel Zeit in der Schule verbringen, werden Defizite im Elternhaus offenbar tendenziell ausgeglichen.

Spielt nicht mit den Schmuddelkindern!

Eine längere gemeinsame Schulzeit hat offenbar noch andere positive Effekte. Wenn die Kinder wie in Deutschland schon mit etwa zehn Jahren auf die Schulformen aufgeteilt werden und Einkommen und Status der Eltern darüber mitbestimmen, ob ihr Nachwuchs auf die Hauptschule oder das Gymnasium geht, dann trennen sich auch die sozialen Schichten sehr früh. Arbeiterkinder auf der Hauptschule haben kaum noch die Chance, über Schulfreunde in das bürgerliche Milieu hineinzuschnuppern.

Standesbewusste bürgerliche Eltern brauchen sich daher in Deutschland kaum Gedanken zu machen, wie sie ihren Nachwuchs davon abhalten, mit den Schmuddelkindern zu spielen. Die Wahrscheinlichkeit, dass junge Erwachsene aus unterschiedlichen sozialen Schichten heiraten, wird durch die *soziale Segregation* im Schulsystem deutlich vermindert. Das jedenfalls ist die Erklärung von John Ermish, Mario Francesconi und Thomas Siedler für ihren Befund, dass Menschen mit unterschiedlichen Bildungsabschlüssen im sonst so standesbewussten England viel häufiger heiraten als in Deutschland.

Die Analysen für Deutschland basieren auf den Daten der Längsschnittstudie Sozio-oekonomisches Panel (SOEP), die Zahlen für Großbritannien stützen sich auf das ähnlich aufgebaute British Household Panel Study (BHPS). In Deutschland hat die Hälfte der Paare den gleichen Schulabschluss, in Großbritannien sind es nur 30 Prozent. Die Folge: In Deutschland hängt das Familieneinkommen von Eltern und Kindern viel enger zusammen als in Großbritannien. Die größere Wahrscheinlichkeit, in der Schule einen Lebenspartner kennen zu lernen, der einer anderen sozialen Schicht angehört, scheint die britische Gesellschaft sozial durchlässiger zu machen als die deutsche.

Längere Grundschulzeit macht Schüler friedlicher

Darüber, dass die vierte Klasse zu früh ist, um zuverlässig zu entscheiden, in welcher Schulform ein Schüler am besten aufgehoben ist, herrscht unter Pädagogen und Bildungsökonomen weitgehend Einigkeit. Zudem spricht noch ein ganz anderes Argument gegen einen frühen Schulwechsel, zeigt ein interdisziplinäres Forscherteam aus den USA.

Die Wissenschaftler kommen zu dem Schluss: Das Ende der vierten Klasse ist für den ersten Schulwechsel wahrscheinlich generell zu früh – unabhängig davon, ob es in der nächsten Schulform eingliedrig oder mehrgliedrig weitergeht. Ein Schulwechsel vor der siebten Klasse erhöht die Wahrscheinlichkeit beträchtlich, dass Schüler später verhaltensauffällig werden, ist das Ergebnis des vierköpfigen Forschungsteams aus Ökonomen, Soziologen und Psychologen.

Philip Cook, Robert MacCoun, Clara Muschkin und Jacob Vigdor machten sich für ihre Untersuchung eine Änderung der amerikanischen Schulpolitik zu Nutze. Während Kinder früher in aller Regel erst nach der sechsten Klasse von der Grund- in die Mittelschule wechselten, passiert dies heute in den meisten Schulen schon nach der vierten oder fünften Klasse.

Die Wissenschaftler verglichen anhand von Daten aus dem US-Bundesstaat North Carolina dokumentierte Regelverstöße von Schülern, die in der sechsten Klasse bereits eine Mittelschule besuchten, mit denen, die die sechste Klasse noch in der Grundschule verbrachten.

Das Ergebnis: Die Kinder, bei denen der Schulwechsel früher stattfand, waren später deutlich häufiger verhaltensauffällig als andere. Selbst wenn man den sozialen Hintergrund und die Hautfarbe der Kinder berücksichtigte, zeigte sich: Auch bei sonst gleichen Merkmalen ist die Wahrscheinlichkeit, in einem Jahr mindestens einen Verweis wegen Gewalttätigkeit zu bekommen, bei den Frühumsteigern gut doppelt so hoch wie bei den Spätumsteigern. Bei Drogendelikten ist sie sogar fünfmal so hoch.

Zudem haben die Wissenschaftler festgestellt, dass die ungünstige Wirkung des frühen Schulwechsels mindestens bis zur neunten Klasse anhält. Noch zum Ende der Mittelschule hin, wenn auch die später wechselnden Schüler längst in dieser Schulform sind, ist die Auffälligkeitsrate bei denjenigen deutlich höher, die früher gewechselt hatten.

Die vier Wissenschaftler sehen in ihrem Ergebnis einen Teil der Erklärung dessen, was eine andere Forschergruppe zuvor herausfand: Bei einem früheren Wechsel auf die Mittelschule sinkt die Wahrscheinlichkeit, dass der Schüler die High School in der vorgesehenen Zeit erfolgreich abschließt.

Empirisch haben die beiden Forschergruppen mit diesen Studien Neuland betreten. Zur Erklärung der negativen Wirkungen des frühen Schulwechsels können sie jedoch auf einen großen Fundus psychologischer und soziologischer Erkenntnisse zurückgreifen. Danach ist das Alter von zehn bis elf Jahren für eine größere Veränderung im Umfeld eines Heranwachsenden ungeeignet. »Selbst unter günstigen Umständen ist das eine schwierige Zeit«, heißt es in der Untersuchung.

Im Alter von zehn bis 14 Jahren fängt die Pubertät an; die Jugendlichen müssen ihre Beziehungen zu Eltern, Familie, Freunden und Autoritätspersonen neu ordnen. Größere zusätzliche Herausforderungen in dieser Zeit, wie sie ein Schulwechsel mit sich bringt, können leicht zu Verlust von Motivation und Selbstvertrauen führen – je früher der Wechsel stattfindet, desto stärker.

In der Grundschule sind die Fünft- und Sechstklässler die Ältesten und daher dem Einfluss älterer Pubertierender kaum ausgesetzt. Wenn sie die Schule wechseln, sind sie dagegen die Jüngsten und werden leicht Opfer von Schikanen. Zudem laufen sie Gefahr, dass sie sich problematisches Verhalten älterer Schüler zum Vorbild nehmen.

Während Kinder in der Grundschule in der Regel die meiste Zeit mit einem Klassenlehrer in ihrem Klassenraum verbringen, wechseln in der Mittelschule Lehrer und Räume häufig. All das ist offenbar nicht günstig für die Entwicklung der Kinder.

In Deutschland wäre eine vergleichbare Studie kaum realisierbar, weil fast überall die Grundschule nach der vierten Klasse endet. Mit Ausnahme Berlins und Brandenburgs haben auch die neuen Bundesländer schnell das westdeutsche Schulsystem eingeführt. Betrachtet man die institutionellen Unterschiede zu den USA, so könnte die nachteilige Wirkung des Schulwechsels hier zu Lande noch stärker ausfallen. Denn nach der Grundschule werden die Schüler gleichzeitig nach ihrer Leistungsfähigkeit auf die weiterführenden Schulformen verteilt. Wenn Rowdytum bei schwachen Schülern ausgeprägter ist oder Rowdytum die Schulleistungen beeinträchtigt, dann werden gerade schwächere Schüler, die auf die Hauptschule wechseln, früh besonders ungünstigen Bedingungen ausgesetzt.

Doch eine Gegenbewegung ist in Deutschland im Gange, nicht zuletzt, weil es auch gewichtige Argumente gibt, mit der Aufteilung der Schüler auf verschiedene Schulformen länger zu warten. Sachsen-Anhalt hat sich mit einer zweijährigen Förderstufe weit in Richtung der sechsjährigen Grundschule zurückbewegt. Andere Bundesländer wollen die sechsjährige Grundschule zumindest erproben.

Arbeitslosigkeit bekämpft man im Kindergarten

Dass es sich für eine Gesellschaft schon rein ökonomisch lohnt, Kindern mit schlechten Startchancen eine hohe Aufmerksamkeit zu widmen, hat ein interdisziplinäres Team um den Ökonomie-Nobelpreisträger James Heckman dargestellt. Die Wissenschaftler haben zusammengetragen, was Psychologen, Neurobiologen, Verhaltensforscher und Ökonomen zu diesem Thema herausgefunden haben.

Die schlechte Nachricht ist: Kinder aus der Unterschicht haben mit deutlich höherer Wahrscheinlichkeit eine schlechte Bildung, finden seltener einen Ausbildungsplatz und haben oft wenig Sozialkompetenz und Motivation. Kein Wunder, dass sie auch auf dem Arbeitsmarkt deutlich schlechtere Karten haben. Geringqualifizierte sind schon die größte Problemgruppe auf dem Arbeitsmarkt. Und allen Prognosen zufolge werden sich ihre Beschäftigungsmöglichkeiten weiter verschlechtern. In Form von Sozialhilfe, Arbeitslosenunterstützung und erhöhten Kriminalitätslasten kosten sie den Staat sehr viel Geld.

Die gute Nachricht der Forschergruppe ist: Es ist kein Naturgesetz, dass sich Abhängigkeit von Sozialhilfe vererbt. Wenn der Staat früh genug und entschlossen eingreift und

Defizite des Elternhauses ausgleicht, kann er viel bewirken und damit eine hohe soziale Rendite erzielen. Wer Produktivität und Beschäftigungschancen von Niedrigqualifizierten wirksam verbessern will, muss allerdings möglichst früh handeln: Fördermaßnahmen für ältere Jugendliche und Erwachsene bringen vergleichsweise wenig.

Denn die entwicklungspsychologische und neurowissenschaftliche Forschung hat festgestellt: In den ersten Lebensjahren wird die Grundlagen für viele Fähigkeiten und Fertigkeiten gelegt. Die *Neurobiologie* hat eine Hierarchie der kognitiven, sprachlichen, emotionalen und sozialen Fertigkeiten nachgewiesen. Diese bauen auf sehr früh erworbenen Grundfähigkeiten auf und können ohne diese kaum umfassend erlernt werden. Die Erfahrungen, die ein Mensch macht, wenn die für eine spezifische Fertigkeit nötigen neuronalen Netze erstmals ausgebildet werden, sind besonders prägend. Später können die Nervenverbindungen, die sich im Gehirn für die jeweiligen Aufgaben entwickelt haben, zwar noch in Grenzen revidiert werden – mit zunehmendem Alter ist dies aber immer weniger möglich. Was Hänschen nicht lernt, lernt Hans nimmermehr, heißt es im Volksmund treffend.

Langzeitstudien belegen die Wirksamkeit von intensiver *frühkindlicher Förderung* empirisch. So bekamen in den USA bei einem Modellversuch Vorschulkinder aus Problemfamilien ein halbes Jahr lang speziellen Unterricht. Wissenschaftler verglichen über mehrere Jahrzehnte den Werdegang dieser Kinder mit dem einer Kontrollgruppe, die nicht an dem Programm teilnahm. Sie stellten fest: Wer die Förderung bekam, erzielte einen besseren Bildungsabschluss, bezog einen höheren Lohn, besaß häufiger ein eigenes Haus, war seltener auf Sozialhilfe angewiesen und landete weniger häufig im Gefängnis. Die Wissenschaftler errechneten eine »soziale Rendite« des Vorschulprogramms von spektakulären 17 Prozent.

Noch effektiver sind offenbar Programme, die schon im Säuglingsalter ansetzen, zeigt die noch laufende Evaluierung eines anderen Förderprojekts für Unterschichtkinder im Alter von vier Monaten bis acht Jahren. Die ersten Kinder, die in den Genuss des Programms kamen, sind heute Anfang 20. Sie haben offenbar einen dauerhaft höheren Intelligenzquotienten als Altersgenossen, die im gleichen Umfeld aufgewachsen sind und nicht gefördert wurden. Da die Probanden erst am Anfang ihres Berufslebens stehen, konnte die soziale Rendite dieses sehr viel aufwändigeren Programms allerdings noch nicht ermittelt werden.

Nimmt man diese wissenschaftlichen Erkenntnisse ernst, dann sind die Schlussfolgerungen klar: Wer Arbeitslosigkeit bekämpfen will, sollte mehr für Kinder aus problematischen Milieus tun. Sie sollten möglichst früh Betreuungsangebote erhalten, die Defizite im häuslichen Umfeld auszugleichen helfen. Heckman betont allerdings, dass die positive Beurteilung solcher Interventionen sich nur auf zielgruppenspezifische, intensive Betreuungsprogramme bezieht. Halbherzigen Maßnahmen nach dem Gießkannenprinzip steht er kritisch gegenüber.

Für die bildungspolitische Diskussion in Deutschland bedeutet das: *Vorschulische Betreuung*, insbesondere für Kinder aus problematischen Elternhäusern, sollte ausgebaut werden, Grundschulen sollten im Vergleich zu den weiterführenden Schulen nicht mehr so stiefmütterlich behandelt und ausreichend mit Psychologen und Sozialarbeitern ausgestattet werden. Außerdem sollten mehr Förder- und Betreuungsangebote für Kinder aus schwierigen Verhältnissen geschaffen werden, möglichst bevor diese als Jugendliche verhaltensauffällig werden. Das Versprechen der Wissenschaftler ist, dass all dies in Form zusätzlicher Einkommen und Steuern sowie verminderter Sozialleistungen und Kriminalitätskosten mehr bringt, als es kostet. Das Problem für Politiker liegt natürlich darin, dass die positiven Langfristwirkungen sich in der Regel erst dann einstellen, wenn sie nicht mehr im Amt sind.

Bessere Bildung für die Unterschicht ist nicht nur eine soziale Tat, sondern auch im Interesse der Unternehmen. Das zeigt auch ein Blick in die Geschichte. Denn zwischen Unternehmern und Arbeitern hat sich im Zuge der Industrialisierung eine weitgehende Interessenharmonie herausgebildet. »Die Bedeutung des Humankapitals für die Aufrechterhaltung der Profite der Kapitalisten stieg erheblich«, schreiben die israelischen Ökonomen Oded Galor und Omer Moav in einer Studie, die unter dem bezeichnenden Titel »Das Human-Kapital« im »Review of Economic Studies« erschienen ist. Dies ist laut Galor und Moav der Hauptgrund dafür, warum das Lumpenproletariat im Laufe der Zeit verschwunden ist.

Immer kompliziertere Maschinen und immer ausgeklügeltere Arbeitsabläufe erforderten im späten 19. und frühen

20. Jahrhundert zunehmend besser ausgebildete Beschäftigte. Vor allem wuchs in der Industrie der Bedarf an Arbeitern, die schreiben und lesen konnten. Dadurch wurde es für die Unternehmen lohnender, nicht nur in Sach-, sondern auch in Humankapital zu investieren. Ein Beleg für diese These ist das Abstimmungsverhalten britischer Parlamentarier bei Entscheidungen über Schulreformen im Jahr 1902. Dabei ging es um Einführung beziehungsweise Ausweitung der Schulpflicht sowie den Ausbau der Universitäten. Je höher der Anteil der Industriejobs im Wahlkreis eines Abgeordneten war, desto größer war die Wahrscheinlichkeit, dass er für die Bildungsreformen stimmte – unabhängig davon, ob er der konservativen oder der sozialistischen Partei angehörte. Politiker aus ländlich geprägten Wahlkreisen waren in der Regel gegen die Reformen – ihre Wählerklientel, die Bauern, hatten kein Interesse an besser ausgebildeten Arbeitern.

Lieber Papa gib doch zu, dass ich klüger bin als du

Bei allen Klagen über die schlechten Leistungen deutscher Schüler im internationalen Vergleich: Wenn Sie schulpflichtige Kinder haben, haben Sie sich vielleicht trotzdem schon hin und wieder einmal gefragt, ob sie in ihrer eigenen Schulzeit auch so früh so schweren Stoff lernen mussten. Haben Schulen und Lehrer, aufgeschreckt von den schlechten Pisa-Ergebnissen Deutschlands, die Nerven verloren und muten sie unseren Kindern zu viel zu? Oder können unsere Kinder einfach mehr als wir im gleichen Alter? Sind sie klüger?

Aller Wahrscheinlichkeit nach ist Letzteres der Fall. Es ist nämlich erwiesen, dass die Intelligenzquotienten von Generation zu Generation kräftig steigen. Die Erkenntnis hat die uralte Diskussion neu belebt, ob *Intelligenzunterschiede* vorrangig in den Genen oder im sozialen Umfeld begründet liegen.

Studien mit Adoptivkindern und solche mit Zwillingen, die in unterschiedlichen Milieus aufwachsen, kamen regelmäßig zu dem Ergebnis, dass unterschiedliche Intelligenz fast vollständig genetisch bedingt ist. Doch der rasche Intelligenzfortschritt von Generation zu Generation steht dazu im Widerspruch. Denn die Gene verändern sich von Generation zu Generation allenfalls minimal.

Die Frage nach dem Grad der Unabänderlichkeit von Begabungsunterschieden hat handfeste Konsequenzen für die Bildungspolitik und darüber hinaus. Gilt »doof bleibt doof«, so ist das ein Argument für Eliteförderung und auch dafür, die Schüler frühzeitig nach Begabung auf unterschiedliche Schulformen aufzuteilen. Liegen Fähigkeitsunterschiede dagegen in starkem Maße in der Umwelt begründet, so ergibt sich daraus ein Argument für die besondere Förderung der Benachteiligten.

Der US-Ökonom William Dickens von der Brookings Institution hat zusammen mit dem australischen Psychologen James Flynn ein Modell entwickelt, das den Widerspruch der Forschungsergebnisse auflöst. Methodisch hat es Ähnlichkeit mit einem keynesianischen Multiplikatormodell, nur dass kein ökonomischer, sondern ein »sozialer Multiplikator« im Zentrum steht. Die beiden kommen zu dem Ergebnis, dass ein unauflösliches Zusammenwirken von Genen und Umwelt Intelligenzunterschiede und geistige Entwicklung erklärt.

Für getrennt aufwachsende Zwillinge bedeutet das: Sind beide schlauer als der Durchschnitt, dann haben beide in der Schule Erfolgserlebnisse und werden gefördert, was die Entwicklung ihrer Intelligenz begünstigt. Zwei andere Zwillinge sind möglicherweise weniger intelligent, aber gute Sportler. Auch wenn sie in getrennten Familien aufwachsen, konzentrieren sich jeweils auf ihre sportlichen Fähigkeiten, werden darin bestärkt und gefördert. Die Gene schaffen sich quasi passende Umwelten. Dadurch wird der Effekt relativ geringer genetischer Unterschiede vervielfacht.

Von Generation zu Generation sorgt der soziale Multiplikator in ihrem Modell für die raschen Fortschritte im Wissen und Können. Wer etwas besonders gut kann, wird zur Norm und zum Vorbild. Jeder Einzelne wird in Hinblick auf diese höhere Messlatte gefördert und gefordert, sei es in der Schule oder beim Fußballspiel. Umwelt oder Gene, die Frage lässt sich nicht klar beantworten. Gene bestimmen die Intelligenz und sonstige Talente maßgeblich mit.

Wenn das Bildungssystem versucht, bei jedem Schüler das zu fördern, was er gut lernen kann, dann dürfte dies gleichzeitig zu höherer Chancengleichheit und zu höherer Effizienz beitragen. Wenn das die Idee des dreigliedrigen Schulsystems in Deutschland wäre, so würde das voraussetzen, dass Schüler jeder Schulform mit ähnlich vielen Ressourcen ausgestattet werden. Lässt sich dagegen der Staat – wie in Deutschland – einen Gymnasiasten viel mehr kosten als einen Hauptschüler, dann braucht er sich nicht zu wundern, wenn seine Hauptschüler sich ausgegrenzt und benachteiligt fühlen und wenn sie rebellieren. Ein gelegentlicher Besuch des Bundespräsidenten allein wird daran nicht viel ändern.

Literatur

Ammermüller, Andereas (2004): »PISA: What Makes the Difference? Explaining the Gap in Test Scores Between Finland and Germany« ZEW Discussion Paper Nr. 04-04, erscheint in: Empirical Economics.

Ammermüller, Andreas (2005): »Educational Opportunities and the Role of Schooling Institutions«, ZEW Discussion Paper Nr. 05-44.

Cook, Philip, Robert MacCoun, Clara Muschkin und Jacob Vigdor (2006): »Should Sixth Grade be in Elementary or Middle School? An Analysis of Grade Configuration and Student Behavior«, NBER Working Paper Nr. 12471.

Dickens, William und J. R. Flynn (2001): »Heritability Estimates Versus Large Environmental Effects: The IQ Paradox Resolved«, in: Psychological Review, Vol. 108, S. 346–369.

Dustmann, Christian (2004): »Parental Background, Secondary School Track Choice, and Wages«, in: Oxford Economic Papers, Vol. 56, S. 209–230.

Ermish, John, Marco Francesconi und Thomas Siedler (2006): »Intergenerational Mobility and Marital Sorting«, in: Economic Journal, Vol. 116, S. 659–679.

Galor, Oded und Omer Moav (2006): »Das Human-Kapital: A Theory of the Demise of the Class Structure« in: Review of Economic Studies, Vol. 73, S. 85–117.

Hanushek, Eric und Ludger Wössmann (2006): »Does Educational Tracking Affect Performance and Inequality? Difference-in-Difference Evidence across Countries«, in: Economic Journal, Vol. 116, S. C63–C76.

Knudsen, Eric, James Heckman, Judy Cameron und Jack Shonkoff, (2006): »Economic, Neurobiological and Behavioral Perspectives on Building America's Future Workforce«, in PNAS,

Proceedings of the National Academy of Sciences, Vol. 103, S. 10155–10162.

Pekkarinen, Tuomas, Roope Uusitalo und Sari Pekkala (2006): »Education Policy and Intergenerational Income Mobility: Evidence from the Finnish Comprehensive School Reform«, IZA Discussion Paper Nr. 2204.

Kapitel 6

Alles eine Frage der Kultur

Ökonomen, die mit kulturellen Faktoren argumentieren, tarnen damit nur das Scheitern ihrer Analyse. Auf diesen Nenner brachten in den siebziger Jahren die beiden späteren Ökonomie-Nobelpreisträger George Stigler und Gary Becker die Haltung der zunehmend auf Exaktheit bedachten Wirtschaftswissenschaft zur Kultur. Die Modellannahme des nutzenmaximierenden Homo oeconomicus beinhaltet, dass der kulturelle und religiöse Hintergrund einer Gesellschaft für Wirtschaft, Wachstum und Wohlstand keine Bedeutung hat. Zudem herrschte unter Ökonomen lange Konsens, dass man Präferenzen und Verhalten der Menschen als gegeben hinnimmt und nicht weiter in Frage stellt. Unterschiedliche Verhaltensmuster in verschiedenen Ländern versuchten Ökonomen noch bis vor nicht allzu langer Zeit allein auf Unterschiede in der Politik, bei den Institutionen und in der Technologie zurückzuführen. »Lange Zeit war die Volkswirtschaftslehre gegenüber kulturellen Fragen ignorant«, sagt Raquel Fernández, Professorin an der New York University (NYU), die 2006 auf der Jahrestagung der European Economic Association die renommierte »Marshall-Lecture« über »Economics and Culture« hielt.

Leichter machen es sich die Ökonomen nicht damit, dass sie Kultur als wesentlichen ökonomischen Faktor akzeptieren. Um den Einfluss von Kultur wissenschaftlich valide nachweisen zu können, müssen Wirtschaftswissenschaftler erheblichen methodischen Aufwand betreiben. Denn rein kulturelle Faktoren von klassischen ökonomischen Dingen zu separieren, ist alles andere als einfach.

Raquel Fernández ist dieses Kunststück zusammen mit ihrer NYU-Kollegin Alessandra Fogli gelungen. Mit einer kreativen und aufwändigen Methode zeigen die beiden Wissenschaftlerinnen, dass kulturelle Faktoren bei der Frage, ob Frauen berufstätig sind oder nicht, eine erhebliche Rolle spielen. Fernández und Fogli analysieren, welche Faktoren die

Erwerbsneigung von Frauen bestimmen, die in der zweiten Generation Einwanderer sind – die also selbst schon in den Vereinigten Staaten geboren wurden, deren Eltern aber aus anderen Ländern in die USA eingewandert sind. Der Clou an dieser Methode: Die politischen und ökonomischen Institutionen sind für all diese Frauen identisch – nicht aber der kulturelle Hintergrund der Eltern.

Die Ergebnisse sind bemerkenswert. Denn Fernández und Fogli weisen nach: Die Erwerbsneigung von Frauen, die 1970 zwischen 30 und 40 Jahre alt waren, korreliert stark mit den Verhältnissen im Heimatland ihrer Eltern. Je stärker Frauen dort 1950 in den Arbeitsmarkt integriert waren, desto mehr arbeiten Jahrzehnte später die Töchter von Familien, die aus diesen Ländern in die USA eingewandert sind. Der gleiche Zusammenhang gilt bei der Frage, wie viele Kinder eine Frau auf die Welt bringt. Besonders stark ist der Effekt in Stadtvierteln, in denen besonders viele Einwanderer aus einem Land wohnen.

Parksünden von Diplomaten

Nicht nur die Rolle der Frau in der Gesellschaft wird von der jeweiligen Kultur mitbestimmt – das gleiche gilt für das Phänomen der Korruption, zeigen die Ökonomen Raymond Fisman (Columbia University) und Edward Miguel (Berkeley). Die beiden Forscher stellen die These auf: Wenn in einem Land die Korruption blüht, dann sind dafür vor allem fehlende soziale Normen, die eine Vorteilsnahme ächten, verantwortlich. Die Menschen internalisieren diese Normen.

Fisman und Miguel haben das Phänomen anhand eines Beispiels aus dem wirklichen Leben studiert – dem Falschparken ausländischer Uno-Botschafter in New York City. Bis Ende 2002 konnten offizielle Vertreter ausländischer Staaten dank ihrer diplomatischen Immunität in New York ungeschoren die Verkehrsregeln missachten. Die Polizei hatte keine Möglichkeit, gegen einen Diplomaten vorzugehen, der im Halteverbot parkte und seine Strafmandate nicht bezahlte.

Die ausländischen Vertreter nutzten dieses Privileg weidlich aus. Zwischen 1997 und 2002 ließen Diplomaten in New

York insgesamt 150 000 Strafzettel unbezahlt – der Stadt bescherte dies Einnahmeausfälle in Höhe von 18 Millionen US-Dollar.

Dieses Ausnutzen der diplomatischen Immunität für private Zwecke ist nach Ansicht von Fisman und Miquel als unberechtigte Vorteilsnahme mit Korruption eng verwandt. Die Immunität soll die Abgesandten anderer Länder vor willkürlicher Strafverfolgung schützten, ist aber nicht als Freibrief zur Missachtung der Straßenverkehrsregeln im Gastland gedacht.

Die beiden Ökonomen analysierten die Parksünden der Uno-Diplomaten im Detail – und stellten fest: Längst nicht alle Diplomaten missbrauchen ihre diplomatische Immunität als kostenloses Parkticket. Je nach Heimatland gibt es bemerkenswerte Unterschiede: Bestimmte Nationen nutzen die diplomatische Immunität systematisch aus, andere halten sich penibel an die Straßenverkehrsordnung, obwohl ihnen keine Sanktionen drohen.

Die Diplomaten aus Kuwait zum Beispiel brachten es zwischen 1997 und 2002 pro Kopf im Schnitt auf insgesamt 246 Parksünden, jeder ihrer Kollegen aus Ägypten sammelte im Schnitt immerhin 139 Strafmandate, und jeder Uno-Gesandte aus dem Tschad verstieß 124-mal gegen die Verkehrsregeln.

Jeder deutscher Uno-Diplomat brachte es dagegen in den fünf Jahren nur auf ein einziges Strafmandat, für die Gesandten aus der Schweiz, den Niederlanden und den skandinavischen Ländern sind gar keine Parksünden verzeichnet.

In einem Umfeld, in dem es keine Strafverfolgung gibt, kann man aus diesen Verhaltensunterschieden die Korruptionsneigung der Menschen ableiten, schreiben die Ökonomen. Sie stellen fest: Die Korrumpierbarkeit der Diplomaten hängt eng mit dem Ausmaß der Korruption in ihrem Heimatland zusammen. »Die zehn Staaten mit den meisten Parksünden schneiden in Korruptionsrankings schlecht ab.« Umgekehrt nutzen Vertreter aus Staaten mit wenig Korruption ihre Privilegien nicht aus.

»Auch wenn sie Tausende Kilometer von ihrem Heimatland entfernt leben, verhalten sich die Diplomaten sehr ähnlich wie ihre Kollegen zu Hause«, lautet ein Fazit der Forscher. Daraus leiten sie zwei Schlussfolgerungen ab: Erstens seien gesellschaftliche Korruptionsnormen tief in den Menschen verwurzelt, zweitens seien neben Strafandrohungen andere Faktoren wichtig für das tatsächliche Ausmaß der Korruption. Allerdings zeigt das Beispiel New York, dass Sanktionen durchaus eine gewisse Wirkung erzielen. Seit Oktober 2002 darf die Polizei in New York Diplomatenautos abschleppen, den Heimatländern notorischer Parksünder droht die Kürzung von US-Entwicklungshilfe. Seitdem ist das Ausmaß der Parkkorruption unter den Uno-Diplomaten zurückgegangen – das generelle länderspezifische Verhaltensmuster aber blieb.

Die Ökonomie der Religion

Den Zusammenhang zwischen Religion und Wirtschaft hat der Soziologe Max Weber schon vor über 100 Jahren betont. 1905 stellte er die These auf, dass es ohne Protestantismus keinen Kapitalismus gegeben hätte.

Ob das Ausmaß der Religiosität eines Landes Auswirkungen auf die wirtschaftliche Performance der Volkswirtschaft hat, haben inzwischen auch Ökonomen untersucht. Robert Barro von der Harvard University und Rachel McCleary vom Weatherhead Center for International Affairs nutzten Daten sechs verschiedener, länderübergreifender Umfragen zu der Häufigkeit von Gottesdienst-Besuchen und der Ausprägung bestimmter religiöser Überzeugungen in 59 Ländern. Sie untersuchten, ob es signifikante Korrelationen zu makroökonomischen Variablen wie dem Pro-Kopf-Einkommen gibt.

Das Ergebnis: In Ländern, in denen bestimmte religiöse Überzeugungen – vor allem der Glauben an Himmel und Hölle oder ein Leben nach dem Tod – ausgeprägter sind, ist das Wachstum höher als in Staaten, wo dies nicht der Fall ist. Die Hypothese der Ökonomen: Religion ist wichtig für die wirtschaftliche Performance, weil Kirche und Glauben bestimmte Charakterzüge prägen – zum Beispiel die Einstellungen gegenüber Sparsamkeit, Ehrlichkeit, Arbeitsmoral und der Offenheit Fremden gegenüber.

An diesem Punkt setzen die Forscher Luigi Guiso, Paola Sapienza und Luigi Zingales an. Die Forscher, die alle an renommierten amerikanischen Business-Schools arbeiten, untersuchten anhand von Umfragen unter 100 000 Menschen in 55 Ländern, ob Religionsangehörigkeit und pro-marktwirtschaftliche Einstellungen zusammenhängen – ob zum Beispiel Katholiken anders über Privateigentum oder Wettbewerb denken als Hindus oder Muslime.

Auch hier sind die Ergebnisse erstaunlich klar: So stehen Zingales zufolge Muslime überall auf der Welt marktwirtschaftlichen Institutionen und Mechanismen skeptischer gegenüber als Menschen anderer Religionen. Laut Studie vertrauen Muslime anderen weniger, sind weniger tolerant, diskriminieren Frauen stärker und beurteilen Privateigentum und Wettbewerb ablehnender. Diese Erkenntnis hat durchaus praktische Relevanz – so könnte der US-Regierung die Etablierung einer Marktwirtschaft im Irak auf Grund der religiösen Hintergründe schwerer fallen, als die Bush-Regierung sich das vorstellte.

Für eine These aber fand Zingales keine Belege – Webers Behauptung, dass Protestanten im Vergleich zu Katholiken die besseren Kapitalisten sind, ließ sich nicht erhärten. »Katholiken unterstützen Privateigentum fast doppelt so stark wie Protestanten und befürworten Wettbewerb so stark wie keine andere Religionsgruppe.« Auch Fleiß und Sparsamkeit sei Katholiken wichtiger als Protestanten.

Kultur ist der wahre Motor des Wohlstands

Die wirtschaftlichen Folgen solcher kultureller Differenzen können erheblich sein, lautet die These des international renommierten italienischen Ökonomen Guido Tabellini von der Bocconi-Universität in Mailand. In einer aufwändigen Studie gelingt ihm der Nachweis: In europäischen Regionen mit höherer Prosperität haben die Menschen Wertvorstellungen, die für das Wirtschaftsleben in einer entwickelten Volkswirtschaft besonders günstig sind. So lassen sich auch die teilweise großen Entwicklungsunterschiede zwischen Regionen erklären, die – wie in Italien – seit über 150 Jahren einen Nationalstaat mit einheitlichen Institutionen bilden.

Grundlage für Tabellinis Studie sind Umfragen zu den Wertvorstellungen der Menschen in verschiedenen europäischen Regionen. Dabei werden für das Wirtschaftsleben günstige und ungünstige Werte unterschieden. Als positiv für die wirtschaftliche Prosperität gilt zum Beispiel, wenn die Menschen hohes Vertrauen in die Gestaltbarkeit des eigenen Schicksals und in andere Menschen haben. Für die Wirtschaft negativ sind Merkmale stark hierarchisch geprägter Gesellschaften – zum Beispiel die Erziehung der Kinder zu unbedingtem Gehorsam.

Es zeigt sich, dass eine Landkarte, in der die aktuellen Kulturunterschiede farblich markiert sind, einer Karte stark gleicht, welche die Unterschiede in der Wirtschaftskraft darstellt. Rechnerisch ergibt sich ein starker und statistisch signifikanter Zusammenhang.

Ursache und Wirkung lassen sich dabei zunächst nicht auseinander halten: Beeinflusst die wirtschaftliche Entwicklung die Kultur oder ist der Zusammenhang genau umgekehrt? Um dies zu klären, machte Tabellini einen Gegencheck – anhand von historischen Gegebenheiten, die Kulturunterschiede hervorbringen können, aber keine direkte Beziehung zur heutigen Wirtschaftsentwicklung aufweisen. Unter anderem prüfte er die Verbreitung des Analphabetismus um 1880 und die Güte der politischen Institutionen von 1600 bis 1850. Beides steht in engem Zusammenhang mit den heutigen Kulturunterschieden – zusammengenommen lässt sich damit ein Großteil der heutigen regionalen Wertedifferenzen erklären. Damit ist ausgeschlossen, dass die bessere Wirtschaftsentwicklung der Grund für die wirtschaftsfreundlicheren Moralvorstellungen ist.

Tabellini leitet aus seiner Arbeit die Erkenntnis ab, dass wirtschaftlich rückständigen Regionen wie dem Mezzogiorno mit Subventionen und Transferzahlungen allein kaum zu helfen ist. Große Teile der Bevölkerung zu Hilfsempfängern zu machen, verstärke die vorhandene negative Kultur in den betroffenen Regionen. Wichtiger wären Anstrengungen zur Verbesserung der Bildung und Ausbildung – und eine bessere Förderung von Existenzgründern, um den Unternehmensgeist zu beflügeln.

Amerikas Irrglaube an eine gerechte Welt

Besonders ausgeprägt scheint die Kultur des Wachstums in den USA zu sein. Ein amerikanischer Tellerwäscher, der glaubt, es durch harte Arbeit zum Millionär bringen zu können, strengt sich mehr an als sein Kollege in Europa, der sich als chronisch Benachteiligter einer ungerechten Welt begreift. Dass Amerikaner mehr arbeiten und – im Durchschnitt – mehr verdienen, ist daher nicht weiter verwunderlich. Paradox an der Sache ist jedoch: Studien zeigen, dass die Chancen für den Einzelnen zum sozialen Aufstieg in Amerika nicht anders sind als in Europa – unterschiedlich ausgeprägt ist allein die Wahrnehmung der Menschen. Warum das so ist, haben zwei prominente französische Ökonomen, Roland Bénabou und Jean Tirole, mit mathematischer Präzision untersucht.

Ausgangspunkt ist die Beobachtung, dass die meisten Menschen an eine faire Welt glauben wollen, in der Leistung und Anstrengung durch sozialen und ökonomischen Aufstieg belohnt werden. Experimente zeigen, wie tief diese Sehnsucht sitzt: Auch, wenn an Versuchsteilnehmer »Belohnungen« nach dem Zufallsprinzip verteilt werden, reimen sich viele Probanden vermeintliche Gründe dafür zusammen, warum sie ihr Glück oder Pech »verdient« haben.

Bénabou und Tirole zeigen in ihrer Studie, dass es zwischen den individuellen Einstellungen der Menschen und den gesellschaftlichen Gegebenheiten zu wichtigen Rückkoppelungen kommt. Beispiel USA: Im sprichwörtlichen »Land der unbegrenzten Möglichkeiten« betrachten sich die Menschen seit Generationen stärker als in Europa als des eigenen Glückes Schmied. Daher sind sie grundsätzlich weniger willens, Erfolglose an ihrem wohlverdienten Glück teilhaben zu lassen – weniger soziale Sicherung ist die Folge. Dadurch wiederum wird es für den Einzelnen umso wichtiger, sich und seine Kinder zu Leistung zu motivieren – man ist eher geneigt, die Welt durch selektive Wahrnehmung als fair zu sehen und ist besonders empfänglich für entsprechende Propaganda. Die Konsequenz: Die politische Unterstützung für Umverteilung erodiert weiter. In Europa dagegen können es sich weniger Erfolgreiche eher leisten, an der Gerechtigkeit der Welt zu zweifeln – schließlich gibt es in der Ausgangslage mehr soziale Sicherung und, daraus folgend, auch mehr Unterstützung für Umverteilung.

So realitätsfern der Optimismus der Amerikaner auch sein mag, für große Teile der Bevölkerung hat er positive ökonomische Folgen. Weil die US-Bürger in Bezug auf die Früchte ihrer Anstrengungen optimistischer sind – und weil sie davon weniger an den Staat abgeben müssen – arbeiten sie mehr und erreichen einen höheren Wohlstand. Gekniffen sind allerdings in den USA die sozial oder in ihren Fähigkeiten Benachteiligten. Sie werden besonders stark stigmatisiert und leiden stärker unter ihrer eigenen Erfolglosigkeit als vergleichbare Europäer – schließlich können sie ihre Situation weniger leicht den äußeren Umständen zuschreiben. Damit mag auch die hohe Kriminalitätsrate in den USA zusammenhängen, die dann womöglich indirekt eine Folge des amerikanischen Traums wäre.

Die beiden Ökonomen Bénabou und Tirole können mit ihrem Modell auch erklären, warum in Europa die soziale Sicherung gerade in dem Moment zurückgefahren wird, in dem die sozialen Unterschiede durch die Globalisierung und den technologischen Wandel größer werden. In ihrem Modell fangen sie das durch die Annahme ein, dass der Lohn des Erfolgs größer wird. Das hat die Konsequenz, dass sich die Menschen mehr anstrengen und mehr in Ausbildung investieren. Es führt aber auch dazu, dass Selbstmotivation wichtiger wird und es sich mehr lohnt, an eine faire Welt zu glauben. Die beiden sich verstärkenden Effekte mindern die Bereitschaft zur Umverteilung. Durch die Rückkopplung von Geisteshaltung und praktischer Politik kann aus einer graduellen Veränderung eine politische Umwälzung werden.

Vertrauen ist gut, Aktien sind besser

Auch das Vertrauen in Akteure und Institutionen ist für wirtschaftliche Transaktionen überaus wichtig. Die Forscher Luigi Guiso, Paola Sapienza und Luigi Zingales, die auch die Rolle der Religion erforscht haben, zeigen in einer separaten Studie: Für das Funktionieren von Aktienmärkten ist das Vertrauen, das potenzielle Anleger anderen Menschen im Allgemeinen und Unternehmen im Besonderen entgegenbringen, von entscheidender Bedeutung.

Auf den Kauf einer Aktie lässt man sich nur ein, wenn man daran glaubt, nicht betrogen zu werden. »Für die Entscheidung, Aktien zu kaufen, braucht man nicht nur eine Einschätzung über den erwarteten Ertrag und das Risiko, sondern auch den Glauben daran, dass die Informationen verlässlich sind und dass das Gesamtsystem fair ist«, heißt es in der Studie.

Auf den ersten Blick kommen diese Erkenntnisse fast etwas trivial daher. Für das Verständnis von Finanzmärkten leiten sich daraus aber wichtige Erkenntnisse ab. Bislang konnten Ökonomen nämlich nicht schlüssig erklären, warum sich die Aktionärsquoten in verschiedenen Industrieländern so enorm unterscheiden. Während zwei Drittel aller Schweden und jeder zweite US-Amerikaner direkt oder indirekt Aktien besitzen, gilt das Gleiche nur für jeden fünften Deutschen. In Italien und Österreich sind sogar jeweils weniger als zehn Prozent der Menschen an der Börse aktiv.

Traditionell versuchten Finanzmarktforscher diese Differenzen mit den Transaktionskosten zu erklären, die von Land zu Land unterschiedlich hoch sind. Diese Argumentation hat allerdings einen Schönheitsfehler: In zahlreichen Ländern machen auch Menschen mit hohem Einkommen einen Bogen um die Börse – obwohl Depotgebühren und Händlerprovisionen für sie nicht ins Gewicht fallen dürften.

In der Studie zeigen die Finanzmarktforscher anhand zahlreicher Daten, dass der Faktor Vertrauen für die unterschiedliche Aktienkultur eine zentrale Rolle spielt. So haben zum Beispiel nur 7,2 Prozent aller Amerikaner und gerade einmal sechs Prozent aller Schweden überhaupt kein Vertrauen in große Unternehmen – in Deutschland und Italien sind es dagegen mehr als 17 Prozent. Noch extremer sind die Unterschiede bei überdurchschnittlich wohlhabenden Menschen: In Schweden glauben nur zwei Prozent der Reichen nicht an die Ehrlichkeit von Unternehmern – in Italien sind es 29 Prozent. Kein Wunder, dass in Schweden nur vier Prozent der Wohlhabenden von Aktien die Finger lassen, in Italien dagegen 35 Prozent.

Mit detaillierten Daten über rund 2 000 Niederländer, die im Auftrag der dortigen Notenbank unter anderem zur Struktur ihrer Geldanlage und ihrem Vertrauen in andere Menschen befragt wurden, zeigen die Ökonomen zudem: Wer generell der Meinung ist, man könne den meisten anderen Menschen trauen, besitzt auch mit um 50 Prozent höherer Wahrscheinlichkeit Aktien. Er legt zudem einen höheren Anteil seines Vermögens in Aktien an – seine Aktienquote ist im Schnitt um 3,4 Prozentpunkte höher.

Mit zunehmendem Bildungsniveau sinkt die Bedeutung des V-Effekts: Bei Menschen mit wenig Schulbildung führt hohes Vertrauen in andere dazu, dass ihre Aktienquote am Gesamtvermögen um sechs Prozentpunkte höher ausfällt. Bei gut Ausgebildeten steigt sie nur um 1,4 Prozent. »Mehr Wissen und Informationen helfen, die Vertrauensprobleme abzubauen«, heißt es in der Studie.

Indirekt hat mangelndes Vertrauen auch makroökonomische Konsequenzen: »Durch die geringere Nachfrage nach Aktien haben es Unternehmen in Ländern mit wenig Vertrauen schwerer, sich über die Börse mit Kapital zu versorgen.«

Wie ein TV-Sender Bush zum Wahlsieg verhalf

Von Ex-Kanzler Gerhard Schröder ist der Ausspruch überliefert, zum Regieren brauche er nur »Bild, Bams und Glotze«. Aber wie groß ist der Einfluss von Presse, Funk und Fernsehen auf die öffentliche Meinung tatsächlich? Seit Jahrzehnten zerbrechen sich Medien- und Politikwissenschaftler darüber den Kopf. Ihre Diskussion kreist bislang aber nur um anekdotische Evidenz. Und die ist ziemlich widersprüchlich: Einerseits soll Richard Nixon 1960 die Präsidentschaftswahl deshalb verloren haben, weil er in einem TV-Duell schlecht rasiert war. Andererseits schrieb der »Spiegel« jahrelang gegen Helmut Kohl an, ohne dessen politische Karriere ernsthaft zu beschädigen.

Zwei Wirtschaftswissenschaftler aus den USA und Schweden haben sich in diese Diskussion eingemischt und den Zusammenhang zwischen tendenziöser Medienberichterstattung und dem Ausgang von Wahlen mit wissenschaftlichen Methoden berechnet. Ihr Ergebnis ist frappierend: US-Präsident

George W. Bush hat seinen Wahlsieg im Jahr 2000 einseitiger Fernsehberichterstattung zu verdanken. »Medien können beträchtlichen politischen Einfluss haben«, betonen die Autoren Stefano DellaVigna (University of California, Berkeley) und Ethan Kaplan (Universität Stockholm).

Konkret haben die Forscher untersucht, wie sich das Wahlverhalten der Amerikaner durch das Auftreten des konservativen Nachrichtensenders »Fox News« veränderte. Der Sender wurde 1996 von TV-Mogul Rupert Murdoch als Konkurrent zu »CNN« gegründet. »Fox News« machte sich mit seiner betont konservativen Berichterstattung einen Namen. Medienwissenschaftler wiesen dem Kanal in mehreren Studien Einseitigkeit nach – so kommen bei »Fox News« viel häufiger Experten aus konservativen Einrichtungen zu Wort als bei anderen Sendern.

Ein historischer Zufall ermöglichte es den Forschern, den Effekt auf das Wahlverhalten der Amerikaner methodisch sauber zu beziffern. Denn »Fox News« war in den ersten Jahren längst nicht in allen US-Regionen empfangbar. Im Jahr 2000 wurde der Sender erst in 20 Prozent aller Städte ins Kabelnetz eingespeist. Anhand von mehr als 9 200 Städten aus 28 Bundesstaaten konnten die Ökonomen untersuchen: Hat sich das Wählerverhalten in diesen Städten anders entwickelt als in Regionen, in denen der Sender noch nicht zu empfangen war?

Die Antwort ist positiv. Der Murdoch-Sender hatte massiven Einfluss auf das Wahlverhalten. In Städten, in denen »Fox News« zu sehen war, stieg dadurch der Stimmenanteil der Republikaner um 0,4 bis 0,7 Prozentpunkte, zeigen DellaVigna und Kaplan. »Der Einfluss von ›Fox News‹ ist klein, aber nicht zu vernachlässigen«, heißt es in der Studie. Insgesamt hätten bei den Präsidentschaftswahlen im Jahr 2000 wegen »Fox News« rund 200 000 Wähler nicht für die Demokraten, sondern für die Republikaner gestimmt. Im Bundesstaat Florida, den Bush nur mit 537 Stimmen Vorsprung vor dem demokratischen Bewerber Al Gore gewann und der für den Wahlausgang entscheidend war, dürfte Fox News den Republikanern mehr als 10 000 zusätzliche Stimmen beschert haben.

Um sicherzugehen, dass sie nicht Ursache und Wirkung verwechseln, haben DellaVigna und Kaplan untersucht, wie sich das Wahlverhalten in den jeweiligen Regionen vor der Einführung von »Fox News« entwickelte. Denn es wäre ja denkbar, dass der Sender zunächst dort in die Kabelnetze aufgenommen wurde, wo die Menschen schon vorher besonders konservativ waren. Diese Fragen untersuchten DellaVigna und Kaplan intensiv – fanden aber keine Indizien dafür, dass sich der Sender bei der Erschließung seines Verbreitungsgebiets auf Regionen konzentriert hat, in denen ohnehin die Republikaner auf dem Vormarsch waren.

Die Ökonomen stellten zudem fest: Je geringer die Programm-Vielfalt in einer Stadt ist, desto größer ist die Bedeutung des Murdoch-Senders für das Abstimmungsverhalten. »Wenn die politischen Botschaften von ›Fox‹ mit vielen anderen Stationen konkurrieren müssen, ist ihr Einfluss geringer«, heißt es in der Studie. Im Schnitt gelte: Wenn in einer Stadt die Zahl der empfangbaren TV-Kanäle um zehn steigt, sinkt der Stimmenzuwachs der Republikaner durch Fox um 0,2 Prozentpunkte.

Der »Fox-News«-Effekt beschränkt sich dabei nicht nur auf die Person George W. Bush, zeigen die Ökonomen. Offenbar ändere sich durch die Berichterstattung des Senders die politische Grundeinstellung der Zuschauer. Denn auch bei Senatswahlen, bei denen »Fox« in aller Regel nicht detailliert über die lokalen Kandidaten berichtet, profitierten die Republikaner von der Präsenz des Senders. Nichtwähler scheinen dabei für die politischen Botschaften ein besonders offenes Ohr zu haben – ein Großteil des Effekts lässt sich durch die steigende Wahlbeteiligung latent Konservativer erklären.

Insgesamt nähren die Ergebnisse gewisse Zweifel am Bild des mündigen Wahlbürgers mit fest gefügten Präferenzen. »Die Zuschauer scheinen sich die verzerrte Berichterstattung nicht vollständig bewusst zu machen und lassen sich daher von dem Programm überzeugen«, folgern DellaVigna und Kaplan. Dies spreche dafür, dass der »Fox-News«-Effekt ein nicht bloß vorübergehender sei.

Die Macht der Medien über den Konsum

Welche Kampagnen sich die Chefredakteure gerade ausdenken, beeinflusst nicht nur die Wähler. Es beeinflusst die Menschen auch in rein wirtschaftlichen Entscheidungen. Zwei amerikanische Notenbank-Ökonomen haben gezeigt, dass ein signifikanter Zusammenhang zwischen Medienberichten und der Stimmung der Verbraucher besteht. Mark Doms und Norman Morin haben beobachtet, dass der an den Finanzmärkten viel beachtete Index des US-Verbrauchervertrauens der Uni Michigan immer wieder ausschlägt – ohne dass diese Bewegungen immer durch realwirtschaftliche Entwicklungen erklärt werden könnten. So verschlechterten sich während der milden US-Rezession Anfang der neunziger Jahre die Konjunktur-Erwartungen der US-Konsumenten überaus drastisch – die Stimmung war fast so schlecht wie zur Zeit der Wirtschaftskrise Anfang der 80er Jahre. Und Ende 2000 trübte sich die Arbeitsmarkt-Einschätzung der befragten US-Bürger deutlich stärker ein, als dies auf Grund der tatsächlichen Job-Entwicklung zu erwarten gewesen wäre.

Für diese Diskrepanzen sei der Zungenschlag der Presseberichterstattung verantwortlich, zeigen Doms und Morin. Sie konstruierten einfache Indikatoren zur Messung des Tenors der Konjunktur-Berichterstattung und zählen, wie oft 30 verschiedene US-Tageszeitungen Begriffe wie »Rezession« oder »Entlassung« nennen. Mit komplexen statistischen und ökonometrischen Methoden gelingt der Nachweis, dass die realwirtschaftlich nicht erklärbaren Schwankungen der Verbraucherstimmung signifikant mit den Ausschlägen der Medienindikatoren korrelieren.

»Die Menge und der Tonfall der Konjunkturberichterstattung beeinflussen eindeutig die Stimmung der Verbraucher – unabhängig von der tatsächlichen wirtschaftlichen Aktivität oder den Prognosen von Konjunktur-Experten«, lautet das Fazit.

Literatur

Barro, Robert/McCleary, Rachel (2006): »Religion and Economy«, in: Journal of Economic Perspectives, Vol. 20, S. 49–72.

Bérnabou, Roland und Jean Tirole (2006): »Belief in a Just World and Redistributive Politics«, in : Quarterly Journal of Economics Vol. 121, S. 699–746.

DellaVigna Stefano und Ethan Kaplan (2006): »The Fox News Effect: Media Bias and Voting«, NBER Working Paper Nr. 12169, erscheint demnächst im Quarterly Journal of Economics.

Doms, Mark und Norman Morin (2004): »Consumer Sentiment, the Economy, and the News Media«, Federal Reserve Bank of San Francisco Working Paper Nr. 2004-09.

Fernández, Raquel und Alessandra Fogli (2005): »Culture: An Empirical Investigation of Beliefs, Work and Fertility«, NBER Working Paper Nr. 11268.

Guiso, Luigi, Paola Sapienza, Paola und Luigi Zingales (2003): »People's Opium? Religion and Economic Attitudes«, in: Journal of Monetary Economics Vol. 50, S. 225–282.

Guiso, Luigi, Paola Sapienza, Paola und Luigi Zingales (2005): »Trusting the Stock Market«, CEPR Working Paper Nr. 5288.

Tabellini, Guido (2005): »Culture and Institutions: Economic Development in the regions of Europe«, CESifo Working Paper No. 1492.

Kapitel 7

Ökonomie mit Waage und Maßband

Der Name der Disziplin ist exotisch, und ihr Forschungsgegenstand bewegt sich abseits der ausgetretenen Pfade der Ökonomie: Die *Anthropometrie* betreibt Wirtschaftsforschung mit Waage und Maßband. Sie schließt aus historischen Aufzeichnungen über Größe und Gewicht der Menschen auf die wirtschaftlichen Umstände. Das ist vor allem nützlich, wenn es um Wirtschaftsentwicklung und Lebensqualität zu Zeiten geht, für die es keine brauchbaren Wirtschaftsdaten gibt. Aber auch über die heutige Zeit können die Anthropometriker aus ihrem ganz spezifischen Blickwinkel Interessantes beisteuern.

Die Durchschnittsgröße der Menschen ist ein verlässlicher Maßstab dafür, wie gut in ihrer Kindheit die Ernährung war und wie sehr sie Krankheiten ausgesetzt waren. Wer schlecht ernährt oder häufig krank ist, der kann sein genetisches Wachstumspotential nicht ausschöpfen. »Die physische Statur ist über eine ganze Gesellschaft hinweg betrachtet ein gutes Maß für das biologische Wohlergehen und lässt auch Rückschlüsse auf gesellschaftliche Missstände zu«, sagt John Komlos, ein amerikanischer Anthropometriker, der in München Wirtschaftsgeschichte lehrt.

Diese Forschung hat einige Überraschungen zu Tage gefördert. So waren in der ersten Hälfte des 19. Jahrhunderts Indianer des mittleren Westens die größten Menschen der Welt. Ein erwachsener Mann war im Schnitt 1,72 Meter groß und überragte damit den typischen weißen Siedler. Dies spricht nach Ansicht von Anthropometrikern dafür, dass der Lebensstandard der vermeintlich armen Indianerstämme damals höher war als der der Weißen. Zwei Gründe dürften dafür hauptverantwortlich sein: Durch die riesigen Büffelherden hatten die in den »Great Plains« lebenden Indianer Zugang zu hochwertigem, proteinhaltigen Fleisch. Weil die Stämme den Herden folgten und nicht an einem Ort blieben, gab es anders als in den Städten der Weißen keine Hygiene-Probleme durch Müll und Fäkalien.

Warum schrumpft die Führungsmacht?

Heutzutage sprechen die offiziellen Wirtschaftsstatistiken eine deutliche Sprache: Das Pro-Kopf-Einkommen in den USA ist amtlichen Zahlen zufolge deutlich höher als in Europa. Vor allem, weil sie deutlich mehr arbeiten, haben es die Amerikaner zu einem deutlich höheren materiellen Wohlstand gebracht.

Aber ist der Lebensstandard breiter Bevölkerungsschichten in den Vereinigten Staaten wirklich höher als in Europa? Anthropometriker melden da erhebliche Zweifel an. Denn geht es nach der Entwicklung ihrer Statur, dann steht es um die Amerikaner nicht allzu gut. Sie fallen größenmäßig immer weiter zurück und wachsen nur noch in die Breite. Selbst ihre nördlichen Nachbarn, die Kanadier, haben die US-Amerikaner inzwischen überholt. Gegenüber den Europäern – vor allem den Niederländern – sind sie schon weit zurückgefallen. Dieser Befund lässt sich nicht, wie man meinen könnte, mit Immigration relativ kleinwüchsiger Menschen aus Asien oder Lateinamerika erklären. Er hat Bestand, wenn man die Betrachtung auf Weiße europäischer Abstammung beschränkt.

Noch in der ersten Hälfte des 20. Jahrhunderts gehörten die US-Amerikaner zu den sprichwörtlich größten Völkern der Welt. Doch in der zweiten Hälfte des Jahrhunderts hörten sie auf zu wachsen. Seit 1960 stagniert die Durchschnittsgröße der Männer in den USA, die Frauen werden sogar tendenziell kleiner. Mit 1,78 Meter im Durchschnitt sind amerikanische Männer im Alter von 30 bis 40 Jahren heute nicht viel größer als ihre Großeltern.

Am spektakulärsten ist der Vergleich mit den gegenwärtigen Größenweltmeistern, den Niederländern. Diese waren vor 140 Jahren noch sieben Zentimeter kleiner als die US-Amerikaner. Heute sind die US-Bürger im Schnitt sechs Zentimeter kleiner als die Niederländer. »Auch die Deutschen sind heute im Durchschnitt größer als die Amerikaner«, bemerkt Komlos. Zur gleichen Zeit, in der die US-Amerikaner größenmäßig immer mehr zurückfielen, bekamen sie ein immer massiveres Gewichtsproblem. Komlos und seine Mitarbeiterin Marieluise Bauer zitieren Armeeaufzeichnungen, wonach junge amerikanische Männer Mitte des 19. Jahrhunderts nicht nur sehr groß, sondern mit einem Köpermaßindex von 19 nach heutigen Maßstäben auch leicht untergewichtig waren. Inzwischen gehören die USA zu den Ländern mit der dicksten Bevölkerung. Auch bei Lebenserwartung und Säuglingssterblichkeit rangieren sie im Vergleich mit anderen Industrieländern weit hinten.

Früher war oft fehlende Hygiene schuld, wenn höherer materieller Lebensstandard nicht zu mehr Körpergröße und längerem Leben führte. Denn die Städte, in denen Produktivität und Einkommen wesentlich höher waren als auf dem Land, waren lange Zeit berüchtigt für ihre schlechten sanitären Bedingungen. Für die heutigen USA scheidet dies als Grund für das Schrumpfen der Bevölkerung aus. Die Wirtschaftshistoriker Richard Steckel und John Komlos erklären das Phänomen mit der großen und zunehmenden sozialen Ungleichheit in den USA. Denn vor allem die Angehörigen der Unterschicht sind anfällig für Übergewicht und haben eine unterdurchschnittliche Körpergröße. Außerdem weisen beide Forscher dem sehr lückenhaften Krankenversicherungsschutz eine maßgebliche Rolle zu. Während in den USA mehr als jeder siebte Einwohner nicht versichert sei, bestehe in Westeuropa eine fast hundertprozentige Abdeckung. Und schließlich, betont Komlos, dürfte das Gewichtsproblem mit der Fast-Food-Kultur zusammenhängen, die sich vor allem in den USA in der zweiten Hälfte des letzten Jahrhunderts entwickelte.

Das Jahrhundert der Zwerge

Wenn die Menschen im Laufe der Jahrhunderte einfach immer größer geworden wären, gäbe es nicht viel, was Anthropometriker herausfinden könnten. Aber das war keineswegs der Fall. So hat Richard Steckel festgestellt, dass Nordeuropäer noch im 18. Jahrhundert kleiner waren als ihre Vorfahren im 11. Jahrhundert. Auch ein Jahrhundert nach dem dreißigjährigen Krieg hatten die Europäer sich offenbar noch nicht vollständig erholt. John Komlos und Francesco Cinnirella schätzen die Größe europäischer Männer in dieser Zeit auf nur 164 bis 168 Zentimeter. Zur gleichen Zeit waren die Cousins der

Europäer in den amerikanischen Kolonien wohlgenährt und entsprechend viel größer.

Das 17. Jahrhundert muss in vielerlei Hinsicht katastrophal für die Europäer gewesen sein. In diesem Jahrhundert fiel die Durchschnittsgröße auf einen Tiefpunkt. Gerade einmal 1,60 Meter war der Durchschnittsmann noch groß, die Durchschnittsfrau sogar nur 1,52 Meter. Es kam in diesem Jahrhundert so ziemlich alles zusammen, was die körperliche Entwicklung der Menschen hemmt. Die so genannte kleine Eiszeit sorgte für schlechte Ernten, und der dreißigjährige Krieg machte es noch schwerer, eine Familie anständig zu ernähren. Hinzu kam die beginnende Verstädterung, die die Ausbreitung von Seuchen begünstigte. Im elften Jahrhundert dagegen scheint es keine großen Ernährungsprobleme und seuchenartigen Krankheiten gegeben zu haben. Steckel zufolge maßen Männer damals im Durchschnitt über 1,70 Meter.

Dicke leben länger

Die Anthropometrie bringt auch handfeste Lebenshilfe. Denn mit den Ergebnissen der Disziplin kann man den Halbgöttern in Weiß etwas auf die Finger schauen. Und Mediziner, so zeigt sich, scheinen es mit der statistisch-wissenschaftlichen Unterfütterung ihrer Gesundheitsratschläge manchmal nicht allzu genau zu nehmen.

So sind die Warnungen, dass Übergewichtige ein hohes Gesundheitsrisiko eingehen, überzogen. Ein bisschen Dicksein schadet nicht, es verlängert sogar das Leben, lautet das Ergebnis einer Studie des Münchner Wirtschaftshistorikers Marco Sunder. Er hat eine große Datenbank aus den USA ausgewertet. Mehr als 14 000 Menschen zwischen 25 und 74 Jahren wurden zu ihren Lebensgewohnheiten befragt, gewogen und vermessen. Das Leben und Sterben der Untersuchungsteilnehmer wurde bis 1992 verfolgt.

Das erstaunliche Ergebnis: Die längste Lebenserwartung haben die Menschen, die nach herrschender Medizinerlehre übergewichtig sind – solche mit einem Körpermassindex (BMI) von etwas über 25 bis knapp 29. Die Mediziner bezeichnen dagegen Menschen ab einem BMI von 25 als übergewichtig. Der BMI wird berechnet als Gewicht in Kilogramm geteilt durch das Quadrat der Körpergröße in Metern. Ein BMI von 25 bis 29 bedeutet für einen 1,80 Meter großen Menschen ein Gewicht zwischen 81 und 94 Kilogramm.

Auch die medizinische Forschung hat in den letzten Jahren herausgefunden, dass moderates »Übergewicht« die Lebenserwartung erhöht. Die zuständigen Stellen ringen aber noch damit, wie sie angesichts der epidemischen Zunahme starken Übergewichts (Adipositas) mit dieser Erkenntnis umgehen wollen. Sie fürchten vermutlich, durch eine Teilentwarnung dieses Problem noch zu erhöhen – und tun nichts dagegen, dass sich viele Menschen mit Diäten ihre Lebensqualität zerstören und möglicherweise noch dazu ihr Leben verkürzen.

»In den vergangenen Jahren machten zum Schrecken vieler Adipositasforscher Studien auf sich aufmerksam, die über eine erhöhte Mortalität bei Personen, die ihr Gewicht reduzierten, berichten«, schrieb schon 2001 die »Ärzte-Woche«. Das Blatt zitierte die Professorin Aila Rissanen von der Uniklinik Helsinki. Auf einem Adipositaskongress habe sie erläutert, warum solche Studien-Ergebnisse statistisch verzerrt sein dürften. Um so bemerkenswerter ist es, dass ausgerechnet die gleiche Aila Rissanen als Koautorin von Thorkild Sørensen in einer später veröffentlichten, groß angelegten Studie einräumen musste, dass das Ergebnis auch auftritt, wenn man solche vermuteten Verzerrungen ausschaltet. Wer übergewichtig ist (BMI größer 25), abnehmen will und damit Erfolg hat, verkürzt danach tatsächlich seine Lebenserwartung.

Frauen profitieren vielleicht weniger von dieser Erkenntnis, weil sie stärker unter dem Druck des modischen Schlankheitsideals stehen. Sie mögen sich damit trösten, dass ihre Lebenserwartung mit Überschreitung des BMI von 29 viel langsamer abnimmt als bei Männern. Frauen können sich gesundheitlich deutlich mehr Übergewicht leisten.

Wer selbst das höhere Idealgewicht übertrifft, braucht nicht zu verzagen. Wenn er nicht raucht, hat er Sunders Studie zufolge trotzdem Aussicht auf ein langes Leben. Wer als 40-jähriger Mann einen BMI von 35 aufweist, verkürzt seine Lebenserwartung um zweieinhalb Jahre von knapp 74 auf gut 71 Jahre, eine gleichhalte Frau nur um weniger als ein Jahr auf knapp über 80 Jahre. Nichtraucher aber leben sechs Jahre länger als Raucher.

Allerdings zeigen die Ergebnisse von Sunder auch: Um lange zu leben, muss man sich anstrengen. Menschen mit hohem Bewegungspensum leben knapp zwei Jahre länger als der Durchschnitt. Wer dagegen tagein, tagaus nur vom Bett zur Garage, zum Aufzug, zur Kantine zum Aufzug und zurück zur Couch läuft, verkürzt sein Leben fast so sehr wie Raucher.

Mit höheren Sohlen zu größerem Verdienst

Dass dickere Menschen länger leben, ist eine relativ junge Erkenntnis der Ökonomie mit Maßband und Waage. Dagegen gehört es schon zum etablierten Standardwissen, dass größere Menschen im Durchschnitt mehr verdienen. Als Daumenregel gilt: Ein Zentimeter bringt grob ein um ein Prozent höheres Einkommen. Warum das so ist, darüber gibt es eine Vielzahl wissenschaftlicher Erklärungsversuche, die zum Teil auf recht subtile Rückkopplungen abstellen. Sie gehen im Kern davon aus, dass kleinere Menschen sozial diskriminiert werden – etwa weil evolutorisch Größe auch für Kraft, Gesundheit und Durchsetzungsfähigkeit steht.

Menschen, die als Erwachsene groß sind, überragten meist schon als Kinder und Jugendliche ihre Altersgenossen. Daher lässt sich vermuten, dass große Menschen durch langjährige Sozialisierung selbstbewusster und dominanter werden und dass diese Eigenschaften später im Berufsleben mit höherem Gehalt entlohnt werden.

Zwei Forscherinnen der US-Eliteuniversität Princeton haben Forschungsergebnisse vorgelegt, die einen viel simpleren Erklärungsansatz unterfüttern:»Große Menschen verdienen im Durchschnitt mehr, weil sie klüger sind«, lautet die These von Anne Case und Christina Paxson. Die Wissenschaftlerinnen werteten zwei britische Kohortenstudien aus, bei denen alle Kinder, die in einer bestimmten Woche der Jahre 1958 und 1970 geboren wurden, statistisch durch ihren Lebensweg begleitet wurden. Bei regelmäßigen ärztlichen Untersuchungen wurde immer wieder die Körpergröße der Kinder gemessen. Im Erwachsenenalter wurde ihr beruflicher Status und ihr Einkommen abgefragt.

Case und Paxson fanden heraus: Es besteht ein starker und statistisch signifikanter Zusammenhang zwischen der Körpergröße im Alter von fünf bis elf Jahren und den Ergebnissen von Intelligenztests im gleichen Alter. Je größer gewachsen die Kinder waren, desto besser schnitten sie bei kognitiven Tests ab. Der Einfluss der Körpergröße war sogar stärker als der des Elterneinkommens. Wer zu den größten 20 Prozent seiner Altersgruppe gehörte, dessen Testergebnisse waren statistisch ebenso deutlich überdurchschnittlich wie die eines Kindes, dessen Eltern zu den bestverdienenden fünf Prozent der Bevölkerung gehörten.

Nun könnte man immer noch annehmen, dass dies an Lehrern liegen könnte, die sich größeren Schülern mehr zuwenden und ihnen mehr beibringen. Dagegen spricht allerdings, dass einige medizinische Studien auch noch früher einen Zusammenhang zwischen Größe und kognitiven Fähigkeiten festgestellt haben. So stellte eine britisch-finnische Medizinergruppe um David Barker von der Universität Southampton fest: Vor allem das Körperwachstum im ersten Lebensjahr hat einen starken statistischen Einfluss auf das Einkommen im Erwachsenenalter. Zwei Zentimeter mehr im ersten Jahr bringen danach später ein um 3,5 Prozent höheres Einkommen.

Um festzustellen, ob sich der Einkommensvorteil großer Menschen mit höherer Intelligenz erklären lässt, fügten Case und Paxson die Ergebnisse der Intelligenztests aus den Kindertagen in die ökonometrischen Berechnungen ein. Ohne diese Daten hatte die Regression erbracht, dass ein Zentimeter statistisch einen Einkommensvorsprung von ein bis zwei Prozent bringt. Unter Einbeziehung der Testergebnisse im Kindesalter halbierte sich der Einfluss und wurde statistisch insignifikant. Als sie zusätzlich Informationen über Einkommens- und Bildungsstatus der Eltern einfügten, verflüchtigte sich der Zusammenhang zwischen Größe und Einkommen weiter. Ein Personalmanager, der den Schluss zieht, es sei sinnvoll, größere Menschen zu bevorzugen, weil diese im Durchschnitt einen Tick fähiger sind, macht also einen Denkfehler. Wenn er vernünftige Informationen über Qualifikation, Persönlichkeit und sozialen Hintergrund eines Bewerbers hat, kann er aus dessen Größe nichts Zusätzliches über seine Produktivität schließen, legt die Studie nahe. Größe und Intelligenz hängen also offenbar zusammen – klammert man die Intelligenz bei der Analyse aus, schreibt man das höhere Einkommen irrtümlich der Körpergröße zu.

Bemerkenswerterweise ist die Größe in der Pubertät laut der Studie von Case und Paxson wichtiger für das spätere Einkommen als die Größe im Erwachsenenalter. Das erklären sie damit, dass zu diesem Zeitpunkt der Einfluss von sozialem Hintergrund und anderen Umwelteinflüssen auf die Größe am stärksten ist. Der Wachstumsschub im Teenageralter setzt bei denen deutlich früher ein, die unter besonders günstigen Bedingungen aufgewachsen sind. Ein Teil des Größenunterschieds wird später wieder ausgeglichen, weil die Nachzügler zwar langsamer, aber dafür etwas länger wachsen.

Die Ökonomie der Schönheit

Nicht nur die Größe, auch die Attraktivität eines Menschen beeinflusst seinen beruflichen Erfolg. Die US-Ökonomen Daniel Hamermesh und Jeff Biddle stellten schon in den neunziger Jahren fest: Wer überdurchschnittlich gut aussieht ist, verdient in den USA 10 bis 15 Prozent mehr als jemand, der besonders hässlich ist. Unattraktive Frauen haben eine niedrigere Erwerbsneigung und heiraten weniger gut ausgebildete Männer.

Doch was genau ist der Grund für die Schönheitsprämie auf dem Arbeitsmarkt? Zwei amerikanische Ökonomen sind den Ursachen mit einem komplexen Labor-Experiment auf den Grund gegangen. Für ihre Untersuchung simulierten Markus Mobius (Harvard) und Tanya Rosenblat (Wesleyan University) einen Arbeitsmarkt. Die Tätigkeit, um die es ging, war das Lösen von Irrgarten-Rätsel-Spielen auf der Internet-Seite von Yahoo. Wie viel Zeit ein Spieler für das Finden des richtigen Wegs braucht, hängt ausschließlich von seiner Geschicklichkeit ab. Diese erwies sich als unabhängig vom Aussehen.

In ihrem Experiment teilten die Forscher 330 argentinische Studenten in »Arbeitnehmer« und »Arbeitgeber« ein. Die »Arbeitnehmer« hatten die Aufgabe, in 15 Minuten so viele Labyrinth-Rätsel wie möglich zu lösen. Für jedes gelöste Rätsel bekamen sie einen festen Geldbetrag ausbezahlt. Um ein wissenschaftlich handhabbares Maß für die Schönheit zu bekommen, ließen die Ökonomen das Aussehen der »Arbeitnehmer« durch 50 externe Gutachter bewerten. Diese stuften jeden Probanden anhand von Fotos auf einer Skala von 1 (unscheinbar) bis 5 (sehr attraktiv) ein.

Die »Arbeitgeber« mussten vorab die Produktivität jedes Spielers einschätzen. Je genauer sie die Leistung vorhersagten, desto höher war ihre eigene Auszahlung. Ein Teil von ihnen erhielt dafür nur schriftliche Informationen über die Bewerber – neben Basisdaten wie Alter, Geschlecht und Studienfach auch Angaben darüber, wie lange der Bewerber für ein Testrätsel gebraucht hatte. Einigen »Arbeitgebern« zeigten die Forscher zusätzlich Porträtfotos der Spieler, andere konnten mit den »Arbeitnehmern« überdies Telefoninterviews oder persönliche Gespräche führen.

Es zeigte sich Überraschendes: Wenn die »Arbeitgeber« ein Foto gesehen hatten, stellten sie an gut Aussehende deutlich größere Erwartungen: Sie schätzten deren Produktivität gut zwölf Prozent höher ein. In den Fällen, in denen sie zusätzlich mit Spielern telefonisch oder von Angesicht zu Angesicht gesprochen hatten, bekamen Hübsche sogar einen noch höheren Bonus von bis zu 17 Prozent. »Das Ausmaß dieses Schönheitszuschlags ist gesamtwirtschaftlich signifikant«, betonen die Autoren. Ähnlich groß seien in den USA die Lohnabschläge für Farbige oder Frauen. Besonders bemerkenswert: Auch wenn die Arbeitgeber das Aussehen der Probanden nicht kannten, aber mit ihnen telefonieren konnten, trauten sie Schönen mehr zu.

Mobius und Rosenblat zeigen, dass sich die Schönheitsprämie aus drei unterschiedlichen Faktoren zusammensetzt. Zum einen agieren gut aussehende Versuchspersonen selbstbewusster – die Zahl der Rätsel, die sie sich selbst zutrauen zu lösen, ist mehr als zehn Prozent größer als bei normal aussehenden Probanden. Dieses Selbstvertrauen kommt auch bei den »Arbeitgebern« an. Nach den Ergebnissen der Studie gehen rund 20 Prozent der Schönheitsprämie auf diesen Faktor zurück.

Arbeitgeber trauen einem attraktiven Beschäftigten zudem auch unabhängig davon, wie selbstbewusst er auftritt, eine höhere Produktivität zu als weniger gut aussehenden Kandidaten. Dieser direkte Vertrauenseffekt erklärt weitere 40 Prozent der Prämie. Die restlichen 40 Prozent des Schönheitsbonus entstehen dadurch, dass gut aussehende Arbeitnehmer unabhängig von ihrem Selbstvertrauen bessere Kommunikationsfähigkeiten haben.

Der größte Teil des Schönheitszuschlags entsteht also indirekt, weil sich gut Aussehende besser verkaufen können und eine höhere soziale Kompetenz besitzen. Wer die eigenen Karriereperspektiven verbessern will, hat also durchaus Alternativen zum Schönheitschirurgen – zum Beispiel ein Kommunikationstraining.

Literatur

Case, Anne und Christina Paxson (2006): »Stature and Status: Height, Ability and Labor Market Outcomes«, NBER Working Paper Nr. 12466.

Hamermesh, Daniel und Jeff Biddle (1994): »Beauty and the Labor Market«, in: American Economic Review, Vol. 84, S. 1174–1194.

Komlos, John und Francesco Cinnirella (erscheint demnächst): »European Heights in the Early 18th Century« in: Vierteljahrschrift für Sozial- und Wirtschaftsgeschichte.

Komlos, John und Marieluise Baur (2004): »From the Tallest in the World to (One of) the Fattest – The Enigmatic Fate of the Size of the American Population in the Twentieth Century«, in: Journal of Economics and Human Biology, Vol 2, S. 57–74.

Mobius, Markus und Tanya Rosenblat (2006): »Why Beauty Matters«, in: American Economic Review, Vol. 96, S. 222–235.

Sørensen, Thorkild, Aila Rissanen, Maarit Korkeila und Jaakko Kaprio (2005): »Intention to Loose Weight, Weight Changes and 18-y Mortality in Overweight Individuals Without Co-Morbidities«, in: PLOS Medicine, Vol. 2, Nr. 6, e171 DOI.

Steckel, Richard (2005): »Health and Nutrition in the Pre-Industrial Era: Insights from a Millennium of Average Heights in Northern Europe«, in: Living Standards in the Past: New Perspectives on Well-Being in Asia and Europe, hrsg. von Robert C. Allen, Tommy Bengstsson und Martin Dribe, Oxford University Press.

Steckel, Richard (2004): »New Light on the Dark Ages: The Remarkably Tall Stature of European Men during the Medieval Era«, in: Social Science History Vol. 28, S. 211–29.

Steckel, Richard, Clark Spencer Larsen, Paul W. Sciulli, und Phillip L. Walker (erscheint demnächst): The History of European Health Project: A History of Health in Europe from the Late Paleolithic Era to the Present, in: Acta Universitatis Carolinae Medica.

Sunder, Marco (2005): »Toward Generation XL: Anthropometrics of Longevity in late 20th-Century US«, in: Economics and Human Biology, Vol. 3, S. 271–295.

Kapitel 8

Die Logik der Globalisierung

Die Reise war lang und beschwerlich. Gut zwei Jahre waren die 170 Männer unterwegs, von Mitte 1497 bis zum Spätsommer 1499. Nicht einmal jeder Dritte kehrte lebend zurück. Zwei der vier Schiffe gingen verloren, und ökonomisch war das Abenteuer ein einziger Fehlschlag.

Und dennoch: Als der Seefahrer Vasco da Gama am 9. September 1499 im Hafen von Lissabon einlief, erhielt er einen triumphalen Empfang. Er hatte vollbracht, woran Christoph Kolumbus sieben Jahre zuvor gescheitert war. Der Seeweg nach Indien war entdeckt. Drei Jahre später brach der Entdecker erneut mit dem Schiff nach Indien auf. Und mit dieser Expedition kam 1503 auch der wirtschaftliche Erfolg: Bei seiner Rückkehr hatte da Gama 1 700 Tonnen indische Gewürze an Bord. In Europa verkaufte er sie mit 400 Prozent Gewinn.

Vasco da Gama war der wohl erste »Global Player« der Menschheitsgeschichte. Mit ihm und seiner Entdeckung der »Passage to India« begann das, was wir heute Globalisierung nennen – das Zusammenwachsen der Weltwirtschaft quer über alle Kontinente. »Seit 1500 gab es eine globale Wirtschaft mit einer weltweiten Arbeitsteilung und multilateralem Handel«, schrieb der 2005 verstorbene Ökonom Andre Gunder Frank.

Heute ist dieser Prozess so weit fortgeschritten, dass der amerikanische Kolumnist Thomas L. Friedman kühn behaupten kann: »Die Erde ist eine Scheibe« – zumindest in ökonomischer Hinsicht. Tatsächlich sind die Märkte für Güter und Dienstleistungen zu Beginn des 21. Jahrhunderts so vernetzt wie nie zuvor: Wer am »Fisherman's Wharf« einen »San-Francisco«-Kaffeebecher als Souvenir kauft, erhält selbstverständlich ein Produkt »Made in China«. Im Städtchen Ellington im US-Bundesstaat Missouri muss man zwar bis zur nächsten McDonald's-Filiale fast 100 Kilometer fahren. Doch »Baker Products«, ein auf die Forstwirtschaft spezialisierter Maschinenbauer, arbeitet dort mit Trumpf-Werkzeugmaschinen aus dem schwäbischen Ditzingen. Und in den Garküchen Nord-Vietnams schaut einem David Beckham von einem Pepsi-Plakat beim Essen zu.

Auf den Finanzmärkten sind die Interaktionen noch enger. Wenn, wie 1998, die brasilianische Regierung in Zahlungsschwierigkeiten gerät, sacken in Deutschland die Kurse für High-Tech-Aktien in den Keller. Und weil die Währungspolitik der chinesischen Notenbank entscheidend für die Stabilität des US-Dollars ist, hat sie auch indirekten Einfluss auf die Wettbewerbsfähigkeit der deutschen Exportwirtschaft.

Neuerdings sind selbst die Arbeitsmärkte global: Die Lufthansa betreibt ihre Finanzbuchhaltung in Polen, Continental-Arbeiter in Hannover konkurrieren mit Kollegen in Rumänien und Indien, und Berliner Luxus-Hotels lassen ihre Bettwäsche im polnischen Örtchen Nowe Czarnowo 30 Kilometer südlich von Stettin mangeln. Selbst regionale Märkte sind weltweit inzwischen eng vernetzt.

Wie alles begann

Vor 500 Jahren fing die Vernetzung bei den Gewürzen an. Durch die Entdeckung des Seewegs nach Indien nahm der Wettbewerb auf diesem Markt zu, zeigen die Wirtschaftshistoriker Kevin O'Rourke vom Trinity College Dublin und Jeffrey Williamson von der Harvard University. Bis zur Entdeckung des Seewegs nach Indien war der Handel mit asiatischen Gewürzen in Europa fest in der Hand der Venezianer. Pfeffer wurde zeitweise gar in Gold aufgewogen. Pro Kilogramm kostete er nach heutigem Wert bis zu 80 000 Euro.

Die Venezianer agierten so, wie es die moderne ökonomische Theorie prognostiziert: Sie nutzten ihre Monopolmacht weidlich aus. Bis da Gama seine Entdeckungen machte. Die mit Gewürzen beladenen portugiesischen Handelsschiffe, die ab dem frühen 16. Jahrhundert regelmäßig zwischen Europa und Indien verkehrten, hatten den gleichen ökonomischen Effekt wie die neuen Breitband-Datennetze, über die die westliche Welt heute indische Software- und Finanzdienstleistungen importiert. »Das Zeitalter der Entdeckung veränderte auf

Dauer die Struktur des Handels zwischen Europa und Asien«, schreiben O'Rourke und Williamson.

In den Jahrzehnten nach der Entdeckung des Seewegs fielen die realen Pfefferpreise in fast allen wichtigen europäischen Handelszentren kontinuierlich – im Schnitt pro Jahrzehnt um zehn Prozent. Bei edleren Gewürzen wie Zimt, Ingwer und Nelken war der Preisverfall noch stärker.

Ökonomisch bedeutete das: Zumindest partiell kamen die Wohlfahrtsgewinne des Handels den Konsumenten zugute. Die Marktkräfte zwangen die Händler, einen Teil der Vorteile an die Kunden weiterzugeben. Bis aber größere Schichten der Bevölkerung den Segen des Welthandels zu spüren bekamen, sollten noch gut drei Jahrhunderte vergehen.

Denn bis zur Industriellen Revolution beschränkte sich der interkontinentale Handel wegen der hohen Transportkosten auf Luxusgüter, die in den jeweiligen Empfängerregionen nicht hergestellt werden konnten. Europa importierte Gewürze, Seide, Zucker und Gold; Asien Silber, Leinen und Wolle. Diese Importe standen nicht in Wettbewerb mit heimischen Produkten. Die Globalisierung à la da Gama hatte noch keine Rückwirkungen auf lokale Arbeitsmärkte und Produktionsstrukturen. Weil sich nur Superreiche importierte Luxusgüter leisten konnten, gab es keine Folgen für den Lebensstandard der breiten Masse.

Um 1820 brach eine neue Ära der Globalisierung an. Durch den technischen Fortschritt sanken die Transportkosten innerhalb weniger Jahrzehnte drastisch. »Dampfschiffe und Suez-Kanal verbanden Kontinente, Eisenbahnen erschlossen ihr Hinterland«, schreiben O'Rourke und Williamson. »Das war der Big Bang für die Globalisierung.«

Plötzlich lohnte sich der Fernhandel mit Grundnahrungsmitteln wie Weizen, Fleisch und Fetten, genau so wie mit den Rohstoffen Kupfer, Kohle und Erz – alles Güter, die schon vorher in allen am Handel beteiligten Ländern produziert wurden. Durch den Handel tickten die Preise in weit voneinander entfernten Märkten zunehmend im Gleichtakt. So waren die Weizenpreise in Liverpool 1870 fast 58 Prozent höher als in Chicago – 15 Jahre später waren es nur noch knapp 16 Prozent.

Für die in den Welthandel eingebundenen Branchen hatte das massive Folgen. Durch die neue Konkurrenz gerieten Gewinne und Produktionspreise unter Druck. Handelspolitik wurde zu einem Top-Thema. »Am Ende des 19. Jahrhunderts gelang es vielen Verlierern der Globalisierung, Protektionismus durchzusetzen«, stellen O'Rourke und Williamson fest.

Zu dieser Zeit bekam die Globalisierung eine weitere Dimension: Nach den Gütermärkten wuchsen auch die Finanzmärkte zusammen. Die Zinssätze auch in entfernten Staaten näherten sich an, die Kapitalströme nahmen deutlich zu. In Schwellenländern wie Brasilien, Mexiko und Malaysia entsprachen die ausländischen Direktinvestitionen vor dem ersten Weltkrieg dem jeweiligen Bruttoinlandsprodukt – Ende der 90er Jahre des 20. Jahrhunderts waren sie gerade einmal halb so hoch wie fast 100 Jahre zuvor. Insgesamt waren die Netto-Finanzströme und die Mobilität des Kapitals in jenen Jahren deutlich größer als heute.

Globalisierung am Beispiel von Krustentieren

Es sind mächtige ökonomische Kräfte, die diese internationale Arbeitsteilung treiben. Ein britischer Privatier, der als Börsenmakler zu schnellem Reichtum gekommen war, erkannte als erster die Logik der Globalisierung: David Ricardo, der im Jahr 1817 das Büchlein »On the Principles of Political Economy and Taxation« veröffentlichte. Darin beschrieb er zum ersten Mal ein Phänomen, das unter dem Begriff »komparative Kostenvorteile« zum Basiswissen der Volkswirtschaftslehre avancieren sollte. Es besagt: Internationaler Handel lohnt sich für alle beteiligten Länder.

Komparative Vorteile entstehen, wenn Länder unterschiedliche Ausstattungen mit den Produktionsfaktoren Kapital und Arbeit besitzen. So kann man zum Beispiel in Schweden relativ schlecht Wein anbauen, in Frankreich dagegen kaum Rentiere züchten. Beide Länder können ihren Wohlstand erhöhen, wenn sie sich auf Produktion und Export jener Güter spezialisieren, die sie im Vergleich zu anderen Staaten mit niedrigeren Kosten herstellen können – und wenn sie das, was andere Länder günstiger herstellen können, importieren.

So unstrittig die Vorteile des Freihandels theoretisch sind – bis heute tut sich die Volkswirtschaftslehre schwer, diese Effekte empirisch und auf den Euro genau vorzurechnen. Die Wirkungen von Zöllen auf Güterangebot und Preise zu isolieren, ist methodisch ein höchst anspruchsvolles Unterfangen.

Peter Debaere, Ökonom an der Universität Texas, ist genau dies als einem der ersten Forscher gelungen. Am Beispiel des Weltmarkts für Shrimps zeigt er auf: Länder, die Schutzzölle oder andere Handelsbeschränkungen einführen, schaden sich selbst – die Konsumenten in diesen Staaten müssen für weniger Waren höhere Preise bezahlen.

Der globale Shrimps-Markt eignet sich idealtypisch dafür, diese Logik der Globalisierung zu verstehen. Das Krabben-Geschäft ist hochgradig international: Fast 80 Prozent der weltweiten Shrimps-Produktion erfolgen in Schwellen- und Entwicklungsländern wie Thailand, China und Vietnam. Konsumiert werden 60 Prozent der Krabben aber in den USA, Europa und Japan.

1997 führte die EU Importzölle auf Shrimps aus Thailand ein. In den Jahren danach begann die EU zudem mit strengen Importkontrollen, um Verbraucher vor Shrimps mit Antibiotika-Rückständen zu schützen. Die USA erhoben dagegen bis Ende 2002 keine Importzölle auf Krustentiere; in Bezug auf Antibiotika-Rückstände hatten sie laxere Vorschriften.

Dies führte zu massiven Verwerfungen auf dem globalen Markt für Schalengetier, zeigt Debaere. Die thailändischen Krabbenzüchter exportierten ihre Produkte stärker in die USA. In Amerika stieg das Krabben-Angebot stark, die Preise fielen in den Keller.

Den amerikanischen Konsumenten brachte das erhebliche Wohlfahrtsgewinne. Wechselkursbereinigt waren Shrimps in den USA im Jahr vor der Wende in der EU-Handelspolitik 20 Prozent teurer als in Europa. Danach ist der Preis in den USA im Trend kontinuierlich gefallen, bis Shrimps in Amerika billiger waren als in Europa. Doch die Entwicklung machte den US-Produzenten von Schalentieren so sehr zu schaffen, dass auch in den Vereinigten Staaten der Krabben-Protektionismus wieder Einzug hielt: Neuerdings belegten die Amerikaner ebenfalls asiatische Shrimps wieder mit Importzöllen.

Handel ohne komparative Kostenvorteile

Ricardo allein reicht heute allerdings nicht mehr, um den Prozess der Globalisierung vollständig zu verstehen. Denn fast 70 Prozent aller weltweiten Exporte erfolgen zwischen den hoch entwickelten Staaten. Gerade einmal 29 Länder, in denen 15 Prozent der Weltbevölkerung leben, machen mehr als zwei Drittel der weltweiten Exporte aus. Zwischen den Industrieländern aber existieren schon lange kaum noch nennenswerten Unterschiede bei der Faktorausstattung. »Die wichtigsten Handelsnationen sind sich in Bezug auf Technologie und Ressourcen immer ähnlicher geworden, oft gibt es keine klaren komparativen Vorteile mehr«, schreiben die Ökonomen Paul Krugman und Maurice Obstfeld.

Schlüssel zur Erklärung des Handelsbooms sind so genannte »Economies of Scale«, also steigende Skalenerträge. Sie bedeuten: Je größer die Stückzahlen in einem Unternehmen sind, desto niedriger sind die durchschnittlichen Kosten. Vor allem in wissensintensiven Branchen spielen diese Größenvorteile eine enorme Rolle. So verschlingt die Entwicklung von Computerprogrammen oder Arzneimitteln mitunter Milliarden. Steht das Produkt aber erst einmal, kann es mehr oder weniger kostenlos vervielfältigt werden. Im ökonomischen Fachjargon ausgedrückt: Es gibt hohe Fix- und sehr niedrige Grenzkosten. Unter solchen Bedingungen ist Freihandel für Firmen besonders attraktiv. Denn dadurch können sie größere Märkte bedienen, mehr Kunden erreichen.

Der durch steigende Skalenerträge motivierte Freihandel beschert den Verbrauchern eine deutlich größere Produktauswahl und niedrigere Preise. Theoretisch hat Krugman dies schon 1979 entdeckt. Und in der Realität sind diese »Vielfaltsgewinne« immens, zeigen die Forscher Christian Broda (Graduate School of Business der University of Chicago) und David Weinstein (Columbia University) 27 Jahre später am Beispiel der Vereinigten Staaten. Sie analysierten detaillierte Im- und Exportdaten und untersuchten so erstmals den Außenhandel auf der Ebene einzelner Produkte.

Ihre Ergebnisse sind beeindruckend. Seit 1972 ist der US-Import von fünf auf zwölf Prozent der Wirtschaftsleistung gestiegen. Damit einher ging eine massive Ausweitung der

Produktvielfalt. Anfang der 70er Jahre importierten die USA 70 000 Produktvarianten, heute sind es 260 000. Ein Grund dafür ist, dass die Amerikaner heute in mehr Ländern einkaufen als früher.

Das hat den US-Konsumenten massive Wohlstandsgewinne beschert: Sie summieren sich auf einen Gegenwert von mindestens 250 Milliarden US-Dollar, rund 2,6 Prozent des amerikanischen Bruttoinlandsprodukts, schätzen Broda und Weinstein. Denn die Importpreise sind in den USA seit 1972 langsamer gestiegen als in den amtlichen Statistiken ausgewiesen – die größere Vielfalt wird dort nicht richtig erfasst. Nach den Berechnungen der Forscher war das Plus bei den Einfuhrpreisen pro Jahr um 1,2 Prozent geringer als offiziell gemeldet.

Die größten Gewinner

Die größten Gewinner der Globalisierung sitzen aber nicht in den USA, sondern ganz woanders – in Schwellen- und Entwicklungsländern. Xavier Sala-i-Martin, Spanier und VWL-Professor an der Columbia University in New York, hat sich die Daten der weltweiten Einkommensverteilung angesehen und kommt zu dem Schluss: »In den vergangenen 30 Jahren ist die Armut weltweit drastisch zurückgegangen.« Gerade die Entwicklungsländer, die sich dem Welthandel geöffnet haben, erzielten die größten Erfolge im Kampf gegen die Armut.

Absolut betrachtet ist die Zahl der Armen weltweit zwar beklemmend hoch. Knapp 400 Millionen Menschen müssen Sala-i-Martin zufolge mit weniger als 1,50 US-Dollar pro Tag auskommen. Im Vergleich zu 1970 aber hat sich die Situation drastisch verbessert. Damals war die Zahl der Armen um 300 Millionen höher als heute. »Die absolute Zahl der Armen hat sich annähernd halbiert«, betont der Ökonom, »in einem Zeitraum, in dem die Weltbevölkerung um 50 Prozent gestiegen ist.« China war im Kampf gegen die Armut besonders erfolgreich: 251 Millionen Menschen haben dort seit 1970 die Armutsgrenze überwunden. Weniger schön ist das Bild in Afrika. Südlich der Sahara hat sich nach 1970 eine Tragödie ereignet.

Die Zahl der Armen ist in Afrika um mehr als 200 Millionen gestiegen.

Durch die hohen Wachstumsraten Chinas, Indiens und anderer asiatischer Länder kam es seit 1970 dennoch zu einer stillen Revolution:»Die weltweite Einkommensungleichheit ist zum ersten Mal seit Jahrhunderten wieder gesunken«, schreibt Sala-i-Martin. Allerdings sei dies kein Automatismus:»Wenn die Einkommen in Afrika nicht schnell zu wachsen beginnen, wird die Einkommensungleichheit weltweit wieder zunehmen.«

Globalisierungsgegner wie Attac und Co. haben daher Unrecht, wenn sie behaupten, multinationale Konzerne machten die»Dritte Welt« zum Verlierer des globalen Spiels.

Globale Konkurrenz kann lähmen

Für Unternehmen und ganze Branchen kann die Globalisierung ziemlich ungemütlich werden. Denn für sie wird der Wettbewerb durch ausländische Konkurrenten oft härter. Die deutsche Autoindustrie bekam das Mitte der 80er Jahre zu spüren: Massiv drängten damals aus Japan neue Anbieter auf den deutschen Markt. Mit guten und günstigen Fahrzeugen gewannen sie schnell die Herzen der deutschen Autofahrer. Allein 1986 schnellte der Marktanteil der Japaner von 13 auf 16 Prozent hoch. Auf Dauer, so fürchteten viele Beobachter, wäre die heimische Autoindustrie dem Untergang geweiht. Tatsächlich aber standen Mercedes, BMW, Audi und Co. ein Jahrzehnt später besser da denn je – dank einer Innovationsoffensive. Ökonomisch formuliert: Die Markteintritte führten dazu, dass die etablierten Anbieter ihre Innovationsanstrengungen erhöhten.

Doch dieser Mechanismus ist kein Naturgesetz. Darauf weist ein Forscherteam um den Harvard-Ökonomen Philippe Aghion hin. Längst nicht in allen Branchen führen zusätzliche Marktzutritte dazu, dass etablierte Firmen auch innovativer werden. Mitunter ist das Gegenteil der Fall, zeigen die Forscher am Beispiel Großbritanniens. Dort seien in manchen

Branchen Innovationen und Produktivität durch wachsende Konkurrenz aus dem Ausland gesunken.

Das Forscherteam machte sich auf die Suche nach einer Erklärung für dieses Phänomen und stellte folgende Hypothese auf: Für die Reaktion der heimischen Anbieter auf Markteintritte ist es entscheidend, wie weit die auf dem Markt bereits etablierten Firmen technologisch von der Weltspitze entfernt sind. Aghion hat dafür den Begriff der »Technological Frontier« geprägt. Diese »Technologiegrenze« wird bestimmt durch die weltweit besten und modernsten Fertigungsprozesse.

Je rückständiger einheimische Unternehmen sind, desto weniger aussichtsreich ist es für sie, die neuen Konkurrenten durch bessere Produkte und ausgefeiltere Technik ausstechen zu können. »Etablierte Anbieter, die sich weit hinter der Technologiegrenze befinden, haben keine Hoffnung, das Rennen mit neu in ihren Markt eintretenden Unternehmen zu gewinnen.« Eine höhere Wettbewerbsintensität reduziere in diesem Fall die Rentabilität von Investitionen in Forschung und Entwicklung.

In Großbritannien war dieser Effekt erheblich. Die Studie von Aghion und Co. zeigt: In technologisch vorne liegenden Sektoren – zum Beispiel in der Elektronik-Investitionsgüterindustrie oder der Medienbranche – stieg das Produktivitätswachstum bei höherer Konkurrenz doppelt so stark wie in technologisch nur durchschnittlich entwickelten Branchen. In rückständigen Branchen wie der Brauereiwirtschaft und der Automobil-Zulieferindustrie verlangsamte sich das Wachstum der Produktivität mit zunehmender Wettbewerbsintensität sogar.

Für die praktische Wirtschaftspolitik bedeutet das. »Der Abbau von Markteintrittsbarrieren alleine reicht möglicherweise nicht aus, um in allen Sektoren einer Wirtschaft das Wachstum etablierter Firmen zu fördern«, schreiben die Forscher.

Literatur

Aghion, Philippe, Richard Blundell, Rachel Griffith Peter Howitt und Susanne Prantl (2005): »The Effects of Entry on Incumbent Innovation and Productivity« CEPR Working Paper Nr. 5323.

Broda, Christian und David Weinstein (2006): »Globalization and the Gains From Variety«, in: Quarterly Journal of Economics, Vol. 121, S. 541–585.

Debaee, Peter (2005): »Small Fish – Big Issues. The Effect of Trade Policy on the Global Shrimp Market«, CEPR Discussion Paper Nr. 5254.

Krugman, Paul (1979): »Increasing Returns, Monopolistic Competition and International Trade«, in: Journal of International Economics, Vol. 9, S. 469–479.

Krugman, Paul und Maurice Obstfeld (2006): »International Economics: Theory and Policy« Addison-Wesley Longman, Amsterdam.

O'Rourke, Kevin H. und Jeffrey G. Williamson (2005): »Did Vasco Da Gama Matter For European Markets? Testing Frederick Lane's Hypotheses Fifty Years Later«, NBER Working Paper Nr. 11884.

O'Rourke, Kevin H. und Jeffrey G. Williamson (2002): »When Did Globalization Begin?«, in: European Review of Economic History, Vol. 6, S. 23–50.

Obstfeld, Maurice und Alan M. Taylor (2003): »Global Capital Markets«, in: Globalization in Historical Perspective, hrsg. von Michael D. Bordo, Alan M. Taylor und Jeffrey G. Williamson, University of Chicago Press.

Sala-i-Martin, Xavier (2006): »The World Distribution of Income: Falling Poverty and Convergence, Period«, in: Quarterly Journal of Economics, Bd. 121, S. 351–397.

Kapitel 9

Dunkle Materie und kalte Fusionen – Außenhandel im 21. Jahrhundert

Die riesigen Defizite in der US-Handels- und Leistungsbilanz sorgen in der ökonomischen Zunft für immer größere Unruhe. Kaum ein Monat vergeht, in dem nicht eine neue Studie über die mutmaßlichen Folgen dieser Ungleichgewichte erscheint. Kein Wunder, denn: »Niemals in der modernen Wirtschaftsgeschichte hat ein großes Industrieland anhaltend so große Leistungsbilanzdefizite aufgewiesen, wie die USA seit 2000«, schreibt Sebastian Edwards von der University of California in Los Angeles. Das Loch in der Leistungsbilanz hat 2006 die Marke von sieben Prozent des Bruttoinlandsprodukts überschritten. Auf Dauer kann das so nicht bleiben – sonst wäre der Kreditbedarf der USA irgendwann größer als die weltweite Ersparnis.

Abhilfe schaffen könnte ein schwächerer US-Dollar – dann werden ausländische Waren in den Vereinigten Staaten teurer und amerikanische Waren im Rest der Welt billiger. Eine weitere Talfahrt des US-Dollars gilt unter Volkswirten mittel- bis langfristig daher als wahrscheinlich. Aber damit verbunden ist auch eine große Gefahr: Die Dollar-Abwertung könnte sich in einen unkontrollierten Währungscrash verwandeln. Der könnte erst Finanzmärkte und dann die Realwirtschaft in Turbulenzen stürzen. Viele Beobachter fürchten vor allem einen scharfen Zinsanstieg.

Doch eine von der US-Notenbank Federal Reserve veröffentlichte Studie ihres Ökonomen Joseph Gagnon gibt Entwarnung. Der Forscher hat alle Währungskrisen seit 1985 analysiert und kommt zu dem Schluss: Vor dem Schreckensszenario müssen sich nur Schwellenländer fürchten. In Industrieländern war ein Währungscrash in den letzten Jahrzehnten stets mit niedrigeren, nicht mit höheren Kapitalmarktzinsen verbunden. Und meist sogar mit steigenden Aktienkursen.

Können sich die Verantwortlichen in den USA also beruhigt zurücklehnen? Nicht ganz. Dass die Zinsen fallen, hat nämlich mit einer anderen unangenehmen Folge einer Korrektur überhöhter Leistungsbilanzdefizite zu tun: Meistens bricht dabei das Wirtschaftswachstum ein. Das zeigen unabhängig voneinander Studien von Sebastian Edwards von der University of California (UCLA) sowie von Guy Debelle von der australischen Zentralbank, und Gabriele Galati von der Bank für Internationalen Zahlungsausgleich (BIZ). Auch für diese Arbeiten werteten die Autoren eine Vielzahl solcher Anpassungsepisoden in Industrieländern aus. Und die Historie zeigt: Meist kommt es über Jahre zu einer beträchtlichen Wachstumsabschwächung.

Allerdings argumentieren Debelle und Galati, dass für die USA als Leitwährungsland eine starke Abwertung weniger negative Konsequenzen hat als für andere Länder. Daraus folgern sie: Auch bei einer relativ starken Abwertung des US-Dollars könnte die Wachstumsabschwächung sanfter ausfallen als in anderen Ländern. Andererseits sind die USA für die Weltwirtschaft besonders wichtig. Wenn die US-Konjunktur ins Stottern kommt, leidet auch der Rest der Welt – was wiederum die US-Exporte schwächen und die dortige Konjunktur weiter drücken könnte.

Die beiden Wissenschaftler gehen zudem der Frage nach, wann mit einer Trendwende der US-Leistungsbilanzentwicklung zu rechnen ist. Zunächst stellen sie fest, dass die Kapitalzuflüsse in die USA und ihre Zusammensetzung nichts über die Wahrscheinlichkeit einer baldigen Korrektur aussagen. Diese Daten, die das US-Finanzministerium monatlich veröffentlicht, werden von den Finanzmarktteilnehmern immer dann stark beachtet, wenn die Sorge um das Leistungsbilanzdefizit und seine Finanzierbarkeit gerade Konjunktur haben – zu Unrecht, finden Debelle und Galati.

Prognostische Qualität haben dagegen ihrer Analyse zufolge die kurzfristigen US-Zinsen und das Weltwirtschaftswachstum. Steigen die Leitzinsen und sinkt das globale Wachstum, so wird eine baldige Korrektur überhöhter Defizite wahrscheinlich.

Sebastian Edwards untersucht, wie lange die USA sich bestenfalls noch zusätzlich verschulden und ihr hohes Leistungsbilanzdefizit aufrechterhalten können. Selbst unter sehr optimistischen Annahmen darüber, wie viel US-Verschuldung die ausländischen Investoren tolerieren, bleibt nur noch wenig Spielraum. 2005 schätzte Edwards, dass die USA in dem optimistischen Szenario ihr Leistungsbilanzdefizit bis auf gut sieben Prozent des BIP ausweiten können, bevor eine scharfe Korrektur einsetzt, mit einem sinkendem Dollar und deutlich niedrigerem Wachstum. Sollte diese Schätzung richtig sein, befände sich die US-Wirtschaft bei der Drucklegung dieses Buches schon mitten in der Gefahrenzone.

Alles halb so schlimm – die Apologetik des Defizits

Doch die Warnungen vor den weltweiten Leistungsbilanz-Ungleichgewichten sind inzwischen Jahre alt – ohne dass sich daraus bislang spürbare Schwierigkeiten ergeben hätten. Mehrere durchaus ernst zu nehmende Ökonomen argumentieren daher inzwischen: Das Problem ist in den vergangenen Jahren keineswegs immer schlimmer geworden. Im Gegenteil – es hat sich unbemerkt fast aufgelöst.

So argumentieren Hélène Rey und Pierre-Olivier Gourinchas, zwei französische Ökonomen, die in den USA forschen und lehren. In zwei Sätzen zusammengefasst lautet ihre These: Weil sich die USA als Leitwährungsland in eigener Währung verschulden können, werden sie durch eine Abwertung reicher. Und weil die internationale Finanzverflechtung rapide zunimmt, können sich die USA immer höhere Defizite im Außenhandel leisten.

Rey und Gourinchas stützen ihre Behauptungen mit einer wissenschaftlichen Studie, die Neuland betritt. Der Abbau eines außenwirtschaftlichen Ungleichgewichts, der früher oder später immer stattfindet, vollzieht sich nicht allein darüber, dass die Exporte steigen und die Importe fallen, argumentieren die Autoren. Wenn die Landeswährung abwertet, wird dadurch auch das Auslandsvermögen der Vereinigten Staaten neu bewertet. Diesen Kanal hatten Forscher wegen mangelnder Daten früher aber kaum beachtet.

Rey und Gourinchas haben als erste versucht, den Vermögenseffekt zu beziffern. Dafür mussten sie zunächst ermitteln, wie viel Auslandsvermögen die Amerikaner brutto in welchen Währungsräumen halten. In mühevoller Kleinarbeit erstellten sie eine neue, bisher nicht verfügbare Datenreihe zum US-Auslandsvermögen in verschiedenen Ländern und zum Auslandsvermögen in den USA.

Nach den Recherchen der Autoren waren Ende 2003 rund 70 Prozent des US-Auslandsvermögens von rund 7 000 Mrd. Dollar in fremder Währung denominiert, während das Auslandsvermögen in den USA von rund 10 000 Mrd. Dollar ganz überwiegend auf Dollar lautet. Fällt der Dollar, steigt das US-Auslandsvermögen in amerikanischer Währung gerechnet kräftig an. Die Auslandsverbindlichkeiten dagegen ändern sich kaum. »Eine zehnprozentige Abwertung des Dollar bedeutet einen Vermögenstransfer aus dem Ausland in die USA in Höhe von fünf Prozent des Bruttoinlandsprodukts«, heißt es in der Studie. Das bedeutet: Wenn der Dollar um zehn Prozent abwertet, bleibt der Auslandsvermögensstatus der USA selbst dann unverändert, wenn das Außenhandelsdefizit fünf Prozent des BIP ausmacht. Das ist wichtig, denn die vermeintlich auf Dauer ins Unermessliche steigende Auslandsverschuldung ist das Hauptargument, warum hohe und steigende Defizite langfristig nicht tragfähig sind.

Auf Grund des Vermögenseffekts der starken Dollar-Abwertung der vergangenen Jahre sei das Ungleichgewicht in den wirtschaftlichen Außenbeziehungen der USA seit 2003 deutlich kleiner geworden, schreiben die Autoren – und das, obwohl das Leistungsbilanzdefizit der USA 2005 auf fast 800 Mrd. Dollar angewachsen ist und damit für wachsende währungsdiplomatische Aufregung sorgt. »Wenn der Dollar in den nächsten zwei Jahren um insgesamt zehn Prozent abwertet, reicht das bereits, um das Gleichgewicht herzustellen«, gab Helène Rey im Frühjahr 2005 Entwarnung. Damals stand der Dollar bei rund 105 Yen und der Euro kostete etwa 1,30 Dollar. Bis Ende Januar 2007 ging die Wechselkursentwicklung des Dollar allerdings nicht in die richtige Richtung. Gegenüber dem Euro tat sich wenig, gegenüber dem Yen wertete er sogar um rund 20 Prozent auf.

Europa zahlt die Zeche

Die wissenschaftliche Apologetik des US-Leistungsbilanzdefizits hat noch einen weiteren Zweig, der es unter dem Stich-
wort Bretton-Woods-II in den letzten Jahren schnell zu beacht-
lichem Renommee gebracht hat. Dazu könnte beigetragen
haben, dass die Wall Street die beruhigende These sehr gern
hört, dass es ohne weiteres noch zehn Jahre so weiter gehen
kann, wie gehabt. Die Autoren Michael Dooley, David Folkerts-
Landau und Peter Garber sind renommierte Ökonomen, die
allesamt hauptberuflich oder als Berater auf der Gehaltsliste
der Deutschen Bank stehen.

Sie ziehen Parallelen zwischen dem heutigen Wechselkursarrangement zwischen den USA und Asien sowie dem
Festkurssystem von Bretton Woods. Kern dieses Systems war
die Symbiose zwischen dem Kernland USA und einer Peripherie, zu der vor allem Europa und Japan gehörten. Deren
Kapitalstock war durch den Krieg zerstört und musste wieder aufgebaut werden. Durch eine unterbewertete Währung
wurden beide Länder hochgradig wettbewerbsfähig und attraktiv für ausländische Direktinvestitionen. Die USA nahmen
die Exporte der aufstrebenden Peripherie auf und bekamen
dafür von den Exporteuren sehr günstigen Kredit zur Deckung
ihres Außenhandelsdefizits.

Gegen den Aufwertungsdruck wehrte man sich in der
Peripherie mit Kapitalverkehrskontrollen, die Notenbanken
halfen durch massive Dollar- und Goldkäufe mit. Aus dieser
Zeit stammen die noch heute hohen Währungs- und Gold-
reserven der europäischen Notenbanken. Die Strategie funk-
tionierte: Europa erlebte ein Wirtschaftswunder. Anfang der
siebziger Jahre hatte sich das System dann überlebt; 1973
brach es zusammen.

Die neue Peripherie einer dollarzentrierten Währungs-
ordnung heißt Asien. Die Entwicklungs- und Schwellenländer Asiens verfolgen die gleiche exportorientierte Entwicklungsstrategie wie Deutschland und Japan nach dem zweiten
Weltkrieg. Bis vor Kurzem waren sie so klein, dass sie kaum
auf den weltwirtschaftlichen Radarschirmen auftauchten. Inzwischen aber ist Ostasien dank des Erfolgs dieser Strategie
zu einem wichtigen Spieler geworden – und das Bretton-

Woods-ähnliche Wechselkursarrangement mit den USA wird als wesentlicher Teil des globalen Finanzsystems wahrgenommen.

Aus ihrer Analyse ziehen die Autoren den Schluss: Das US-Leistungsbilanzdefizit bleibt noch lange finanzierbar. China, das noch Millionen von unterbeschäftigten Arbeitern hat, werde alles tun, um eine starke Aufwertung zu verhindern. Die Regierung in Peking werde dafür wenn nötig weiter fast unbegrenzt Dollar und US-Anleihen kaufen. Die US-Zinsen müssten daher trotz Dollar-Abwertung nicht steigen. Irgendwann werde das in China zwar zu einer Überhitzung der Konjunktur und zu übermäßiger Inflation führen, aber das könne noch lange dauern. Dann könnten Indien und andere Länder die Stafette übernehmen.

Wenn Dooley, Folkerts-Landau und Garber Recht haben, können die Vereinigten Staaten ihren Konsumrausch noch lange sehr, sehr günstig durch Kredit finanzieren. Als Gegenleistung importieren sie billige Güter aus Asien. Der große Verlierer hieße Europa, dessen Wettbewerbsfähigkeit bei einer andauernden Dollar-Abwertung leiden würde – eine Art Kollateralschaden der erfolgreichen asiatischen Entwicklungsstrategie.

Die Astrophysik hält Einzug in die Ökonomik

Die »Bretton Woods II«-These der Deutschbanker und die Studie von Gourinchas und Rey wurden schnell zum Stoff für Zentralbankkonferenzen und beeinflussen die wissenschaftliche Diskussion maßgeblich. Eine neuere und in vieler Hinsicht extremere Begründung der Harmlosigkeit des US-Leistungsbilanzdefizits durch zwei Harvard-Ökonomen wurde zwar ebenfalls sehr breit diskutiert und kommentiert, das Urteil ist aber fast einhellig negativ.

Ricardo Hausmann und Federico Sturzenegger behaupten, das Leistungsbilanzdefizit der USA sei kein reales Problem, sondern ein statistisches Artefakt. Ihre Studie mit dem provokanten Titel »Global Imbalances or Bad Accounting? The Missing Dark Matter in the Wealth of Nations« hat in einer

Hinsicht großen Einfluss auf die Diskussion. Seit der Veröffentlichung ist es fast zu einem Muss geworden, für Studien zum Zustand der Weltwirtschaft Anleihen bei der Astro- und Kernphysik zu machen. Seither diskutieren auch Volkswirte über »dunkle Materie«, »schwarze Löcher« und »kalte Fusionen«.

In der Weltraumphysik wird dunkle, nicht beobachtbare Materie benutzt, um anders nicht erklärbare Phänomene zu erklären. In der Weltwirtschaft ist solch ein unerklärliches Phänomen, dass die USA zwischen 1980 und 2004 Leistungsbilanzdefizite von insgesamt 4,5 Billionen Dollar anhäuften. Laut Außenhandelstheorie müsste die amerikanische Verschuldung im Ausland um genau diesen Betrag gestiegen sein – und das Land müsste mittlerweile am Rand der Zahlungsunfähigkeit stehen. Tatsächlich verzeichneten die USA jedoch noch 2004 ebenso wie schon 1980 einen Einnahmeüberschuss aus Kapitalvermögen von 30 Mrd. Dollar. Die Netto-Schuld stieg nicht um 4,5 Billionen, sondern nur um 2,7 Billionen. Knapp zwei Billionen Dollar sind nach Hausmann und Sturzenegger dunkle Materie – Leistungen, welche die USA zwar exportieren und vergütet bekommen, die aber nicht in den offiziellen Statistiken auftauchen.

Diese These hat eine ganze Reihe renommierter Wirtschaftsforscher elektrisiert – und zu Gegenstudien inspiriert, die alle zu dem Ergebnis kommen: Die These von der dunklen Materie stimmt vorne und hinten nicht.

Das genaue Gegenteil sei richtig, argumentiert Daniel Gros, Direktor des Brüsseler Center for European Policy Studies: Die Probleme der Statistik führten dazu, dass das Außenhandelsdefizit und die Verschuldung der USA unter- und nicht übertrieben werden. Er zieht für die Erklärung des Phänomens nicht dunkle Materie, sondern ein statistisches »schwarzes Loch« heran. In der Astrophysik sind schwarze Löcher implodierte Sterne mit extrem hoher Anziehungskraft, die alles in ihrer Nähe verschlucken. In einem solchen schwarzen Loch verschwänden offensichtlich ausländische Investitionen in den USA, vor allem ausländische Investitionen in Wertpapieren und Immobilien. »Man kann die Masse eines schwarzen Lochs nicht messen«, sagt Gros. »Man kann diese nur als Summe der darin verschwindenden Massen feststellen.«

Wie Investitionen in dem dunkeln Loch verschwinden, zeigt er am Beispiel der Netto-Auslandsverschuldung der USA des Jahres 2000 – so wie diese in der offiziellen Statistik von 2001 und nach einigen Revisionen 2005 erscheint. Zunächst bezifferten die Statistiker die Nettoschuld auf knapp 2,2 Billionen Dollar. Vier Jahre später waren es noch knapp 1,6 Billionen. 500 Mrd. Dollar ausländischer Portfolioinvestitionen in den USA hatten sich in Luft aufgelöst. Außerdem waren US-Auslandsanlagen plötzlich 200 Mrd. Dollar mehr wert.

Die ausländischen Investitionen verschwinden beim Übergang von der Veränderungserhebung (Stromgrößen), die zunächst provisorisch herangezogen werden, zur Bestandserhebung. Die Ströme werden erfasst, indem amerikanische Wertpapierhändler mitteilen, wenn sie Wertpapiere an Ausländer verkaufen. Das funktioniert Gros zufolge passabel. Für die Bestandserhebung wird dann aber auf Meldungen von US-Wertpapierverwahrern zurückgegriffen. Lässt ein Ausländer seine Wertpapiere woanders verwahren, verschwindet sein US-Vermögen im schwarzen Loch der Statistik. Die Netto-Auslandsschuld der USA erscheint dadurch niedriger, als sie ist. Wenn so jedes Jahr Hunderte Milliarden Dollar verschwinden, kommt über Jahrzehnte einiges zusammen. Hinzu kommt noch: Für den Bestand an US-Immobilien, die Ausländer für private Zwecke halten, haben die Statistiker nach der Recherche von Gros überhaupt keine Datenquelle – diese Anlageform fällt komplett durch den Rost.

Alles in allem kommt der Ökonom aus Brüssel zu dem Schluss, dass das Leistungsbilanzproblem der USA alles andere ist als ein statistisches Artefakt – sondern bittere Realität. Die überraschend geringe Verschuldungszunahme erkläre sich zu einem großen Teil daraus, dass die Auslandsverschuldung massiv und zunehmend unterzeichnet werde.

Aber warum haben die USA dann selbst 2004 unter dem Strich noch positive Kapitaleinkünfte erzielt, also mehr Zinsen und Dividenden aus dem Ausland erhalten als dorthin abflossen?

Hausmann und Sturzenegger erklären dieses Phänomen mit dem Export von dunkler Materie. Als wichtiges Beispiel führen sie die Ausfuhr von Know-how und Versicherungsleistungen an: Wenn McDonald's oder Walt Disney im Ausland aktiv werden, exportierten sie Business-Know-how, das in der Fremde eine besonders hohe Rendite abwerfe. In den Handelsstatistiken aber taucht dieser Know-how-Export nicht auf. Hinzu komme, dass die ganze Welt Dollar und US-Staatsanleihen haben wolle, weil damit große Sicherheit und Flexibilität verbunden seien. Auch diese Portfolioversicherung sei ein versteckter US-Exportschlager.

In getrennten Studien, aber mit ähnlichem Ergebnis haben sich daraufhin Willem Buiter von der London School of Economics und Daniel Gros die Rendite von US-Direktinvestitionen im Ausland und von ausländischen Direktinvestitionen in den USA genauer angeschaut. Sie stellen auch hier fest: Es gibt zwar ein statistisches Problem, aber es geht in die andere Richtung. Die Amerikaner verdienen nicht etwa ungewöhnlich viel mit ihren Direktinvestitionen. Die Diskrepanz in den Einkommensströmen komme daher, dass Ausländer mit ihren Direktinvestitionen in den USA der offiziellen Statistik zufolge eine lächerlich niedrige Rendite erzielen.

Eine Erklärung wäre laut Buiter, dass es in den USA ökonomische Anti-Materie gibt. Physiker verstehen darunter extrem kurzlebige Teilchen, die sich beim Zusammentreffen mit Materie zusammen mit dieser in Nichts auflösen. Seine alternative Erklärung ist: Die USA sind ein Land, in dem relativ hohe Unternehmenssteuern anfallen – anders als in vielen Ländern, in denen US-Unternehmen produzieren. Ausländische Unternehmen in den USA hätten daher einen starken Anreiz, ihre vor Ort erzielten Gewinne klein zu rechnen. Buiter stellt fest: Wenn ausländische Direktinvestitionen in den USA nur eine bescheidene Rendite von fünf Prozent erzielten, würde der Kapitaleinkommensüberschuss der USA für 2004 von 36 Mrd. Dollar zu einem Defizit von 125 Mrd. Dollar mutieren.

Buiter stellt ein weiteres Problem in der Statistik der Vermögenseinkommen fest. US-Investoren erhalten für unsichere Schuldtitel aus Schwellenländern relativ hohe Zinsen. Selbst wenn diese – wie im Fall Argentiniens – nicht bezahlt werden, erfassen die Statistiker Zuflüsse. Erst wenn die Uneinbringlichkeit der Forderung feststeht, wird die Vermögensposition korrigiert, die Einkommensrechnung wird dagegen nie korrigiert.

Ende 2005 flossen dennoch ·erstmals seit langem unter dem Strich wieder mehr Kapitaleinkünfte aus den USA ins

Ausland als umgekehrt. Buiters Resümee: »Hausmann und Sturzenegger haben keine dunkle Materie gefunden, eher eine kalte Fusion.« Kalte Fusion ist eine angeblich 1989 gelungene Form der Energieerzeugung. Sie gilt seither als Musterbeispiel für von Wunschdenken getriebene, spektakuläre, aber nicht belastbare Erkenntnisse der Wissenschaft. Das Außenhandelsdefizit sei auf Dauer nicht tragbar – und eine Dollarabwertung von mindestens 30 Prozent die Folge, meint Buiter. Wann diese einsetze, könne aber niemand sagen.

Literatur

Buiter, Willem (2006): »Dark Matter or Cold Fusion?«, Goldman Sachs Economics Paper Nr. 136.

Dooley, Michael, David Folkerts-Landau, Peter Garber (2004): »The Revived Bretton Woods System«, in: International Journal of Finance and Economics«, Vol. 9, S. 307–313.

Edwards, Sebastian (2005): »Is the US Current Account Deficit Sustainable? And If Not, How Costly is Adjustment Likely to Be?«, in Brookings Papers on Economic Activity, 2005/1, S. 211–271.

Edwards, Sebastian (2005): »The End of Large Current Account Deficits, 1970–2002: Are There Lessons for the United States?«, NBER Working Paper Nr. 11669.

Galati, Gabriele und Guy Debelle (2005). »Current Account Adjustment and Capital Flows«, BIS Working Paper. Nr. 169.

Gourinchas, Pierre-Olivier und Hélène Rey (2005): »International Financial Adjustment«, NBER Working Paper Nr. 11155.

Gros, Daniel (2006): »Foreign Investment in the US (1) Disappearing in a Black Hole?«, CEPS Working Document Nr. 242.

Gros, Daniel (2006): »Foreign Investment in the US (II) Being taken to the Cleaners?«, CEPS Working Document Nr. 243.

Hausmann, Ricardo und Federico Sturzenegger (2006): »Global Imbalances or Bad Accounting? The Missing Dark Matter in the Wealth of Nations«, Center for International Development at Harvard University, Working Paper No. 124.

Kapitel 10

Finanzmärkte – total effizient oder völlig verrückt?

Finanzmärkte sind effizient, lernt der Student der Volkswirtschaftslehre schon im Grundstudium. Alle verfügbaren Informationen sind demnach bereits in den Kursen enthalten. Abertausende Investoren, auf der Jagd nach Rendite, sorgen dafür, dass schon ein Anderer alle Gewinnchancen, die über das normale Maß hinausgehen, ausgenutzt hat. Diese These hat den Chicagoer Ökonomen Eugene Fama berühmt und zum ewigen Kandidaten für den Nobelpreis gemacht. Wer an effiziente Finanzmärkte glaubt, für den ist jeder Anleger, der sich anmaßt, den Kurs eines Wertpapiers als zu hoch oder zu niedrig zu bezeichnen, ein armer Narr.

Doch einigen Ökonomen ist aufgefallen: Vieles, was an den Finanzmärkten passiert, ist mit der These von der Markteffizienz schwer vereinbar. Kein Wunder: Wie der Homo oeconomicus ist auch der völlig rationale, kühl rechnende Investor ein realitätsfernes Kunstprodukt. An den Finanzmärkten agieren Menschen – mit all ihren Schwächen und Grenzen, mit ihrer Gier und Risikoscheu, ihrem Hang zur Nachahmung und ihrer begrenzten geistigen Kapazität.

Markteffizienz schützt vor Torheit nicht

Wären die Finanzmärkte tatsächlich effizient, dann könnte man als Anleger eigentlich keine größeren Fehler machen. Selbst, wenn man sich einbildet, den Markt schlagen zu können, indem man vermeintlich zu billige Wertpapiere kauft und zu teure verkauft. Denn die Markteffizienz müsste ja dafür sorgen, dass jedes Wertpapier – egal, welches man sich aussucht – einigermaßen richtig bewertet ist.

Weit gefehlt, zeigt Lawrence Harris, Finanzprofessor an der University of Southern California. »Die Markteffizienz schützt einen nicht. Das einzige, was einen schützt, wenn man sich nicht auskennt, ist nicht zu handeln«, warnt er. Harris weiß, wovon er spricht: Er war Chefvolkswirt der US-Wertpapieraufsichtsbehörde SEC.

Die Markteffizienz gilt laut Harris nur für die Bestimmung des Preisniveaus. Auf dem Weg vom alten zum neuen effizienten Preisniveau lauern allerlei Fallstricke, gelegt häufig von professionellen Händlern, die versuchen, den Markt in ihrem Sinne zu manipulieren – etwa mit Bluffing-Strategien.

Das geht zum Beispiel so: Ein Händler deckt sich nach und nach ganz unauffällig mit Aktien eines bestimmten Unternehmens ein. Wenn eine Nachricht kommt, die das Unternehmen betrifft, kauft er abermals einen großen Schwung Aktien und treibt so den Preis nach oben.

Unabhängig davon, wie relevant die Nachricht ist, lenkt der Händler damit die Aufmerksamkeit auf das Unternehmen. Andere schließen aus der Kursbewegung, dass die Nachricht eine gute war und springen auf den fahrenden Zug auf. Besonders anfällig für solche Tricks sind Charttechniker, die vor allem auf Kursverläufe achten. Wenn der Bluff gelingt, kaufen viele Trittbrettfahrer die Aktie, treiben den Kurs weiter in die Höhe und locken damit mehr Investoren an. Das ist die Gelegenheit für den Bluffer, seine Aktien gewinnträchtig in kleinen Tranchen zu verkaufen.

Wer etwas mehr kriminelle Energie mitbringt, unterstützt das noch, indem er unter falschem Namen Kommentare zu dem Unternehmen in Finanz-Diskussionsforen im Internet schreibt. Das Bluffen ist zwar – auch ohne gefälschte Kommentare – in den meisten Ländern illegal. Die Aufsichtsbehörden tun sich aber extrem schwer, Regelverstöße auch tatsächlich nachzuweisen.

All das ist kein Einzelfall, sondern an den Aktienbörsen alltäglich, meint Harris. Wenn Händler sagten, sie wollten mit ihrer Handelspräsenz »die Stimmung des Marktes prüfen«, oder »die Entschlossenheit des Marktes testen«, seien das meist höfliche Umschreibungen dafür, dass sie nach Manipulationsmöglichkeiten suchen.

Erfolgreiche Fondsmanager, die in der Öffentlichkeit stark beachtet werden, haben noch ganz andere Optionen. Wenn sie sich von einer Position trennen wollen, können sie zum Beispiel vorher Interviews geben, in denen sie das entsprechende Wertpapier sehr loben.

Aus all dem folgt für Privatanleger – und für in solchen Dingen nicht versierte institutionelle Anleger: Die Markteffizienz schützt nur den vor falschen Investitionsentscheidungen, der nicht versucht, schneller und schlauer zu sein als der Markt. Mit anderen Worten: Man sollte seine Wertpapierkäufe und -verkäufe nicht nach der jüngsten Kursbewegung oder Analystenempfehlung, der letzten Pressemitteilung des Unternehmens oder den Informationen in Chat-Rooms ausrichten. Alles, was man so erfahren kann, ist entweder schon im Kurs enthalten, irrelevant, oder sogar irreführend.

Was ich nicht weiß macht mich nicht heiß

Die italienischen Ökonomen Luigi Guiso und Tullio Japelli unterfüttern den Rat des Praktikers mit einer wissenschaftlichen Untersuchung. Sie haben nachgeprüft, ob gut informierte Anleger an der Börse höhere Renditen erzielen. Dafür verwendeten sie Kundendaten einer großen italienischen Bank. Ihnen lagen Informationen darüber vor, wie viel Zeit die Kunden der Bank für die Informationsbeschaffung aufwendeten. Außerdem konnten sie die Erträge von deren Finanzportfolios auswerten. Ihr Bewertungsmaßstab war die »Sharpe Ratio«. Diese gibt an, wie viel Ertragseinheiten man für ein bestimmtes Risiko erhält. Das bedeutet: Ein Wertpapier, dessen Kurs stark schwankt, muss eine höhere Rendite abwerfen, um auf die gleiche »Sharpe Ratio« zu kommen als risikoarme Alternativen, zum Beispiel Staatsanleihen mit kurzer Laufzeit.

Nach der Lesart der klassischen Finanzmarkt-Theorie würde sich ein rationaler Investor Informationen beschaffen, die ihm helfen, Aktien von schlechten Unternehmen zu vermeiden und seine Chance erhöhen, die künftigen Gewinner herauszupicken. Da die Informationssammlung Mühe und Kosten verursacht, würde er damit aufhören, sobald er der Meinung ist, dass eine zusätzliche Information weniger einbringt, als sie kostet. Wäre die Information nichts wert, wäre ein Anleger nicht bereit, Geld und Zeit dafür zu opfern. Würden die Anleger nach diesem Prinzip handeln, müsste es einen positiven Zusammenhang geben zwischen den Portfolioerträgen und den Informationskosten, die ein Investor auf sich nimmt.

Tatsächlich ist das Gegenteil der Fall, stellten Guiso und Japelli fest: Investoren, die zwischen zwei und vier Stunden pro Woche aufwenden, um Finanzinformationen zu sammeln, haben eine um ein Viertel niedrigere »Sharpe Ratio« als diejenigen, die gar keine Zeit dafür opfern. Rational wäre solch ein Verhalten für einen Anleger nur dann, wenn er die Informationsbeschaffung – zum Beispiel Kauf und Lektüre von Anlegermagazinen – nicht als Kosten betrachtete, sondern es ihm Spaß machte. Dafür finden die Autoren aber keine Anzeichen.

Eine ganze Reihe von Indizien deutet darauf hin, dass das Ergebnis auf übermäßiges Selbstvertrauen der Anleger zurückzuführen ist. So wurde in Laborversuchen immer wieder festgestellt, dass Männer eher zur Selbstüberschätzung neigen als Frauen. Dazu passt, was Guiso und Japelli feststellen: Zusätzliche Informationsaufnahme wirkt sich bei Männern ungünstiger auf die Rendite aus als bei Frauen.

Zudem stellen die Forscher fest: Je mehr Information die Investoren sammeln, desto häufiger kaufen und verkaufen sie. Wären die Anleger rational, müsste dieses auch zu höheren Renditen – genauer gesagt: zu einer besseren »Sharpe Ratio« – führen. Tatsächlich war bei den Kunden der italienischen Bank genau das Gegenteil der Fall.

Und noch für einen weiteren Fehler sind gerade diejenigen Aktionäre besonders anfällig, die viele Informationen sammeln. Sie diversifizieren ihr Portfolio zu wenig. Sie nehmen damit Risiken in Kauf, für die sie keine entsprechende Rendite bekommen.

Die Ersten werden die Letzten sein

Erklären könnte man das Phänomen auch damit, dass die Informationen, auf die Anleger ihre Entscheidungen stützen, schlecht sind. Vielleicht profitieren nur die Anleger, die sich Informationen aus zuverlässigen Quellen beschaffen?

Nützliche Informationen für Anleger würde man vor allem von denen erwarten, die sich als Unternehmensanalysten darauf spezialisiert haben, Strategie und Geschäftsentwicklung bestimmter Aktiengesellschaften zu verfolgen und die weitere Entwicklung zu prognostizieren. Wer das gut kann, sollte eigentlich Geld damit verdienen können – für sich, für seinen Arbeitgeber und für die Leser seiner Analysen. Eine naheliegende Strategie wäre es, nur auf die Analysten zu hören, deren Prognosen in der Vergangenheit besonders treffsicher waren.

Lieber nicht, lautet das Fazit einer Studie von Gilles Hilary von der Hongkong University und Lior Menzly von Vega Asset Management, New York. Gemeinsam haben beide untersucht, was die Performance eines Analysten in der Vergangenheit über seine Verlässlichkeit in der Zukunft aussagt. Nach der Auswertung von fast 50 000 Quartalsprognosen kamen sie zu dem Ergebnis: Analysten, die in der Vergangenheit Umsatz und Ertrag besonders treffsicher geschätzt haben, sind nicht etwa auch in der Zukunft besser. Im Gegenteil: Nach einer überdurchschnittlich erfolgreichen Phase werden sie mit ihren Voraussagen mutiger – und schlechter. Der Befund gilt für erfahrene Analysten genauso wie für Greenhorns – und ist unabhängig davon, ob ein Prognostiker bei einer großen oder kleinen Bank arbeitet. Bei Analysten, die mehrere Konzerne beobachten, hat eine Erfolgssträhne bei einem Wert oft auch schlechtere Prognosen für die anderen Unternehmen zur Folge.

Bei Analysten, die mit ihren Prognosen eine Zeit lang besonders gut liegen, scheint sich das Gefühl einzuschleichen, ein Genie zu sein. Dies führt dazu, dass sie öffentlich zugängliche Informationen nicht mehr ausreichend würdigen und sich zu sehr auf die eigene Intuition verlassen. Ihre Prognosen weichen stärker von denen anderer Marktbeobachter ab und werden anfälliger für Fehler.

Für Investoren folgt daraus: Sie sollten Ranglisten von Finanzmarkt-Analysten mit gehöriger Vorsicht nutzen und interpretieren. Bei zwei Analysten mit den gleichen Fähigkeiten und der gleichen Erfahrung sollte sich ein Anleger besser auf die Empfehlung desjenigen verlassen, der in der Vergangenheit nur Prognosen durchschnittlicher Güte abgeliefert hat. Vorhersagen von Analysten, die eine Erfolgssträhne hatten, sollte man lieber nicht trauen.

Transparenz schützt vor Analysten nicht

Vielleicht sollte man Analysten aber auch grundsätzlich nicht trauen, am wenigsten Aktienanalysten. Schließlich gibt es kaum eine Umfrage zu Analystenprognosen, die nicht im Durchschnitt höhere Kursgewinne ausweist, als man in der Realität auf Dauer erwarten kann. Dass einmal eine Mehrheit Kursverluste vorhersagt, wird man fast nie erleben, obwohl Kursverluste alles andere als selten sind. Seit den Skandalen um Enron und Worldcom, die von Analysten noch bis kurz vor der Pleite, zum Teil gegen deren dokumentiertes besseres Wissen zum Kauf empfohlen wurden, wird jeder Analystenreport von seitenlangen »Disclaimers« begleitet, die mögliche Interessenskonflikte der Analysten nennen.

Solche Warnungen könnten mehr schaden als nützen, meinen drei amerikanische Ökonomen und Psychologen. Daylian Cain, George Loewenstein und Don Moore zeigten Probanden aus der Ferne ein mit Geldstücken gefülltes Glas und baten sie, den Wert des Inhalts zu schätzen. Je besser ein Teilnehmer schätzte, desto höher wurde er belohnt. Jeder bekam einen Berater an seine Seite gestellt, der sich den Inhalt aus der Nähe genauer anschauen konnte. Die Berater wurden umso höher entlohnt, je höher die Schätzung des Beratenen war. Sie hatten also einen klaren Interessenkonflikt, wie er auch für Aktienanalysten einer Bank typisch ist. Deren Arbeitgeber verdienen mit Aktienkäufen der Beratenen Geld. Wenn der Berater die Kunden mit negativen Kursprognosen vom Kauf abhält, schadet er seinem Arbeitgeber, mit positiven Kursprognosen fördert er dessen Geschäft.

Die Forscher informierten die Hälfte der Beratenen über den Interessenkonflikt der Berater. Die Berater wussten das. Die andere Hälfte der Beratenen wurde nicht explizit über den Interessenkonflikt ihrer Berater informiert.

Wie nicht anders zu erwarten, übertrieben die meisten Berater in dem Laborexperiment mit ihrer Schätzung den Inhalt des Glases. Wer allerdings annimmt, die informierten Probanden könnten ihre Interessen gegenüber ihren Beratern besser verteidigen, irrt gewaltig. Berater, deren Interessenkonflikt transparent war, übertrieben den Inhalt der Gläser noch viel stärker als ihre Kollegen, vermutlich, weil sie damit rechneten, dass ihr Kunde ohnehin einiges abziehen würde. Doch die Schätzer, die von dem Interessenkonflikt wussten, vertrauten ihren Beratern dennoch fast ebenso sehr wie die Ahnungslosen. Im Ergebnis schnitt die informierte Gruppe deutlich schlechter ab, als die uninformierte Gruppe. Den Vorteil hatten die Berater, die sich noch dazu kein schlechtes Gewissen machen mussten, weil ihre Kunden ja informiert waren.

So lasst uns denn die Vergangenheit prognostizieren

Es ist also nicht nur mühsam, Analystenberichte zu lesen. Der Ertrag ist auch noch zweifelhaft. Da wendet man sich doch lieber gleich den Kursprognosen der Analysten zu. An veröffentlichten Prognosen über die Kursentwicklung einzelner Wertpapiere oder von Kursindizes ist schließlich kein Mangel. Aus diesen Prognosen Schlussfolgerungen für eigene Anlageentscheidungen zu ziehen, ist leicht. Sich selbst ein besseres Urteil zuzutrauen als den Experten, die diese Prognose abgeben, wäre ja vielleicht vermessen.

Doch wer so denkt, macht leicht einen teuren Fehler, zeigen Martin Spiwoks und Oliver Hein in einer Untersuchung am Beispiel von Analystenprognosen für den Anleihemarkt. Sie stellten fest: Von 33 Finanzinstituten, die zwischen 1992 und 2002 versuchten, die Rendite zehnjähriger US-Staatsanleihen zwölf Monate im Voraus zu prognostizieren, schnitt keines besser ab, als die so genannte naive Prognose, die einfach die künftige Rendite mit der heutigen gleichsetzt. Spiwoks war früher selbst Rentenanalyst und war aus seiner praktischen Erfahrung in dem Metier nicht überrascht über sein Ergebnis. Eigentlich sollte ja jeder zumindest die Zufallschance von 50 zu 50 haben, besser zu liegen als die naive Prognose. Die Wahrscheinlichkeit, dass dies keinem gelingt, wäre dann nur ein Bruchteil eines Prozents.

Tatsächlich orientieren sich die Prognosen der Analysten recht eng an den aktuellen Kursen. Die Prognoseentwicklung stellt ein ziemlich getreues Abbild der Entwicklung in der jüngsten Vergangenheit dar. Wenn die Kurse steigen, heben die Analysten ihre Kursprognose für in zwölf Monaten an und umgekehrt. De facto prognostizieren sie also den Kursverlauf der Vergangenheit, stellen Spiwoks und Hein fest. Die Analysten sind also schlau genug, sich in der Nähe der naiven Prognose zu halten.

Das erklärt allerdings noch nicht, warum nicht wenigstens ein größerer Teil von ihnen zufällig immerhin die Richtung richtig trifft. Der Grund dafür ergibt sich vermutlich aus dem Zusammenspiel von vorherrschender Analystenmeinung und Marktpositionierung. Wenn zum Beispiel die meisten Analysten steigende Zinsen voraussagen und auch die Mehrheit der großen Marktteilnehmer so denkt, so sind die meisten entsprechend positioniert. Fondsmanager haben weniger Rentenwerte oder kürzere Laufzeiten im Portfolio als ihrer Norm entsprechen würde. Sinken nun entgegen der Erwartung die Zinsen, dann setzt ein Prozess ein, der den Prognosefehler potenziert. Falsch positionierte Fondsmanager kaufen nach, um nicht noch weiter unter Wasser zu geraten. Die Folge: Der Zins als zu prognostizierende Größe hängt von den Vorhersagen selbst ab – und zwar in einer für die Prognostiker ungünstigen Weise. Immer dann, wenn sie Fehler machen, werden diese von der Marktpositionierung verstärkt.

Ludwig von Mises hat dieses Problem mit Prognosen schon vor fast 50 Jahren aufgespießt: »Selbst wenn man zukünftige wirtschaftliche Entwicklungen vorhersagen könnte, würde das nicht gehen, denn wenn sich die Erkenntnis durchsetzte, das es geht, würden die Menschen ihr Handeln an diesen Prognosen ausrichten und dadurch die Zukunft verändern.« Auch eine bewährte Handelsstrategie gibt es, die die Marktpositionierung ausnutzt. Sie besagt: Man verdient auf lange Sicht mehr, wenn man sich gegen den Markt positioniert. Wenn die meisten Analysten sagen, die Kurse werden steigen, sollte man tunlichst die Finger davon lassen. Wertpapiere, von denen viele Analysten abraten, sollte man besonders in Betracht ziehen.

Rationale Blasen platzen vernünftig

Vierzehn Prozent verlor der Deutsche Aktienindex zwischen Anfang Mai und Mitte Juni 2006 an Wert. Bei den Börsen der Schwellenländer waren es sogar im Durchschnitt 25 Prozent. Analysten erklärten den unerwarteten Kursverfall nachträglich mit der Furcht vor stark steigenden Notenbankzinsen – ausgelöst dadurch, dass die US-Kerninflationsrate 0,1 Prozentpunkte höher ausfiel als erwartet. Zweistellige Kursverluste an den Aktienmärkten der Welt sind ein stolzer Preis für eine Datenüberraschung im statistischen Unschärfebereich.

Tatsächlich können unscheinbare neue Informationen an der Börse völlig überproportionale Wirkungen haben – selbst, wenn alle Investoren völlig rational sind. Das ist das Ergebnis einer Untersuchung von Franklin Allen (University of Pennsylvania), Stephen Morris und Hyun Song Shin (beide Princeton). Die Forscher nehmen einen Gedanken auf, der auf John Maynard Keynes zurückgeht. Schon 1936 verglich der Grandseigneur der Makroökonomie die Kursfindung am Aktienmarkt mit einem Schönheitswettbewerb, bei dem die Juroren etwas gewinnen können, wenn ihre Favoritin die meisten Stimmen auf sich vereinigt. Sie stimmen dann nicht für die aus ihrer Sicht schönste Teilnehmerin, sondern für diejenige, von der sie meinen, dass sie den meisten Juroren am besten gefällt.

In Bezug auf die Finanzmärkte schrieb Keynes: »Wir haben die zweite Ordnung erreicht, bei der wir unsere Intelligenz darauf verwenden, vorauszusagen, was im Durchschnitt erwartet wird, dass die durchschnittliche Erwartung sein wird.« Davon ausgehend haben Allen, Morris und Shin ein Finanzmarkt-Modell konstruiert, in dem der heutige Kurs bestimmt wird von der durchschnittlichen Einschätzung der morgigen durchschnittlichen Einschätzung der zukünftigen Kursentwicklung. Dabei taucht das Problem der fehlenden Zeitkonsistenz auf. Das heißt: die Einschätzung dessen, was morgen die Einschätzung der langfristigen Kursentwicklung sein wird, entspricht nicht unbedingt der heutigen Einschätzung über die langfristige Kursentwicklung.

Ein Beispiel: Ich nehme an, dass die Investoren im Durchschnitt den Aktienmarkt für überbewertet halten. Ich weiß aber, dass die meisten Investoren noch nicht verkauft haben. Daraus schließe ich, dass sie im Durchschnitt zumindest kurzfristig noch mit einem Kursanstieg rechnen und deshalb wohl auch morgen noch nicht verkaufen werden. Also kaufe ich. Das wird morgen genauso sein, sodass sich die Abfolge der Tagesprognosen für die durchschnittliche Einschätzung des nächsten Tages nicht mit der längerfristigen Prognose der durchschnittlichen Einschätzung deckt. Jeden Tag wird die Diskrepanz größer. Denn rationale Investoren haben einen Anreiz,»die Blase zu reiten«, wie es im Finanzjargon heißt.

Es liegt auf der Hand, dass der daraus entstehende Trend anfällig ist für eine abrupte Umkehr. Unscheinbare öffentliche Informationen können die Wenden herbeiführen. Denn rationale Investoren bewerten die Bedeutung öffentlich zugänglicher Informationen für die Kursentwicklung zu Recht höher als die Bedeutung ihrer privaten Informationen. Nur öffentliche Informationen sind bedeutsam für die durchschnittliche Einschätzung aller Investoren.

Beide Arten von Information sind jedoch unzuverlässig. So ist es zum Beispiel alles andere als klar, ob eine ganz leicht gestiegene Kerninflation in den USA nur ein zufälliger Ausrutscher ist oder der Beginn eines Inflationsanstiegs. Während sich aber der irreführende Anteil in den privaten Informationen über viele Investoren hinweg ausgleicht, ist das bei den öffentlichen Informationen nicht der Fall. Alle Investoren sehen die gleiche erhöhte Inflationsrate – und wissen, dass alle anderen sie sehen. Solche öffentlichen neuen Informationen können dazu führen, dass viele Anleger nun plötzlich Verkäufe anderer Investoren erwarten – und sich deshalb selbst von ihren Aktien trennen. Was vorher auf dem Weg nach oben zur Übertreibung führte, führt jetzt wahrscheinlich zur Übertreibung nach unten.

Finanzmärkte als Spielplatz für Elementarteilchen

Eine ähnliche Erklärung für das oft völlig unmotiviert erscheinende Auf und Ab an den Finanzmärkten bietet der Kieler Volkswirt Thomas Lux mit einer für Ökonomen nicht ganz alltäglichen Methodik. Er arbeitet mit der These, dass die Finanzmärkte nicht effiziente Verarbeiter von Informationen, sondern eher zufallsgetriebene Wettbörsen sind. Mit den Werkzeugen der theoretischen Physik modelliert er, was an den Finanzmärkten passiert. Das lässt sich nämlich gut mit Methoden der Teilchenphysik erklären.

Was die Elementarteilchen in der Physik, sind die einzelnen Investoren an den Finanzmärkten. Die in der Ökonomie so beliebte Annahme des »repräsentativen Wirtschaftssubjekts« gibt Lux auf. Denn gerade das Zusammenspiel verschiedener Investorentypen kann Phänomene erklären, die für die traditionelle Ökonomie Anomalien oder Rätsel bleiben.

Dazu gehört die Beobachtung, dass an den Finanzmärkten extreme Renditeausschläge sehr viel häufiger auftreten, als sie es nach dem Gesetz der großen Zahl eigentlich dürften. Fachleute sprechen von so genannten »Fat Tails«. Die haben unter anderem zur Folge, dass die üblichen Risiko-Controlling-Modelle in den Banken, die mit dem Gesetz der großen Zahl rechnen, das Risiko systematisch unterschätzen.

Lux modelliert zwei Investorentypen: Der erste Typ sind die Charttechniker, die versuchen, Trends zu erkennen und davon zu profitieren. Der andere Typ sind die fundamental orientierten Investoren, die den »fairen« Wert von Wertpapieren ermitteln und nur diejenigen kaufen, die im Vergleich zum fairen Wert billig erscheinen. In dem Modell werden Charttechniker zu Fundamentalisten, wenn ihre Methode zu lange erfolglos war, und umgekehrt. Was aus dem Zusammenspiel verschiedener Investoren herauskommt, lässt sich nicht in der üblichen Weise durchrechnen. Lux spielt dies vielmehr auf experimentellen Märkten am Computer durch.

Die Fundamentalisten haben ein großes Problem: Wenn ein Finanzmarkt effizient alle vorhandenen Informationen in den Kursen widerspiegelt, dann können sie mit ihren Methoden nichts gewinnen. Jeder naive Investor, der einfach irgendetwas kauft, schneidet ebenso gut ab. Deshalb bekommen in einem solchen Markt die Chartisten die Oberhand. Sie bauen auf irgendeinen Trend, der sich zufällig ergibt, und führen dadurch Kurse vom fairen Wert weg. Erst wenn die Kurse sich weit von ihrem fundamental gerechtfertigten Niveau entfernt haben, werden die Gewinnchancen für die Fundamentalisten groß genug, dass sie sich den Trendfolgern entgegenstellen und den Trend schließlich kippen.

Ein Finanzmarkt, der sich so beschreiben lässt, bewertet zwar im Durchschnitt über längere Zeiträume Wertpapiere richtig. Aber wer an solchen Märkten kurzfristig agiert, der könnte ebenso gut ins Spielcasino gehen.

Literatur

Allen, Franklin, Stephen Morris und Hyun Song Shin (2006): »Beauty Contests and Iterated Expectations in Asset Markets«, in: Review of Financial Studies. Vol. 19, S. 719–752.

Cain, Daylian., George Loewenstein und Don Moore (2005): »The Dirt On Coming Clean: Perverse Effects of Disclosing Conflicts of Interest«, Journal of Legal Studies, Vol. 34, S. 1–25.

Fama, Eugene F. (1970): »Efficient Captial Markets: A Review of Theory and Implication for Stock Market Efficiency«, in: Journal of Finance, Vol. 48, S. 65–91.

Guiso, Luigi und Tullio Japelli (2006): »Information Acquisition and Portfolio Performance«, CEPR Discussion Paper Nr. 5901.

Harris, Lawrence (2005): »Market Efficiency – The Microstructure Perspective«, Vortrag gehalten auf dem Symposium »Market Efficiency Today« des Center for Financial Studies (CFS) am 6. Oktober 2005 in Frankfurt am Main.

Hilary, Gilles und Lior Menzly (2006): »Does Past Success Lead Analysts to Become Overconfident?«, in: Management Science, Vol. 52, S. 489–500.

Lux, Thomas, Shu-Heng. Chen und Michele Manchesi (2001): »Testing for Nonlinear Structure in an ›Artificial‹ Financial Market«, in: Journal of Economic Behavior and Organization. Vol. 46, S. 327–342.

Spiwoks, Martin und Oliver Hein (2005): »Forecasting the Past: The Case of US-American Interest Rate Forecasts«, Wolfsburg Working Papers.

Weber, Martin (2007): »Genial einfach investieren«, Campus Verlag, Frankfurt a. M.

Kapitel 11

Manager sind auch nur Menschen

Wie organisiert man ein Unternehmen optimal, wie wählt man das Führungspersonal aus und welche psychologischen und sozialen Prozesse spielen sich in einem Unternehmen ab? Betriebswirtschafts-Professoren, die solche Fragen untersuchen und sich dabei als Wissenschaftler verstehen, müssen einigen Spott ertragen: Manchmal schlägt ihnen sogar Häme aus den eigenen Reihen entgegen. »Ich halte die Mainstream-BWL für dumm, weil sie glaubt, eine harte Wissenschaft zu sein, in einem Bereich, der weicher kaum sein kann«, sagt Fritz B. Simon, BWL-Professor an der privaten Universität Witten/Herdecke. Seine Kollegen täten so, als ließen sich alle Unternehmensentscheidungen berechnen. »Könnte man das, brauchte man einen guten Computer und keine Führungskräfte.«

Doch der Professor irrt: Die moderne, international ausgerichtete Management-Forschung hat mit wissenschaftlichen Methoden jede Menge interessanter, überraschender und praxisrelevanter Erkenntnisse hervorgebracht. Mit der althergebrachten, eher deskriptiv ausgerichteten Betriebswirtschaftslehre hat dieser Forschungszweig nicht mehr viel gemein – es kommen die gleichen mathematisch-quantiativen Methoden zum Einsatz wie in der modernen Volkswirtschaftslehre.

Anderseits lassen sich tatsächlich nicht alle Unternehmensentscheidungen berechnen – auch Top-Manager sind letztlich nur Wesen aus Fleisch und Blut. Der Faktor Mensch ist daher immer mehr ins Zentrum der modernen BWL gerückt. Die Wissenschaftler haben festgestellt: Unser Statusdenken und unsere Verlust-Aversion, unser Hang zur Selbstüberschätzung und etliche weitere menschliche Schwächen führen dazu, dass vieles in Unternehmen nicht so gut läuft, wie es laufen könnte.

Zum Beispiel die Verarbeitung von Informationen. Weit verbreitet ist ein Phänomen, das schon Jesus Christus beschrieben hat: »Nirgends hat ein Prophet so wenig Ansehen wie in seiner Heimat, bei seinen Verwandten und in seiner Familie«, heißt es in Kapitel 6, Vers 4 des Markus-Evangeliums.

Heute sprechen Management-Forscher von einer »Präferenz für externes Wissen«: Ideen werden dann besonders ernst genommen, wenn sie von externen Beratern stammen oder von Konkurrenten. Von den eigenen Mitarbeitern entwickelte Konzepte haben es im Vergleich dazu oft schwer. In Unternehmen ist dieses Phänomen heute weit verbreitet, zeigen die Forscher Tanya Menon von Universität Chicago und Jeffrey Pfeffer von der Stanford-University. So schätzten die Manager der amerikanischen Fast-Food-Kette »Fresh Choice« die Strategien ihres Wettbewerbers »Zoopa« besonders hoch ein – aber nur so lange, bis sie den Konkurrenten 1997 übernahmen. Ab diesem Zeitpunkt brachten die »Fresh Choice«-Chefs den Konzepten der »Zoopa«-Kollegen weit weniger Wertschätzung entgegen. Umgekehrt ging es Xerox Mitte der 90er-Jahre: Das Management nahm eine von der eigenen Entwicklungsabteilung ausgetüftelte Internet-Strategie jahrelang nicht ernst – bis Wettbewerber begannen, ähnliche Ideen umzusetzen.

Aus betriebswirtschaftlicher Sicht ist diese Vorliebe für Fremd-Know-how extrem schädlich. »Menschen in Organisationen neigen dazu, das Rad immer wieder neu zu erfinden, statt voneinander zu lernen. Das bedeutet für das Unternehmen eine enorme Verschwendung von Ressourcen«, schreiben die Wissenschaftler.

Das Phänomen, so fanden die Forscher mit Experimenten heraus, hat in erster Linie eine psychologische Ursache: Gute Ideen eines eigenen Kollegen nehmen viele Mitarbeiter als Bedrohung wahr. Wenn man von seinem Büronachbarn oder gar von einem Untergebenen lernt, gesteht man schließlich ein: Dieser hatte bessere Ideen.

»Die Bedrohung, die ein betriebsinterner Rivale für das Selbstbild einer Person darstellt, beeinflusst die Bereitschaft, aus dessen Wissen und Fähigkeiten Kapital zu schlagen«, schreiben die Forscher. Viele Beschäftigte fürchten, dass ein Kollege mit kreativen Ideen schneller Karriere macht als sie selbst. Weit verbreitet ist auch die Sorge, bei der Übernahme von Konzepten der Kollegen als fantasieloser Abgucker dazustehen. Um diesen Statusverlust zu vermeiden, reagieren wir defensiv auf die Einfälle unserer Kollegen und Mitarbeiter – wir reden ihre Ideen schlecht oder ignorieren sie.

Rollenspiele mit über 130 MBA-Studenten, die im Schnitt knapp 30 Jahre alt waren und über sechs Jahre Berufserfahrung hatten, zeigten:»Je mehr sich ein Mitarbeiter durch einen externen Rivalen bedroht fühlt, desto intensiver beschäftigt er sich mit dessen Ideen.« Bei internen Rivalen ist genau das Gegenteil der Fall. Dieses bemerkenswerte Phänomen tritt unabhängig davon auf, ob der Rivale ein Individuum ist oder eine konkurrierende Abteilung.

Doch es gibt Abhilfe: Der Widerwille gegenüber den Ideen von Kollegen verschwindet, wenn ein Mitarbeiter kurz vorher Selbstbestätigung erfahren hat. Wer sich seiner eigenen Sache sicher ist, hat deutlich weniger Angst, seinen Status durch den Geistesblitz eines internen Rivalen zu verlieren.

Die Studie liefert eine wichtige Erklärung dafür, warum es so schwierig ist, Unternehmen in die viel beschworene »lernende Organisation« zu verwandeln. Wissensmanagement ist längst nicht nur eine Frage der Technik, sondern auch eine Sache der Psychologie.

Um diese Barrieren zu überwinden, müssten Manager daran arbeiten, wie in ihrem Unternehmen die Ego-Bedrohungen wahrgenommen werden, empfehlen die Autoren. Nur dann habe die Vision eines Unternehmens, in dem alle Mitarbeiter ihr Wissen teilen, eine Chance.

Warum fusionierte Mitarbeiter fliehen

Auch nach Fusionen und Übernahmen von Unternehmen spielt das Ego und Selbstwertgefühl der Beschäftigten eine kaum zu überschätzende Rolle: Zwischen den Beschäftigten der fusionierten Unternehmen bricht dann oftmals ein Machtkampf aus, zeigt eine Untersuchung der Ökonomen Valerie Smeets, Kathryn Ierulli und Michael Gibbs.

Nach einer Fusion werden die Karten für die Beschäftigten neu gemischt – von den formalen Machtbefugnissen über den informellen Status bis hin zu den persönlichen Netzwerken der Mitarbeiter. Häufig neigen Beschäftigte dazu, die Kollegen aus ihrer alten Firma zu bevorzugen.

Vor allem für die Mitarbeiter, die beim kleineren Unternehmen beschäftigt waren, brechen unangenehme Zeiten an – weil sie in der neuen Organisation weniger Verbündete haben. Im Extremfall kommen die Beschäftigten des kleineren Unternehmens in eine ähnliche Situation wie diskriminierte Minderheiten in einer Gesellschaft. Am Beispiel von Unternehmensdaten aus Dänemark zeigen die Autoren der Studie: Nach einer Fusion kehren vor allem diejenigen Beschäftigten dem Unternehmen den Rücken, die vorher bei dem kleineren Unternehmen gearbeitet haben.

Grundlage der Untersuchung sind einzigartige Daten des dänischen Statistikamtes. Die Behörde pflegt seit 1980 eine detaillierte und jährlich aktualisierte Unternehmensdatenbank. Darin enthalten sind Informationen über die Eigentümerstruktur jedes Unternehmens und über die Mitarbeiterstrukturen. Die Statistiker kennen nicht nur die Beschäftigtenzahl, sondern haben etliche individuelle Informationen zu den einzelnen Beschäftigten, von Alter und Geschlecht über Ausbildung und Tätigkeit bis hin zum Gehalt. Der besondere Clou: Die individuelle Erwerbsbiografie jedes einzelnen Beschäftigten lässt sich über Jahre weiterverfolgen.

Für 640 Fusionen und Übernahmen, die sich zwischen 1982 und 1998 in Dänemark ereignet haben, analysierten die Forscher die Personalfluktuation in den beteiligten Unternehmen vor und nach der Verschmelzung.

»Je stärker ein Unternehmen bei einer Übernahme das andere dominiert, desto besser ergeht es nachher den Mitarbeitern dieser Firma«, lautet das Fazit der Studie. »Die relative Machtverteilung zwischen den an einer Fusion Beteiligten entscheidet darüber, wie das Ringen ausgeht.«

Ein Jahr nach einem Zusammenschluss haben 22 Prozent der Beschäftigten, die beim kleineren Fusionspartner gearbeitet haben, ihren neuen Arbeitgeber verlassen. Bei dem Teil der Belegschaft, der bei dem größeren Unternehmen tätig war, sind es dagegen nur 17 Prozent. Drei Jahre nach der Fusion sind 51 Prozent der Beschäftigten des ursprünglich kleineren Partners weg, beim Übernehmer sind es nur 41 Prozent.

Noch extremer ist der Effekt, wenn die fusionierten Unternehmen nicht in derselben Branche tätig sind. Dann seilen sich weit mehr Beschäftigte des schwächeren Unternehmens ab – auf drei Jahre betrachtet, ist ihre Fluktuation doppelt so groß wie die ihrer Kollegen, die beim stärkeren Partner tätig waren.

Erstaunlich dabei: Je geringer die Qualifikation der Beschäftigten, desto wahrscheinlicher ist es, dass sie nach einer Fusion die Firma verlassen. Dies, so spekulieren die Autoren, könnte daran liegen, dass hierarchisch höher stehende Angestellte von einer Fusion weniger negativ betroffen sind – auch wenn sie vorher beim schwächeren Unternehmen gearbeitet haben.

Wie man übermütige Manager im Zaum hält

Ein Vorstandschef ohne ausgeprägtes Ego – das ist schon fast ein Widerspruch in sich. Wer steigt bis ganz an die Spitze eines Unternehmens auf, ohne überzeugt zu sein, dass er besser ist und mehr kann als alle um ihn herum? Das ist auch gut so, denn die Psychologie hat festgestellt: Gerade Optimisten und Selbstbewusste bewegen etwas, während Realisten eher zu Inaktivität und Depression neigen.

Andererseits sind viele Firmen in größte Schwierigkeiten gekommen, weil Chefs mit übermäßigem Genieverdacht gegen sich selbst Geld in unrentable Projekte, Übernahmen und Fusionen versenkten.

Die Wirtschaftswissenschaftler Ulrike Malmendier (Berkeley) und Geoffrey Tate (University of Pennsylvania) haben eine raffinierte Methode entwickelt, um festzustellen, ob es objektiv messbare Eigenschaften von Führungspersönlichkeiten gibt, die für falsche Entscheidungen verantwortlich gemacht werden können.

Die Wissenschaftler konzentrieren sich auf die Frage, wie die Unternehmen Investitionen finanzieren sollten. Denn hier machen Manager immer wieder Fehler: Sie investieren besonders viel, wenn der Cash-Flow des Unternehmens hoch ist und das Unternehmen neue Maschinen, Anlagen oder Gebäude leicht selbst finanzieren kann. Umgekehrt investieren Manager häufig zu wenig, wenn sie sich das Geld von Banken leihen oder am Kapitalmarkt besorgen müssten.

Die Forscher zeigen: Bei übermäßig selbstbewussten Top-Managern ist die Investitionstätigkeit des Unternehmens besonders stark von der Kassenlage abhängig. Denn solche Unternehmenslenker neigen dazu, sich selbst und ihr Unternehmen für unterschätzt zu halten – und den Kurs der eigenen Aktie für zu niedrig. Wenn sie Geld für Investitionen von außen beschaffen müssten, investieren sie zu wenig, weil ihnen dieses Geld zu teuer erscheint. Gleichzeitig überschätzen sie die Rentabilität ihrer Lieblingsobjekte und investieren zu viel, wenn ein hoher Cash-Flow die Finanzierung leicht macht.

Als Indikator dafür, ob ein Manager an überzogenem Selbstvertrauen leidet, verwendeten die Ökonomen Informationen darüber, zu welchem Zeitpunkt dieser seine Aktienoptionen ausübte. Dahinter steckt folgende Überlegung: Ein realistischer und risikobewusster Manager macht seine Optionen möglichst früh zu Geld, weil sein Vermögen und sein Einkommen ohnehin schon in hohem Maße mit den Geschicken eines einzigen Unternehmens verknüpft sind. Ein übermäßig selbstbewusster Manager dagegen wird häufig der Meinung sein, die Aktien seiner Firma seien unterbewertet. Er wird dazu neigen, seine Optionen relativ lange zu halten und vielleicht sogar Aktien des eigenen Unternehmens dazu zu kaufen.

Die Forscher teilten 477 Vorstandschefs der größten amerikanischen Unternehmen mit dieser Systematik in neutral und überoptimistisch ein – und stellten mit Blick auf das Investitionsverhalten einen klaren Zusammenhang fest: Unternehmenslenker, die in die zweite Gruppe gehören, richten die Investitionen deutlich stärker an der aktuellen Kassenlage aus als die anderen.

Um mögliche Problemfälle zu identifizieren, sind die Aufsichtsräte von Unternehmen nicht allein auf die nicht ganz einfache Analyse der Kapitalmarktgeschäfte ihres Top-Managers angewiesen. Die beiden Ökonomen identifizieren weitere, einfacher zu beobachtende Indizien. So ist zum Beispiel Gefahr im Verzug, wenn ein Manager viele Titel anhäuft, wenn er oder sie sich zum Beispiel nicht nur »Chief Executive Officer« nennt, sondern zusätzlich auch »President« oder »Chairman of the Board«. Auch die Ausbildung spielt eine Rolle: Gelernte Ingenieure richten ihre Entscheidungen überdurchschnittlich stark nach der Kassenlage aus – wer einen betriebswirtschaftlichen Hintergrund hat, ist für diesen Fehler weniger anfällig.

Gute Manager korrigieren ungern eigene Fehler

Allerdings: Selbst die besten Manager, die ein realistisches Selbstbild haben, können für Unternehmen zum Problem werden. Denn gerade besonders begabte Manager haben in bestimmten Fällen einen starken Anreiz, die Folgen eigener Managementfehler zu ignorieren, anstatt frühzeitig und entschlossen gegenzusteuern. Gerade überdurchschnittlich gute Unternehmensführer neigen dazu, an falschen Entscheidungen zu lange festzuhalten, obwohl das dem Unternehmen schadet. Im Extremfall folgt daraus für die Unternehmenseigner: Es kann nötig sein, einen Manager zu feuern – nicht obwohl, sondern weil dieser besonders gut ist, zeigt der Kölner Personalökonom Dirk Sliwka.

Ein Beispiel für das Phänomen ist das Verhalten des ehemaligen BMW-Chefs Bernd Pischetsrieder. Die von ihm in den neunziger Jahren eingefädelte Übernahme des britischen Autoherstellers Rover erwies sich als Flop, der den Münchener Konzern Milliarden kostete. Obwohl die Probleme früh erkennbar waren, regierte Pischetsrieder nicht darauf – erst sein Nachfolger beendete das Rover-Abenteuer.

Pischetsrieder hat sich durchaus rational verhalten, argumentiert der Kölner Wissenschaftler Sliwka. Hinter dieser These steht folgende Logik: Wegen ungleich verteilter Informationen kann der Unternehmenseigentümer nur in begrenztem Maße kontrollieren, ob der Manager die Unternehmensziele verfolgt oder seine eigenen Interessen. Und eine Führungskraft hat nicht nur das Wohl des Unternehmens im Sinn, sondern auch die eigene Reputation. Das Ansehen des Managers hängt nicht allein davon ab, wie gut sich das von ihm geführte Unternehmen entwickelt – sondern auch davon, wie er sich in der Öffentlichkeit vermarktet. Die wirkliche Qualität eines Unternehmenslenkers können Außenstehende nur indirekt beurteilen.

Wenn nun ein Manager auf Grund unternehmensinterner Informationen erkennt, dass er wahrscheinlich eine Fehlentscheidung getroffen hat, steht er vor einem Dilemma: Steuert er um, hält er den Schaden für die Firma gering. Andererseits offenbart er, dass er einen Fehler gemacht hat, und beschädigt so seine Position auf dem Arbeitsmarkt für Führungskräfte.

Ein egoistisch handelnder Mensch wird seinen Fehler nur korrigieren, wenn sein eigener Gewinn durch die mutmaßlich bessere Entwicklung der Firma in der Zukunft größer ist als der sicher auftretende Gesichtsverlust. Dabei ist wichtig: In dem Moment, in dem der Manager die Wahl hat, umzusteuern, kann noch nicht mit Sicherheit gesagt werden, dass er einen Fehler gemacht hat. Es sieht nur mehr oder weniger deutlich danach aus.

Bei gegebener Sachlage ist die Wahrscheinlichkeit, dass ein Managementfehler vorliegt, nicht unabhängig von der Qualität des Managers. Ein Unternehmenslenker, der seine überragenden Fähigkeiten bereits bewiesen hat, genießt zu Recht einen Vertrauensvorschuss, selbst wenn es einmal so aussieht, als könnte er einen Fehler gemacht haben. Deshalb haben gute Führungskräfte durch einen Kurswechsel mehr zu verlieren als schlechte. Denn bei einem guten Manager ist die Chance, dass er eine richtige Entscheidung getroffen hat, höher als bei einem schlechten. Daher hat er mehr Grund zur Annahme, dass sich Signale über ein mögliches Scheitern eines Projektes doch als falsch herausstellen. Weniger fähige Führungskräfte dagegen haben von Vornherein mit einer größeren Wahrscheinlichkeit den falschen Weg eingeschlagen. Auf Informationen, die zeigen, dass die Sache wohl schief geht, reagieren sie daher eher. Folge dieser Asymmetrie: In Fällen, in denen ein Kurswechsel aus Sicht des Unternehmens auf jeden Fall die richtige Entscheidung wäre, verpasst ein besonders fähiger Manager eher den richtigen Zeitpunkt zum Gegensteuern. Seinen Sorgen um die eigene Reputation am Arbeitsmarkt steht eine geringere Wahrscheinlichkeit gegenüber, die Firma durch eine Korrektur seiner alten Entscheidung auf einen besseren Weg zu bringen.

Für das wirkliche Leben folgt daraus: Der Aufsichtsrat oder die Eigentümerfamilie darf sich nicht blind darauf verlassen, dass ein guter Manager stets die Entscheidungen trifft, die für das Unternehmen die besten sind. In einer Krise kann es im Extremfall sogar im Interesse der Eigentümer sein, erwiesenermaßen kompetente Manager zu feuern – damit ein Nachfolger ohne Sorge um die eigene Reputation die Sünden der Vergangenheit beseitigt.

Zum Firmenlenker wird man nicht geboren

Häufiger, als gute Manager feuern zu müssen, stehen Unternehmenseigner allerdings vor dem Problem gute Manager zu finden. Wenn der Eigentümer sich bei der Auswahl des Führungspersonals übermäßig einschränkt, geht er das Risiko ein, sein Unternehmen damit zu beschädigen. So machen zum Beispiel Familienunternehmen häufig den Fehler, sich von vorneherein auf den ältesten Sohn als Spitzenmanager festzulegen. Das haben Nicholas Bloom und John Van Reenen von der London School of Economics nachgewiesen.

Firmen, die nach anerkannten Prinzipen guter Unternehmensführung organisiert sind, sind im Durchschnitt produktiver und profitabler als andere, stellen die Forscher fest. Ihre Umsätze wachsen schneller als die von Konkurrenten, die vor allem nach Bauchgefühl geleitet werden – und sie gehen seltener Bankrott.

Die Forscher interviewten in den USA, Großbritannien, Frankreich und Deutschland das gehobene Management von 732 Industrieunternehmen. Sie erfragten detailliert, wie die Unternehmen ihre Produktion und ihre sonstigen Abläufe organisierten. Als Leitfaden für die Bewertung der Managementpraxis diente der Kanon der von einer großen internationalen Managementberatung empfohlenen Praktiken.

Am besten schnitten die amerikanischen Manager ab – dort sind »gute« Managementpraktiken am weitesten verbreitet. Deutsche Unternehmenslenker sind im Durchschnitt allerdings kaum schlechter als die Amerikaner. Briten und Franzosen dagegen hinken deutlich hinterher.

Deutsche Manager sind der Studie zufolge besonders gut beim systematischen Streben nach Prozessverbesserung, bei der laufenden Erfolgskontrolle und im Umgang mit leistungsschwachen Mitarbeitern oder Teams. Schwächen zeigen sie dagegen in der Einführung moderner Produktionsmethoden und im Belohnen hervorragender Mitarbeiter.

In Großbritannien und Frankreich dagegen gibt es eine überraschend große Zahl von Unternehmen, die in allen oder fast allen Disziplinen die schlechteste Note bekommen. Solche Manager bestellen zum Beispiel Vorprodukte en gros und lagern sie dann ein halbes Jahr, sie suchen Produktionsprobleme nur dann, wenn schon eine Krise da ist; und sie kümmern sich weder um ihre besonders guten noch um ihre besonders schwachen Mitarbeiter.

Im hohen Anteil der Totalversager liegt der Hauptgrund dafür, dass sich die durchschnittliche Managementqualität zwischen den Ländern deutlich unterscheidet. Im mittleren und oberen Qualitätsbereich sind die Unterschiede in der Managementqualität dagegen nicht mehr groß.

Wie können Unternehmen mit einem derart schlechten Management am Markt überhaupt überleben? Die Antwort von Bloom und Van Reenen ist zweigeteilt: Solche Unternehmen sind in der Regel entweder in wettbewerbsschwachen Märkten tätig, von denen es in Europa mehr gibt als in den USA – oder aber es sind Unternehmen in Familienbesitz. Von Letzteren gibt es in den drei europäischen Ländern mit 30 bis 40 Prozent etwa drei- bis viermal so viele wie in den USA.

Familienbesitz alleine ist allerdings noch nicht das Problem. In Deutschland bedienen sich die meisten Eigentümerfamilien professioneller Unternehmenslenker von außen. Dagegen leiten in Frankreich und Großbritannien häufig Familienmitglieder die Geschäfte, und oft übernimmt der älteste Sohn des Inhabers die Unternehmensführung.

Gerade die frühe Festlegung auf ein bestimmtes Familienmitglied als Unternehmenslenker ist nach den Ergebnissen der Ökonomen besonders problematisch. Zwar gibt es auch unter Familienbetrieben, die von den ältesten Söhnen geführt werden, Top-Performer und viel Durchschnitt, aber der Anteil der Versager ist in dieser Gruppe besonders hoch.

Von Herzchirurgen lernen

Allerdings: Nicht alle Empfehlungen von Unternehmensberatern sind in jedem Fall der Weißheit letzter Schluss. Wer der Standardempfehlung von McKinsey und Co. vertraut, Aufgaben wenn es irgendwie geht an externe Dienstleister auszulagern, der kann damit einen Fehler begehen. Die Verheißung des

Outsourcing lautet: Flexibilität und niedrigere Kosten. Doch das Vorgehen birgt Risiken – vor allem dann, wenn externe Dienstleister unmittelbar mit fest angestellten Mitarbeitern des Unternehmens zusammenarbeiten müssen. Dann kann es durch Outsourcing zu erheblichen Reibungsverlusten kommen, die zu massiven Qualitätsproblemen führen.

Robert Huckman und Gary Pisano von der Harvard Business School führen das Problem am Beispiel von Herzchirurgen vor Augen. In den USA folgen auch Krankenhäuser seit Jahren dem Outsourcing-Trend: Immer mehr amerikanische Hospitäler verzichten auf fest angestellte Herzchirurgen und arbeiten stattdessen mit freiberuflichen Operateuren zusammen. Die Studie der Ökonomen zeigt: Freiberufliche Operateure leisten nicht in jedem Krankenhaus gleich gute Arbeit. Ihre Erfolgsquote in einer Klinik ist umso höher, je mehr Operationen sie in genau diesem Krankenhaus erledigen. Die Zahl der Operationen in anderen Hospitälern dagegen spielt für ihre Performance so gut wie keine Rolle.

Grundlage der Untersuchung sind detaillierte Daten über Herzoperationen im US-Bundesstaat Pennsylvania in den Jahren 1994 und 1995, die eine Regierungsbehörde für die Kostenkontrolle im Gesundheitswesen erhoben hatte. Für mehr als 38 000 Bypass-Operationen wissen die Ökonomen, welcher Arzt in welchem Krankenhaus den Eingriff vorgenommen hat – und ob der jeweilige Patient ihn lebend überstanden hat.

Die Performance eines individuellen Operateurs maßen die Harvard-Ökonomen daran, wie viele seiner Patienten nach dem Eingriff starben. Um die Zahlen vergleichbar zu machen, berücksichtigen sie individuelle Charakteristika der Patienten wie Alter und Vorerkrankungen. Dadurch können die Forscher ausschließen, dass die Operationsdaten systematisch verzerrt sind – weil sich zum Beispiel die besten Herzchirurgen auf schwere Fälle konzentrieren, solche Patienten aber unabhängig von der Leistung des Arztes ein höheres Sterberisiko haben.

Zunächst bestätigte die Analyse der Daten einen bekannten Zusammenhang: Je mehr Routine ein Arzt bei seinen Operationen hat, desto weniger Fehler passieren ihm. Im Schnitt überlebten in Pennsylvania 1,77 Prozent der Patienten eine Bypass-Operation nicht, zeigt die Studie. Mit zunehmender

Erfahrung des Arztes sinkt das Risiko: Wenn ein Arzt in einem Quartal eine zusätzliche Operation durchführt, sinkt das Sterberisiko um 0,015 Prozentpunkte.

Allerdings: Dieser Effekt geht fast ausschließlich auf die Erfahrung zurück, die Ärzte in ein und demselben Krankenhaus sammeln. Bei einer zusätzlichen Operation, die der Mediziner in derselben Klinik durchführt, sinkt die Sterbewahrscheinlichkeit seiner dortigen Patienten um 0,018 Prozentpunkte. Wenn der Arzt im gleichen Quartal eine Operation in einer anderen Klinik leitet, sinkt die Sterbequote seiner Patienten nur um 0,001 Prozentpunkte. »Die Leistung von Herzchirurgen ist zumindest teilweise firmenspezifisch«, schreiben die Autoren. »Ihre Performance lässt sich nicht ohne Qualitätseinbußen von einem Krankenhaus auf ein anderes übertragen.«

Für eine erfolgreiche Bypass-Operation kommt es nicht allein auf die individuelle Leistung des einzelnen Chirurgen an, lautet die Erklärung der Forscher. Neben seinem individuellen Können ist außerdem wichtig, wie gut der Herzspezialist im Operationssaal mit dem medizinischen Personal der jeweiligen Klinik zusammenarbeitet.

Ökonomisch ausgedrückt: Das Humankapital des Arztes und das des übrigen Teams sind komplementäre Produktionsfaktoren. Je öfter ein Arzt mit der gleichen Mannschaft zusammenarbeitet, desto weniger Missverständnisse und Fehler schleichen sich ein – das »teamspezifische Humankapital« steigt. Herzspezialisten, die als Freelancer mit häufig wechselnden Teams von Krankenschwestern und Anästhesisten zusammenarbeiten, können diesen Lerneffekt nicht voll ausnutzen – bei ihren Operationen geht daher mehr schief, was einige Patienten mit dem Leben bezahlen.

Auch unabhängig von der Frage des Outsourcings ist das Phänomen der firmenspezifischen Performance relevant. Denn daraus folgt: Auch wenn man den besten Mann von der Konkurrenz abwirbt, garantiert dies nicht zwingend den Erfolg. »Vor allem wenn ein hoch spezialisierter Mitarbeiter in einem komplexen System agieren muss, lässt sich dessen Leistung nicht immer leicht von einem Unternehmen auf das nächste übertragen.«

Gut zu Geld gesellt sich gern

Die Bezahlung von Top-Managern ist eines der Aufreger-Themen schlechthin. Gut drei Millionen Euro verdiente der Vorstandschef eines Dax-Unternehmens im Jahr 2006 im Schnitt – elf Prozent mehr als ein Jahr zuvor, zeigt eine Studie der Deutschen Schutzgemeinschaft für Wertpapierbesitz (DSW). »Die deutschen Vorstände können nicht mehr behaupten, sie seien schlecht bezahlt«, sagte DSW-Hauptgeschäftsführer Ulrich Hocker im Herbst 2006.

Zwei amerikanische Finance-Professoren widersprechen dieser These. Deutsche Firmen zahlen nach ihren Berechnungen im internationalen Vergleichen nach wie vor schlecht – wenn man die Managergehälter ins Verhältnis zum Firmenwert setzt. US-Topmanager dagegen verdienen überdurchschnittlich.

Die Autoren Xavier Gabaix (Princeton) und Augustin Landier (New York University) liefern für die Explosion der Managergehälter in den vergangenen Jahrzehnten eine ökonomische Begründung. Damit stellen sie die landläufige These in Frage, die Gründe dafür seien vor allem die ungezügelte Gier der Managerkaste und das Versagen der Unternehmenskontrolle.

Im Zentrum steht nicht die übliche Argumentation, dass man den Top-Managern mit Optionsprogrammen und sonstigen fürstlichen erfolgsabhängigen Zahlungen einen Anreiz geben müsse, ihr Bestes zu geben. Sie argumentieren vielmehr im Rahmen der so genannten »Matching«-Theorie.

Die Idee dahinter: Manager sind unterschiedlich gut darin, den Firmenwert eines Unternehmens zu steigern. Bei Großunternehmen, die besonders hohe Umsätze, Gewinne und Börsenwerte haben, können überdurchschnittlich begabte Manager besonders viel bewirken – weil die absoluten Wertzuwächse größer sind als bei Mittelständlern. Deshalb ist es ökonomisch vernünftig, wenn die besten Manager zu den größten Firmen gehen. Diese profitieren absolut am stärksten von guten Managemententscheidungen und können den besten Managern daher auch die absolut höchsten Gehälter bieten.

Die Forscher fütterten ihr theoretisches Modell mit Daten aus der wirklichen Welt. Sie stellen fest: Im Schnitt korrelieren Firmenwert und Gehalt des Firmenlenkers eins zu eins. Ein doppelt so großes Unternehmen zahlt seinem Top-Manager (CEO) also doppelt so viel. Dass sich die Gehälter der Vorstandschefs der 500 größten US-Unternehmen von 1970 bis 2003 real versechsfacht haben, lässt sich mit dem gleich großen Anstieg des durchschnittlichen Firmenwertes in diesem Zeitraum rechtfertigen. Nach den Berechnungen der Wissenschaftler erweist sich in ihrem abstrakten Matching-Modell genau dieser Zusammenhang als optimal.

Für die alternative These, dass mangelnde Corporate Governance für das Gehaltsgefälle verantwortlich ist, finden die Forscher nur schwache Indizien. Unternehmen, die gemessen an einem Corporate-Governance-Index zu den schlechtesten 15 Prozent gehören, zahlen ihren Vorstandschefs fünf Prozent mehr als Firmen, die bei der Unternehmenskontrolle durchschnittlich abschneiden.

»Wenn es ein Paradox in den CEO-Gehältern gibt, dann dieses: Die Unternehmen müssen glauben, dass die Talentunterschiede zwischen den Top-Managern sehr gering sind, sonst würden sie den besseren viel mehr bezahlen«, lautet das Fazit von Gabaix und Landier. Würde man im größten US-Unternehmen den besten Manager durch den Manager auf Rang 250 der Qualitätsskala ersetzen, sänke der Firmenwert um eineinhalb hundertstel Prozent, zeigt eine Modellrechnung der Wissenschaftler. Weil das größte Unternehmen aber so viel größer ist als das auf Platz 250, ist es trotz dieses winzig erscheinenden Qualitätsunterschieds gerechtfertigt, dass der Vorstandchef sechsmal so viel verdient.

Schaut man sich die Gehälter der Vorstandschefs der Dax-Konzerne an, so fällt auf, dass sie relativ wenig nach Firmenwert differenziert sind. Die meisten bezahlen ihren Spitzenmanagern um die drei Millionen Euro, darunter auch kleine Dax-Werte wie Tui. Klaus Kleinfeld, Chef des Börsen-Schwergewichts Siemens, wirkt da mit 3,3 Millionen Euro eher unterbezahlt. Deutsche-Bank-Boss Josef Ackermann wird dagegen mit zwölf Millionen sehr üppig entlohnt.

Viel Geld, viel Angst

Ackermann verdient rund 300-mal mehr als ein durchschnittlicher Beschäftigter in der Industrie. Solche Gehälter übersteigen die Vorstellungskraft von Otto-Normalverbraucher. Dabei ist Ackermann nicht einmal der bestbezahlte Angestellte der Deutschen Bank. Einige seiner Investmentbanker in London verdienen in einem normalen bis guten Jahr deutlich mehr als er. Mit solchen astronomischen, aber erfolgsabhängigen Gehältern wollen die Unternehmen die Besten der Besten an sich binden und zu Höchstleistungen motivieren. Schließlich lautet eines der ökonomischen Grundgesetze: Höhere Anreize führen zu mehr Engagement und einer besseren Performance.

Vier US-Wissenschaftler ziehen diese Prämisse allerdings massiv in Zweifel. Die Forscher um den Management-Professor Dan Ariely (MIT) und den Wirtschaftspsychologen George Loewenstein (Carnegie Mellon) zeigen in einer Reihe von Experimenten: Hohe Leistungsanreize können perverse Effekte haben – mitunter führen sie nicht zu einer besseren, sondern zu einer schlechteren Performance.

Für einen Teil ihrer Experimente reisten die Forscher nach Indien. In einer abgelegenen Kleinstadt ließen sie Versuchspersonen gegen Geld Aufgaben lösen, bei denen es auf Geschicklichkeit, Konzentrationsfähigkeit und Kreativität ankam. Die Bezahlung hing davon ab, wie gut sich diese dabei schlugen. Was die Probanden nicht wussten: Die Forscher hatten sie in drei Gruppen aufgeteilt, in denen der maximal erreichbare Geldbetrag unterschiedlich hoch war.

Bei einem Teil der Versuchspersonen lobten die Wissenschaftler für sehr gute Leistung 2 400 Rupien aus, umgerechnet etwa 40 Euro. Für indische Verhältnisse handelt es sich dabei um viel Geld – die Summe entspricht dem, was die Menschen in der Region im Schnitt in einem halben Jahr für den Konsum zur Verfügung haben. In den beiden anderen Gruppen zahlten die Wissenschaftler für die gleichen Tätigkeiten dagegen maximal 24 bzw. 240 Rupien.

Die Ergebnisse waren überraschend: Probanden, für die es im Experiment um bis zu 2 400 Rupien ging, brachten signifikant schlechtere Leistungen. Nur knapp 20 Prozent von ihnen schafften es, den Maximalbetrag zu verdienen. In den anderen Gruppen schafften das mehr als 35 Prozent – obwohl Aufgabe und Leistungsanforderungen identisch waren.

Nun mag man berechtigterweise fragen, inwieweit indische Landarbeiter, die zum ersten Mal in ihrem Leben Geschicklichkeits- und Konzentrationsspiele lösen müssen, repräsentativ sind für gut ausgebildete und erfahrene Spezialisten, die weit komplexere Aufgaben zu erledigen haben.

Um die Ergebnisse der Experimente in Indien zu überprüfen und um die genauen Ursachen des überraschenden Phänomens zu ergründen, machten die Forscher in Chicago und Boston mit Studenten ähnliche, verfeinerte Experimente. Die Probanden mussten einerseits Rechenaufgaben lösen, andererseits auf einem Computer innerhalb von vier Minuten so oft wie möglich abwechselnd die »n«- und die »v«-Taste drücken. Während es beim Rechnen auf kognitive Fähigkeiten ankommt, zählt beim Tippen nur die manuelle Geschicklichkeit.

Bewusst wählten die Forscher Tätigkeiten aus, mit denen die Studenten vertraut waren; zudem konnten die Probanden vor dem Experiment trainieren. Eine Gruppe konnte maximal 30 Dollar verdienen, eine andere bis zu 300 Dollar. Um die Leistungsanreize zu erhöhen, legten die Forscher das Experiment kurz vor das Semesterende – sie spekulierten darauf, dass die Studenten dann finanziell besonders klamm sind.

Bei den Rechenaufgaben führten die höheren Anreize wie gehabt zu einer deutlichen Leistungseinbuße. In der 30-Dollar-Gruppe erbrachten rund 60 Prozent der Teilnehmer sehr gute Leistungen – ging es um 300 Dollar, waren es dagegen nur rund 40 Prozent. Anders dagegen war es bei der stupiden Tipp-Aufgabe: Hier verdoppelte sich der Anteil der Top-Performer bei hohen Anreizen von 40 auf 80 Prozent.

Bei Aufgaben, für die Konzentration oder Kreativität zählt, lenken hohe Anreize die Aufmerksamkeit der Probanden ab, mutmaßen die Forscher. Bei automatisierten, lästigen Tätigkeiten, die man ohne großes Nachdenken erledigen kann, trete dieser Effekt dagegen nicht auf.

Jenseits aller Neiddebatten könnte die Studie Aufsichtsräte und Aktionäre von Unternehmen wie der Deutschen Bank zum Nachdenken anregen – wenn sich tatsächlich die Leistung des Top-Managements und die Performance des Unternehmens bessern lassen, indem man die Anreize für das Spitzenpersonal in Grenzen hält, wären übermäßig hohe Boni für Spezialisten und Top-Manager alles andere als in ihrem Interesse.

Literatur

Ariely, Dan, Uri Gneezy, George Loewenstein und Nina Mazar (2005): »Large Stakes and Big Mistakes«, Federal Reserve Bank of Boston, Working Paper Nr. 05-11.

Bloom, Nicholas und John Van Reenen (2006): »Measuring and Explaining Management Practices Across Firms and Countries«, CEPR Discussion Paper Nr. 5581.

Gabaix, Xavier und Augustin Landier (2006): »Why Has CEO Pay Increased So Much?«, NBER Working Paper Nr. 12365.

Huckman, Robert und Gary Pisano (2006): »The Firm Specificity of Individual Performance: Evidence from Cardiac Surgery«, in: Management Science, Vol. 52, S. 473–488.

Malmendier, Ulrike und Geoffry Tate (2005): »CEO Overconfidence and Corporate Investment«, in: Journal of Finance, Vol. 60, S. 2661–2700.

Menon, Tanya und Jeffrey Pfeffer (2003): »Valuing Internal vs. External Knowledge«, in: Management Science, Vol. 49, 497–513.

Menon, Tanya, Leigh Thompson und Hoon-Seok Choi (2006): »Tainted Knowledge vs. Tempting Knowledge«, in: Management Science, Vol. 52, S. 1129–1144.

Smeets, Valerie, Kathryn Ierulli und Michael Gibbs (2006): »Mergers of Equals and Unequals«, IZA Discussion Paper Nr. 2426.

Sliwka, Dirk (2005): »Why Good Managers May Stick to Bad Decisions – Internal Accounting Information, Managerial Turnover and Strategic Change«. Arbeitspapier.

Kapitel 12

Die hohe Kunst des Kaufens und Verkaufens

Ökonomische Lehrbücher brauchen meist nur einen Satz, um die Grundannahme des Fachs zum Verhalten von Konsumenten zu beschreiben: »Die Leute entscheiden sich für die besten Güter, die sie sich leisten können«, heißt es zum Beispiel lapidar im Klassiker »Intermediate Microeconomics« von Hal Varian. Dass Menschen stets die für sie optimale Wahl treffen, setzten marktwirtschaftlich denkende Ökonomen bislang schlicht als selbstverständlich voraus; die Konsumentensouveränität gehört zu den Grundfesten der Disziplin.

Inzwischen aber deutet sich ein Paradigmenwechsel an. Denn es mehren sich die Belege, dass Menschen keineswegs immer die für sie beste Entscheidung treffen: So neigen wir offenbar dazu, freiwillig zu viel zu bezahlen und sind damit auch noch zufrieden. Außerdem machen wir unsere Kauf- und Konsumentscheidungen oft von letztlich irrelevanten Faktoren abhängig; das macht uns anfällig für die Tricks von Marketing-Experten.

Der Fluch des Siegers

»Drei, zwei, eins – meins!«, wirbt das Internet-Auktionshaus eBay. In Werbefilmen der Firma fallen sich Menschen nach einer gewonnenen Auktion um den Hals oder springen vor Freude in die Luft. In Wahrheit jedoch haben eBay-Nutzer, die den Zuschlag erhalten, nicht immer Grund zur Freude. Untersuchungen machen deutlich: Im Eifer des Gefechts haben die Sieger häufig zu viel Geld geboten und zahlen am Ende einen überhöhten Preis.

Auktionstheoretiker haben dafür einen Fachausdruck – sie sprechen vom »Winner's curse«, dem Fluch des Gewinners. Dahinter steht die Erkenntnis: Wer bei eBay und Co. für ein

Objekt am meisten geboten hat, ist mit einiger Wahrschein-lichkeit einfach der, der sich beim Wert am stärksten nach oben verschätzt hat. Der Fluch lastet auf bis zu drei Vierteln aller Auktionsgewinner, zeigt eine Studie eines Forscherteams der US-Eliteunis Stanford und Berkeley.

Online-Auktionen sind eine beeindruckende Erfolgsge-schichten des Internets. So hat sich eBay seit seiner Gründung im Jahr 1995 zu einem globalen Handelsriesen entwickelt. Al-lein in Deutschland summierte sich das Handelsvolumen 2005 auf 8,5 Mrd. Euro. Weltweit wechseln pro Sekunde Waren im Wert von über 1 600 Dollar den Besitzer.

Beliebt sind Online-Versteigerungen unter anderem, weil die Nutzer das Gefühl haben, dort besonders günstig einkau-fen zu können. Das kann aber ein Trugschluss sein, warnen Auktionsspezialisten. »Das Gewinnen einer Auktion bedeu-tet, dass allen anderen Bietern das versteigerte Objekt weniger wert war«, sagt der Kölner Ökonom Axel Ockenfels. Seinen Studenten führt er das Dilemma mit einem Marmeladenglas vor Augen, das mit Cent-Stücken gefüllt ist und das er in sei-ner Vorlesung versteigert. »Im Mittel liegen die Gebote nah am wahren Wert des Glases«, erzählt der Professor. »Das höchste Gebot, das gewinnt, ist aber in aller Regel deutlich überzogen.«

Wie stark der Fluch des Gewinners auf realen eBay-Auk-tionen lastet, ist unter Wirtschaftswissenschaftlern umstrit-ten. Ockenfels ist nach vielen Studien zu dem Schluss gekom-men: »Im Allgemeinen – aber nicht immer – kann man bei eBay-Auktionen gute Deals machen.« Besonders hoch ist die Wahrscheinlichkeit, wenn einem das Objekt – zum Beispiel ein Sammlerstück – selbst tatsächlich mehr wert ist als ande-ren Bietern. Oder aber, wenn man guten Grund hat zu der An-nahme, dass es nur sehr wenige sachkundige Gegenbieter gibt, man selbst aber den wahren Wert des Produktes sicher einschätzen kann.

Doch wie leicht man in die Falle des Zu-viel-Bietens tap-pen kann, zeigen die Forscher Hanh Lee (Stanford) und Ul-rike Malmendier (Berkeley) anhand eines Produkts, über des-sen Wert bei eBay-Nutzern eigentlich kein Zweifel herrschen dürfte: Gesellschaftsspiel »Cashflow 101«. Das Spiel, das beim Hersteller 195 Dollar kostet, haben zwei renommierte Händ-ler im Untersuchungszeitraum bei eBay.com zum Festpreis von 129 Dollar angeboten.

Die Ökonomen haben ein halbes Jahr lang fast 700 eBay-Transaktionen rund um Cashflow 101 beobachtet. Sie stellten fest: Klammert man die Versandkosten aus, lag der Endpreis bei 43 Prozent aller Auktionen über dem Sofortkauf-Preis. Berücksichtigt man die Versandkosten, dann zahlten sogar 72 Prozent der Bieter zu viel. Jeder zweite Gewinner einer Versteigerung zahlte inklusive Versandkosten zehn Dollar zu viel, jeder vierte sogar 30 Dollar.

Die überzogenen Gebote stammen nur von einer kleinen Minderheit von eBay-Nutzern. Gerade einmal zwölf Prozent aller Bieter unterlaufen solche Fehler. Weil aber das höchste Gebot gewinnt, genügt eine kleine Gruppe, um das gesamte Preisniveau zu verzerren. »In Auktionen gewinnen systematisch die Bieter, die die stärkste Neigung zum Zu-viel-Bezahlen haben«, schreiben Lee und Malemendier. Die Ergebnisse der Fallstudie lassen sich ihrer Ansicht nach verallgemeinern. »Die Neigung von Konsumenten, bei einer Auktion zu viel zu bezahlen, ist vermutlich ein wichtiger Grund für das starke Wachstum des Marktes in den vergangenen Jahren.«

Sniper kaufen billiger

Während sich Verkäufer bei eBay königlich über die naiven Zu-viel-Bieter freuen können, sind sie ein Ärgernis für alle, die bei Online-Auktionen günstig einkaufen wollen. Wer richtig mit diesem Problem umgehen will, sollte teilweise die offiziellen eBay-Ratschläge missachten, ist das Ergebnis einer Studie von Axel Ockenfels und seinem Harvard-Kollegen Alvin Roth.

eBay empfiehlt, den Höchstbetrag für einen Artikel, den man haben möchte, schon bei der ersten (und einzigen) Gebotsabgabe einzugeben. Bezahlen muss man im Auktionsverfahren ohnehin nur den Preis, den der letzte ausscheidende Mitbieter geboten hat. Wenn man seinen Höchstpreis eingegeben hat, speist ein elektronischer Bietassistent bis zu dieser Obergrenze laufend Gebote ein, die gerade genügen, die Konkurrenz zu überbieten. Heckenschützen (»Sniper«) – so heißen im Jargon diejenigen, die erst ganz kurz vor Ende der Auktion aktiv werden – riskieren laut eBay lediglich, dass ihr

Gebot nicht mehr rechtzeitig ankommt. Gewinnen können sie durch ihre späte Teilnahme angeblich nichts.

Falsch! halten die beiden Ökonomen entgegen. Sie zeigen: Dafür, dass gut ein Zehntel der Gebote in den letzten fünf Minuten kommen und gerade erfahrene eBay-Nutzer ihre Gebote sehr spät abgeben, gibt es gute Gründe.

Zunächst einmal gibt es bei jeder Auktion Bieter, die das System nicht richtig durchschauen. Sie glauben, ihr Höchstgebot tatsächlich zahlen zu müssen und bieten wie auf einer traditionellen Pferde-Auktion. Wenn sie überboten werden, geben sie ein neues, höheres Gebot ab. Solches sequenzielles Bieten kann auch ein Trick betrügerischer Anbieter sein, die den Preis in die Höhe treiben wollen. Indem der Sniper sehr spät bietet, vermeidet er, von solchen sequenziellen Bietern überboten zu werden. Zudem verhindert er durch das späte Bieten einen Bieterkampf mit anderen Heckenschützen.

Einen besonderen Grund, sich erst spät in eine Auktion einzuschalten, haben außerdem jene, die besonders gut einschätzen können, was ein Artikel wert ist, etwa bei Antiquitäten. Sie müssen befürchten, dass andere ihre höhere Erfahrung erkennen – etwa anhand ihres Bewertungsprofils – und sich an ihre Rockschöße heften. Wenn die Experten ihre Gebote sehr spät abgeben, können solche Nachahmer ihnen nicht so leicht die Preise in die Höhe treiben.

Um die praktische Bedeutung dieser theoretisch abgeleiteten Gründe empirisch zu testen, verglichen Ockenfels und Roth die Biet-Historien bei Auktionen von eBay und Amazon. Dabei kam ihnen zu Gute, dass Amazon eine andere Regel für das Beenden der Auktion verwendet. Während es bei eBay einen festen Endtermin gibt, wird bei Amazon jede Auktion über den provisorischen Endtermin hinaus jeweils um zehn Minuten verlängert, bis kein Gebot mehr eingeht. Bieter haben daher immer mindestens zehn Minuten Zeit, auf »Sniper«-Gebote zu reagieren.

Die beiden Forscher verglichen Auktionen von Computern und von Antiquitäten bei beiden Auktionsplattformen. Bei Computern ist der Wert des Objekts leicht feststellbar, bei Antiquitäten spielt das Know-how des Bieters dagegen eine besonders große Rolle.

Die Ökonomen stellten fest: Späte Gebote sind bei eBay sehr viel häufiger als bei Amazon. Zudem sind es vor allem die erfahrenen Akteure, die sehr späte Gebote bei eBay abgeben. Bei Amazon ist es eher umgekehrt. Bei eBay wird zudem für Antiquitäten im Durchschnitt deutlich später geboten als bei Computern. Das stützt die These, dass sich erfahrene Bieter mit hohem Know-how durch spätes Bieten vor Nachahmern schützen. Heckenschützen wissen also was sie tun, wenn sie den Rat von eBay missachten.

Ob eBay oder Amazon mit ihren Regeln besser fahren, ist damit aber noch nicht geklärt. Zwar ist bei Amazon für sich genommen ein höherer Preis zu erwarten, weil sich die erfahrenen Bieter weniger leicht dagegen schützen können, überboten zu werden. Dem könnte aber entgegen wirken, dass gerade erfahrene und aktive Bieter aus genau diesem Grund lieber bei eBay als bei Amazon bieten dürften. Dazu passt, dass gerade die Antiquitäten-Auktionen von Amazon ziemlich ausgetrocknet sind.

Die Illusion des festen Willens

Längst nicht nur bei Online-Auktionen greifen viele Menschen zu tief in die Tasche. Auch Situationen, in denen Kosten und Nutzen einer Entscheidung zeitlich auseinander fallen, bereiten den meisten Normalsterblichen große Probleme.

Zum Beispiel die vergleichsweise banale Fragen, welchen Tarif man im Fitnesscenter wählt. Die große Mehrheit der Kunden amerikanischer Sportstudios entscheidet sich für Verträge, bei denen sie viel zu viel bezahlen, zeigen Stefano DellaVigna und Ulrike Malmendier von der Universität Berkeley. »Unsere empirischen Beobachtungen lassen sich kaum mit der ökonomischen Standardtheorie über menschliche Präferenzen vereinbaren«, lautet ihr Fazit.

Grundlage der Arbeit sind detaillierte Daten von 8000 Kunden aus mehreren Fitness-Studios. Alle betrachteten Betriebe boten drei verschiedene Bezahl-Optionen an: Die Kunden konnten für rund 100 Dollar eine Zehner-Karte kaufen oder für etwa 80 Dollar ein Monats-Abo abzuschließen, das sich ohne Kündigung automatisch verlängerte. Die dritte Variante war ein Jahresvertrag, der etwa 800 Dollar kostete und nach zwölf Monaten von selbst auslief. Rationale Kunden würden nur dann einen Monats- oder Jahresvertrag eingehen, wenn sie sicher wären, dass sie oft und regelmäßig Sport treiben. Denn jeder, der weniger als sieben bis acht Mal im Monat trainiert, fährt mit einer Zehnerkarte am günstigsten.

Tatsächlich entscheiden sich fast 90 Prozent aller Kunden für ein Monats-Abo – obwohl sie nur vier bis fünf Mal pro Monat im Fitness-Studio vorbeischauen. Jeder Besuch kostet sie damit gut 17 Dollar. Mit einer Zehner-Karte müssten sie nur 10 Dollar bezahlen. Selbst am Anfang der Mitgliedschaft, wo die Trainingsmotivation am größten ist, lohnt sich die Vertragsbindung nicht: Ein neuer Kunde trainiert zu Beginn im Schnitt nur fünfeinhalb mal pro Monat – jeder Besuch kostet damit knapp 16 Dollar. Wenn nach einigen Monaten die Anfangseuphorie verflogen ist, sinkt die Zahl der monatlichen Trainingseinheiten auf etwas mehr als vier – der Preis pro Besuch steigt auf fast 19 Dollar. Ein durchschnittlicher Kunde mit Monats-Abo verschenkt während seiner Mitgliedschaft 700 Dollar.

Ebenfalls paradox: Kunden mit Monatsverträgen zahlen für die Möglichkeit, jederzeit aus dem Vertrag auszusteigen, einen etwas höheren Monatsbeitrag. Zugleich aber erweisen ausgerechnet sie sie sich als besonders treue Kunden. Die Wahrscheinlichkeit, dass sie dem Fitness-Studio länger als ein Jahr erhalten bleiben, ist 18 Prozent höher als bei Mitgliedern mit Jahresvertrag. Zudem lassen sie zwischen dem letzten Training und der Kündigung des Vertrags mehr als zwei Monate verstreichen. In dieser Zeit verdienen die Studios an ihnen noch 185 Dollar.

Die Menschen überschätzen beim Vertragsabschluss systematisch ihre Selbstdisziplin, lautet das Fazit der Forscher. Schließlich ist der Besuch eines Fitness-Studios mit unmittelbarer Mühe verbunden, die erst in Zukunft durch bessere Gesundheit oder eine schlankere Figur belohnt wird. In dem Moment, in dem man sich entscheidet, Kunde eines Fitness-Studios zu werden, hat man die langfristig positiven Effekte im Sinn. Wenn man aber später im Alltag vor der Frage steht, ob man zum Training gehen soll oder nicht, bewertet man die damit verbundene kurzfristige Mühe höher, die erst in der Zukunft spürbaren positiven Folgen geringer. Abstrakt formuliert: Die Vorliebe der Menschen für Besuche im Fitness-

Studio hängt davon ab, wie groß die zeitliche Distanz zum Training ist. In der Fachsprache der Ökonomen ausgedrückt heißt das: Die Präferenzen sind zeitlich inkonsistent.

Vorsicht vor Pauschaltarifen

Unternehmen können diese menschlichen Schwächen mit der richtigen Vertragsgestaltung fördern und für ihre Zwecke ausnutzen, zeigen DellaVigna und Malmendier in einer separaten Studie. So ist es immer dann sinnvoll, wenn zeitinkonsistente Präferenzen eine Rolle spielen, wie beim Fitnesstraining, die Option des Pauschaltarifs anzubieten und den Kunden besonders schmackhaft zu machen.

Für die Kunden heißt das: Sie sollten so genannte »Flat Rates« mit gehörigem Misstrauen betrachten und genau ausrechnen, ob sie sich wirklich lohnen. Gleiches zeigt eine Studie zu Telefon- und Internet-Zugangsverträgen von Anja Lambrecht (University of California in Los Angeles) und Bernd Skiera (Universität Frankfurt).

Die Wissenschaftler haben Transaktionsdaten von mehr als 10 000 Kunden eines deutschen Anbieters von schnellen Internet-Anschlüssen via DSL-Technik ausgewertet. Jeder Nutzer hatte die Wahl zwischen einer »Flat Rate« und mehreren Tarifen, bei denen nach Nutzung abgerechnet wird – je nach Höhe der Grundgebühr gab es dabei unterschiedlich viele Freieinheiten.

Die Hälfte der Kunden, die sich für die Monatspauschale oder einen Tarif mit hoher Grundgebühr und vielen Freieinheiten entschieden, zahlte drauf, weil sie zu wenig im Internet surften. Dem DSL-Anbieter bescherte dieser »Flat Rate Bias« ein einträgliches Geschäft. Denn verglichen mit dem für ihn günstigsten Tarif zahlte jeder zweite Kunde mit übermäßiger Pauschal-Präferenz mehr als das Doppelte.

Die Wirtschaftsforscher gaben sich nicht mit der Auswertung der Daten zufrieden, sondern befragten auch 1 000 Kunden zu ihren Motiven. Das Ergebnis: Die Mehrheit wählte die Pauschale, weil sie ihre Internet-Nutzung überschätzte. Viele schätzen an der Flat Rate zudem, dass sie damit Schwankungen der Kosten von Monat zu Monat vermeiden können. Außerdem genießen sie die Internetnutzung mehr, wenn sie nicht mehr über die damit verbundenen Kosten nachdenken müssen.

Nun könnte es für die Anbieter problematisch sein, ihre Kunden in dem Irrtum zu lassen, mit einer Pauschale besser bedient zu sein. Denn die unnötig hohen Kosten könnten dazu führen, dass sich die DSL-Nutzer bei anderen Anbietern umsehen und abwandern.

Doch die Autoren kommen zu dem Ergebnis: Die Wechselwahrscheinlichkeit von Kunden, die freiwillig zu viel bezahlen, ist nicht signifikant höher als die von Kunden, die eine für sie optimale Gebührenstruktur gewählt haben. Dagegen ist die Abwanderungswahrscheinlichkeit bei Nutzern, die pro Einheit bezahlen, aber mit einer Pauschale günstiger fahren würden, drei- bis zehnmal höher. Deshalb ist ein Kunde mit Flat-Rate-Bias für den Anbieter langfristig etwa doppelt so wertvoll wie ein rationaler Kunde.

Jeder Flate-Rate-Nutzer sollte sich fragen, ob sich der Pauschaltarif wirklich für ihn rechnet. Und er könnte sich überlegen, wie er die Vorteile eines Pauschaltarifs nutzen kann, ohne auch dessen Nachteile in Kauf zu nehmen. Eine radikale Methode wäre es, ein besonderes Konto für Telefon- und Internetrechnungen einzurichten. Darauf überweist man sich selbst jeden Monat den Betrag für die Flat-Rate, bezahlt den Anbieter aber nutzungsabhängig. Wäre ein Pauschaltarif günstiger, würde man das schnell merken. Im umgekehrten Fall, der ja relativ wahrscheinlich ist, kann man sich an einem wachsenden Guthaben erfreuen – und trotzdem ohne monatlich schwankende Kosten und ohne Taxameter im Hinterkopf im Internet surfen.

Rechnen ist Glückssache

Angenommen, Sie bekommen von Ihrer Bank einen Kredit angetragen. Was ist wichtiger für Ihre Entscheidung, ob Sie das Angebot annehmen: dass das Foto einer Frau den Brief ziert oder dass der Zins besonders günstig ist? Wenn Sie jetzt sagen: keine Frage, der Zins natürlich, dann sind Sie ein Musterbeispiel für den kühl abwägenden Homo oeconomicus, wie ihn die Volkswirte traditionell ihren Modellen zu Grunde legen. Zum Glück für die Banken sind Sie aber entweder völlig untypisch, oder aber Sie schätzen sich falsch ein.

Denn in der Praxis tragen gerade Banken den Wettbewerb nur zu einem geringen Teil über den Zins aus – sie setzen vor allem auf Werbung und andere weiche Faktoren. Wie sehr sich das lohnt – und wie weit der Mensch vom Homo oeconomicus entfernt ist –, hat eine Gruppe von Ökonomen und Psychologen führender US-Universitäten in einem einzigartigen Feldexperiment untersucht.

Die Forscher gewannen einen der führenden Anbieter von Krediten für einkommensschwache Südafrikaner für ihr Experiment. Der Finanzdienstleister verschickte 50 000 Briefe an Kunden, die schon einmal einen Kredit bei ihm in Anspruch genommen hatten, und bot ihnen ein neues Darlehen an – der Monatszins schwankte zufallsgesteuert zwischen 3,25 und 11,75 Prozent. In den meisten Fällen war das Angebot günstiger als andere Alternativen, die den Kunden offen standen. Die Wissenschaftler setzten in den Schreiben zudem zufallsgetrieben unterschiedliche Marketing-Instrumente ein und testeten so eine Reihe von psychologischen Hypothesen.

Die Studie mit dem Titel »What´s Psychology Worth?« hat es in sich: Wenn der Adressat ein Mann war, brachte das Foto einer Frau so viel wie eine Reduktion des Kreditzinses um 4,5 Prozentpunkte pro Monat – dies entspricht einer Größenordnung von 1,5 Prozent des Monatseinkommens der Adressaten.

Sehr wirksam – aber natürlich auch teuer – ist es, Kunden vor Erhalt des Briefes zu fragen, ob sie sich für einen Kredit interessieren. Von den vorher so Befragten beißen deutlich mehr an. Wirksam ist es auch, eine Nutzungsmöglichkeit für den Kredit vorzuschlagen.

Die Akzeptanz des Angebots steigt außerdem besonders stark, wenn die Bank in dem Brief – unbewiesen – behauptet, wie viel mehr der Kunde bei der Konkurrenz bezahlen würde. Das wirkt besser, als wenn man ihm ausrechnet, wie viel er gegenüber der Konkurrenz spart. Dagegen schadet es erheblich, dem Kunden statt eines einzigen Musterangebots mehrere Beispielrechnungen mit verschiedenen Laufzeiten und Kreditsummen vorzulegen. Gerade dies ist eine eklatante

Verletzung der ökonomischen Rationalitätsannahme: Denn eigentlich nimmt die Bank dem Kunden den Aufwand ab, selbst Alternativen durchzurechnen – und mehr Informationen sollten dem Kunden eigentlich nur nützen.

Psychologen und Marketing-Fachleute wissen aber schon lange: Wenn Menschen zwischen ähnlich günstigen Alternativen entscheiden müssen, neigen sie zur Vertagung der Entscheidung. Es braucht eine deutliche Reduktion des Kreditzinses, um das Zuviel an Information auszugleichen.

Bei allen Variationen des Angebots handelte es sich um so genannte »Framing«-Effekte – materiell irrelevante Informationen, die das Angebot für den Empfänger psychologisch in andere Kontexte stellen. Nun mag man einwenden: Was für südafrikanische Geringverdiener gilt, ist noch lange nicht auf hoch gebildete Westeuropäer übertragbar. Die Autoren halten dagegen: Erstens basieren die psychologischen Elemente auf Eigenheiten, die auch in Industrieländern im Labor bestätigt wurden. Zweitens konnten die Autoren keinen Zusammenhang zwischen Bildungsgrad oder Einkommen und Bedeutung der psychologischen Faktoren feststellen.

Eine eigene Sprache sprechen auch die immer wieder nachgewiesene geringe preisliche Wettbewerbsintensität im Bankgewerbe und die hohen Werbebudgets in diesem Sektor. Ökonomen, die in einschlägigen Fachgebieten wie etwa Industrie- und Wettbewerbspolitik forschen und Empfehlungen abgeben, wären daher gut beraten, ihren Analysen nicht unbesehen das Leitbild des mündigen und rationalen Konsumenten mit fest gefügten Präferenzen zu Grunde zu legen.

König Kunde – nachtragend und undankbar

All dies bedeutet jedoch nicht, dass Kunden den Unternehmen in jedem Fall hilflos ausgeliefert sind und die Qualität eines Produktes nicht beurteilen können. Tatsächlich ist das Gegenteil der Fall, wie eine Studie von zwei amerikanischen Betriebswirten zeigt. Debanjan Mitra (University of Florida) und Peter Golder (Stern School of Business) haben für 214 Produkte aus 46 Warengruppen und über einen Zeitraum von mehreren Jahren untersucht, wie amerikanische Kunden reagiert haben, wenn sich die objektive Qualität eines Produktes veränderte.

Qualität setzt sich demnach durch – aber das dauert. Bis Qualitätsveränderungen in den Köpfen der Konsumenten ankommen, geht einige Zeit ins Land. Wie langsam und wie stark sie reagieren, ist von Warengruppe zu Warengruppe verschieden. Bei Kühlschränken dauert es sieben Jahre, bis Qualitätsveränderungen voll auf die Kundenzufriedenheit durchgeschlagen haben, bei Autoreifen sogar fast zehn Jahre. Bei Personal-Computern und Windeln dagegen ist der volle Effekt schon nach etwas mehr als drei Jahren da.

Für die Studie haben die Forscher in akribischer Feinarbeit eine Reihe verschiedener Informationsquellen angezapft. Als Maßstab für die objektive Qualität eines Produkts wählten sie die Testergebnisse des Verbrauchermagazins »Consumer Reports«, eine Art amerikanische »Stiftung Warentest«. Die Ökonomen betrachteten dabei nur Produkte, die zwischen 1989 und 2000 mindestens viermal getestet wurden.

Die Qualitätsurteile für die Produkte jedes einzelnen Unternehmens verglichen sie mit Konsumentenbefragungen, bei denen jedes Jahr 30 000 Amerikaner nach ihrer Meinung zur Qualität von Produkten einzelner Hersteller gefragt wurden. Anhand der Ergebnisse dieser Umfragen überprüften sie, wie stark und wie schnell sich Qualitätsveränderungen eines bestimmten Produkts auf das Qualitätsimage dieses Produkts bei der Bevölkerung auswirkten.

Ein Schlüsselergebnis der Untersuchung ist: Die Kunden reagieren nicht symmetrisch auf Qualitätsveränderungen. Eine verschlechterte Qualität spricht sich schneller herum und wirkt sich stärker auf das Qualitätsimage des Herstellers aus als eine Qualitätsverbesserung. »Da Unternehmen in aller Regel nur Verbesserungen, aber keine Qualitätsverschlechterungen in ihrer Werbung herausstellen, unterstreicht dies, wie wichtig Mund-zu-Mund-Propaganda und Medienberichte sind«, schreiben die Forscher. Denn eigentlich sollte man ja annehmen, dass die Firmen mit professionellem Marketing dafür sorgen können, dass Verbesserungen schneller bekannt werden.

Bei Produkten, die Kunden in kürzeren Abständen kaufen, wirken sich Verbesserungen und Verschlechterungen erwartungsgemäß schneller auf das Image aus. Das Gleiche gilt für Warengruppen, in denen die Streuung der Qualität von Produkt zu Produkt überproportional groß ist.

Vorgefasste Meinungen, die Kunden von einem Hersteller haben, spielen eine wichtige Rolle dabei, wie schnell und deutlich sie eine höhere oder schlechtere Produktqualität wahrnehmen. So bemerken Kunden bei Markenunternehmen mit hoher Reputation Qualitätsverbesserungen schneller als bei No-Name-Anbietern. Umgekehrt fallen bei Billig-Produkten Qualitätsverschlechterungen früher auf und beeinflussen das ohnehin nicht so gute Image stärker.

Anscheinend kommt den Unternehmen mit gutem Ruf zugute, dass die Menschen eine Information, die ihre vorgefasste Meinung bestätigt, eher wahrnehmen und glauben. Schön für Nobelmarken: Die Verbraucher bestrafen sie für Qualitätseinbußen nicht überproportional stark. Eigentlich hatten die Wissenschaftler erwartet, dass Imageverluste bei Qualitätsverschlechterungen gerade für Unternehmen mit hoher Reputation größer wären.

Die Marketing-Forscher leiten aus ihrer Studie eine Reihe von Schlüssen für Manager ab. So sollten Unternehmen, die mit Qualitätsproblemen zu kämpfen haben, möglichst schnell reagieren und gegensteuern. Weil Kunden die Qualitätsschwankungen erst langsam und zeitverzögert bemerken, haben die Hersteller dann die Chance, den Imageschaden in Grenzen zu halten. Zudem lohne sich der Aufbau einer hohen Marken-Reputation – wem dies gelingt, der hat bei seinen Kunden viel Kredit.

Markenimage lohnt sich doppelt

Auf Dauer gilt: Nur zufriedene Kunden sind gute Kunden. Für einen Kaufmann ist das eine Plattitüde – doch wenn man den Zusammenhang zwischen Kundenzufriedenheit und Zahlungsbereitschaft genauer ergründen will, wird es sehr schnell sehr kompliziert. Sind glückliche Kunden bereit, mehr zu bezahlen? Akzeptieren sie Preiserhöhungen eher?

Ein Forscherteam um den Mannheimer Marketing-Professor Christian Homburg hat diese Fragen mit zwei Experimenten untersucht. Zum einen ließen sie Probanden, denen sie detaillierte Erfahrungen aus einem Restaurant schilderten, ihre imaginären Erfahrungen auf einer Zufriedenheitsskala bewerten. So beschrieben die Forscher zum Beispiel die Raumtemperatur als etwas zu kühl und die Lautstärke etwas hoch, den Service als gut, das Menü als raffiniert und die Zutaten als sehr frisch. Jeder Proband bewertete jeweils mehrere unterschiedliche imaginäre Restauranterfahrungen und gab dazu seine Zahlungsbereitschaft für ein konkretes Menü unter solchen Rahmenbedingungen an.

Im zweiten Experiment boten die Ökonomen Studenten eine Lernsoftware zum Kauf an, die diese vorher ausprobieren konnten. Verschiedene Probanden erhielten unterschiedlich gut verständliche und aufbereitete Versionen. Nach dem Test der Software befragten die Forscher die Studenten nach ihrer Zufriedenheit und ihrer maximalen Zahlungsbereitschaft. Dabei wurde durch eine ausgefeilte Prozedur sichergestellt, dass die Studenten auch wirklich ihre wahre maximale Zahlungsbereitschaft angaben.

Obwohl beide Experimente sehr unterschiedlich strukturiert waren, lieferten sie das gleiche Ergebnis. Der Zusammenhang zwischen Zufriedenheit und Zahlungsbereitschaft ist sehr stark – und er ist nicht linear. Sind die Kunden mit einem Produkt sehr unzufrieden, steigt ihre Zahlungsbereitschaft bei zunehmender Zufriedenheit stark an. Der gleiche Effekt ist bei einer hohen Zufriedenheit zu beobachten. Im mittleren Zufriedenheitsbereich dagegen verändert sich die Zahlungsbereitschaft bei vergleichbarer Veränderung der Zufriedenheit deutlich weniger. Daraus folgt: Unternehmen mit zufriedenen Kunden können Preiserhöhungen wesentlich leichter durchsetzen. Ihre Abnehmer neigen viel eher dazu, von sich aus dem Unternehmen akzeptable Motive für eine Preiserhöhung zuzubilligen – zum Beispiel Kostendruck oder das Bestreben nach Qualitätsverbesserung. Das ist wichtig, denn Kunden legen großen Wert darauf, dass die Beziehung mit dem Unternehmen fair ist. Pures Gewinnstreben als Grund für höhere Preise kommt schlecht an. Unzufriedene Kunden reagieren auf Preiserhöhungen besonders allergisch und unterstellen leicht negative Motive.

»Das bestätigt die Einschätzung, dass Kundenzufriedenheit im Fokus jeder Marketingstrategie stehen sollte«, schreiben die Autoren. Die Preispolitik solle daher nicht unabhängig von einer Analyse der Kundenzufriedenheit erfolgen. Bei schwachen Zufriedenheitswerten kann es daher empfehlenswert sein, Preiserhöhungen zurückzustellen, bis Maßnahmen zur Verbesserung der Zufriedenheit gegriffen haben.

In vielen Fällen lohne es sich außerdem, sich auf die Verbesserung der Zufriedenheit von Kundengruppen zu konzentrieren, die mit ihrer Zahlungsbereitschaft besonders stark reagieren – also auf die besonders Zufriedenen und die besonders Unzufriedenen.

Von Christina Aguilera lernen heißt siegen lernen

Nicht immer greifen Unternehmen bei ihrer Verkaufsförderung ausschließlich zu legalen Mitteln. So ging es bei der Blitzkarriere der Sängerin Christina Aguilera nicht nur mit rechten Dingen zu. Eine von der Plattenfirma der Sängerin angeheuerte Spezialagentur hatte die Fan-Webseiten von Popstar Britney Spears mit Empfehlungen gepflastert, die auf die neue Künstlerin hinwiesen. Dabei benutzten die Mitarbeiter der Agentur den Slang der Zielgruppe so geschickt, dass diese oft nicht merkte, dass es sich um verdeckte Werbung handelte. Promt schaffte es Aguileras Debütalbum an die Spitze der amerikanischen Pop-Charts.

Dieses Phänomen inspirierte die Ökonomin Dina Mayzlin, die an der US-Universität Yale Marketing lehrt. Mayzlin untersuchte wissenschaftlich: Was passiert, wenn Firmen im Internet manipulierte Produktempfehlungen abgeben, die nicht von ehrlichen Empfehlungen der Nutzer zu unterscheiden sind?

Die Forscherin entwickelte für die Analyse dieser Frage ein komplexes theoretisches Modell und kommt zu einem differenzierten Ergebnis: Einerseits betreiben Firmen mit schlechteren Produkten mehr verdeckte Onlinewerbung als ihre Konkurrenten mit den besseren Produkten. Andererseits sind aber die Anreiz- und Kostenstrukturen so, dass bessere Produkte dennoch mehr positive Empfehlungen bekommen als schlechtere – auch wenn die Internetnutzer anonym bleiben können. Wer sich nach Online-Empfehlungen richtet, liegt also mit einer

Wahrscheinlichkeit von mehr als 50 Prozent bei seiner Produktauswahl richtig.

Drei Faktoren sind für dieses Ergebnis verantwortlich. Erstens können Unternehmen verdeckte Onlinewerbung nicht kostenlos produzieren. Um glaubwürdig zu sein, müssen die Botschaften in Handarbeit in die Online-Plauderstuben eingespeist werden. Das macht diese Form des Marketings aufwändig und teuer. Zweitens bekommen objektiv bessere Produkte mehr echte Empfehlungen von Kunden. Und drittens nimmt der Ertrag einer zusätzlichen positiven Beurteilung für ein Produkt mit zunehmender Anzahl der schon vorhandenen positiven Beurteilungen ab.

Insgesamt gelten beim verdeckten Onlinemarketing aber andere ökonomische Gesetze als für traditionelle klassische Werbung. So gilt die Lehrbuchweisheit nicht, dass Unternehmen mit besseren Produkten mehr Reklame für sich machen. Bei traditioneller Werbung können Unternehmen mit minderwertigen Waren nicht darauf vertrauen, teure Werbung über hohe Verkaufszahlen wieder zu amortisieren, Firmen mit guten Produkten dagegen schon. Deshalb signalisiert eine aufwändige Werbekampagne den Kunden, dass das Unternehmen von Qualität und Erfolgsaussichten seines Produkts überzeugt ist. Bei anonymer Onlinewerbung dagegen können die Kunden den Absender der Werbung und den Umfang des Werbebudgets nicht erkennen. Deshalb fällt für Unternehmen mit guten Produkten die positive Signalwirkung hoher Werbeausgaben weg.

Bei verdeckter Onlinewerbung ist es für Unternehmen mit schlechteren Produkten – und weniger kostenlosem Lob von echten Kunden – daher rational, mehr Marketing zu betreiben. Schließlich hängt der Ertrag für ein Unternehmen davon ab, wie stark sich die Wahrscheinlichkeit verändert, dass ein potenzieller Kunde auf eine positive Empfehlung stößt.

Doch Marketingexpertin Mayzlin zeigt: Obwohl die verdeckte Onlinewerbung den Informationsgehalt von Produktempfehlungen im Internet verwässert, werden diese für die Nutzer nicht wertlos – weil die Grenzkosten der Produktion einer zusätzlichen verdeckten Werbebotschaft steigen. Daher wird die Anzahl der Werbebotschaften für das schlechtere Produkt normalerweise nicht das Niveau derjenigen für das bessere Produkt erreichen, das ja die zusätzliche Unterstützung von den tatsächlichen Nutzern genießt.

Für die Frage, ob und für welche Produkte es verboten werden sollte, verdeckt online zu werben, bietet die Studie Entscheidungshilfen. Der Wohlfahrtsverlust durch anonyme Werbung ist dann am größten, wenn die Qualitätsunterschiede zwischen den Produkten groß sind und der Markt klein ist. Ein Beispiel sind Behandlungsmethoden für seltene Krankheiten. Da es hier oft nur eine geringe Anzahl unverfälschter Nutzerberichte gibt, kann der Anbieter einer nutzlosen Therapie mit manipulierten Erfahrungsberichten besonders viel in seinem Sinne bewegen und den getäuschten Konsumenten damit besonders großen Schaden zufügen.

Heiligs Blechle – billiger dank Internet

Naivität und Vertrauensseeligkeit kann im Internet für Konsumenten ebenso teuer werden wie bei traditionellen Geschäften. Unter dem Strich verschiebt das Internet die Machtverhältnisse aber zu Gunsten der Kunden und zu Lasten der Anbieter. Die Konsumenten können aus einer größeren Zahl potenzieller Anbieter auswählen und leichter die Preise vergleichen.

Am Beispiel des amerikanischen Marktes für Neuwagen weist ein Forscherteam der US-Universitäten Berkeley und Yale nach: Verbraucher, die ihren Autokauf intensiv über das Internet vorbereiten, zahlen signifikant weniger als Kunden, die sich nur offline über den Neuwagen-Markt informieren. Im Durchschnitt sparen die Internet-Nutzer 1,5 Prozent. Dies entspricht 22 Prozent der Bruttogewinnmarge des Händlers, zeigen Florian Zettelmeyer, Fiona Scott Norton und Jorge Silva Risso in ihrer Studie.

Grundlage der empirischen Untersuchung sind Händlerdaten über mehr als 5 200 Neuwagen-Käufe in Kalifornien. Um Informationen über die Internet-Nutzung und weitere Charakteristika der Autokäufer zu bekommen, befragten die Wissenschaftler die Autokäufer zudem ausführlich über ihr Einkaufsverhalten.

Drei von vier Neuwagen-Kunden benutzten das Internet bei der Kaufvorbereitung – die meisten, um sich auf der Webseite des Herstellers zu informieren und um unabhängige Informationsdienste zu besuchen. Nur knapp jeder dritte Internet-Nutzer schaute sich auch die Internet-Präsenz einzelner Händler an.

Von den Online-Informationen profitieren vor allem Kunden, die nicht gerne feilschen. Denn das Netz stärkt die »Offline«-Verhandlungsposition der Konsumenten über zwei unterschiedliche Mechanismen: Erstens können Verbraucher in den USA im Internet relativ einfach den Einkaufspreis der Autohändler recherchieren. Dadurch wissen sie, wo die Schmerzgrenze des Händlers liegt. Wer den Einkaufspreis kannte, zahlte im Schnitt 0,61 Prozent weniger als Kunden, die nicht über dieses Wissen verfügten.

Zweiter Faktor für den Preisrutsch sind spezielle Preissuchmaschinen. Diese so genannten Online Buying Services haben regionale Exklusivvereinbarungen mit ausgesuchten Autohändlern. Diese reagieren auf eine Online-Anfrage eines Kunden mit einem Preisangebot. Autokäufer, die solch einen Online-Einkaufssdienstleister nutzten, sparen zusätzlich rund 0,72 Prozent.

Die beteiligten Händler machen das mit, weil sie über die Preissuchmaschinen ein deutlich größeres Absatzgebiet als im klassischen Handel erreichen. Ein über die Preissuchmaschine eingefädelter Autoverkauf ist daher mit hoher Wahrscheinlichkeit ein zusätzliches Geschäft. Und auch aus einem weiteren Grund sind die Händler gegenüber den Kunden der Preissuchmaschinen zu besonderen Zugeständnissen bereit: Die Suchmaschinen kündigen Händlern, deren Online-Geschäft schlecht läuft, ihr regionales Monopol und geben es einem Konkurrenten.

Im Grunde, so die Ökonomen, feilschen die Preissuchmaschinen also im Namen nicht nur der aktuellen, sondern auch der künftigen Autokäufer. Wenn das keine Revolution ist.

Literatur

Bertrand, Marianne, Dean Karlan, Sendhil Mullainathan, Eldar Shafir und Jonathan Zinman (2005): »What's Psychology Worth? A Field Experiment in the Consumer Credit Market«, NBER Working Paper Nr. 11892.

DellaVigna, Stefano und Ulrike Malmendier (2006): »Paying Not to Go to the Gym«, in: American Economic Review, Vol. 95, S. 694–719.

DellaVigna, Stefano und Ulrike Malmendier (2004) »Contract Design and Self-Control«, in: Quarterly Journal of Economics, Vol. 119, S. 353–402.

Homburg, Christian, Nicole Koschate und Wayne Hoyer (2005): »Do Satisfied Customers Really Pay More?«, In: Journal of Marketing, Vol. 69, S. 84–96.

Lambrecht, Anja und Bernd Skiera (2006): »Paying Too Much and Being Happy About It: Existence, Causes and Consequences of Tariff-Choice Biases«, in: Journal of Marketing Research, Vol. 43, S. 212–223.

Lee, Hanh und Ulrike Malmendier (2006): »The Bidder´s Curse«, Manuskript.

Mayzlin, Dina (2006): »Promotional Chat on the Internet«, in: Marketing Science, Vol. 25, S. 155–163.

Mitra, Debanjan und Peter N. Golder (2006): »How Does Objective Quality Affect Perceived Quality? Short-Term Effects, Long-Term Effects, and Asymmetries«, in: Marketing Science, Vol. 25, S. 230–247.

Ockenfels, Axel und Alvin Roth (2002): »Last Minute Bidding and the Rules for Ending Second-Price Auctions: Evidence from eBay and Amazon on the Internet.«, in: American Economic Review, Vol. 92, S. 1093–1103.

Zettelmeyer, Florian, Fiona Scott Morton und Jorge Silva-Risso (2006): »How the Internet Lowers Prices: Evidence from Matched Survey and Transaction Data«, in: Journal of Marketing Research, Vol. 43, S. 168–181.

Kapitel 13

Der Strafraum als Labor

Wie stark hängt der Erfolg eines Fußballteams von einzelnen Superstars ab? Bevorzugen Schiedsrichter systematisch die Heimmannschaften? Verschießen Fußballprofis in kritischen Spielsituationen häufiger Elfmeter? Welche Folgen hatte die Einführung der Drei-Punkte-Regel? Und wie wichtig ist der Trainer für die Leistung einer Fußballmannschaft?

Fragen wie diese bewegen nicht nur Fußballfans – zunehmend beschäftigen sich auch Wirtschaftswissenschaftler damit. Seit einigen Jahren sezieren Ökonomen systematisch die wichtigste Nebensache der Welt. Denn der Mannschaftssport eignet sich so gut wie kaum etwas anderes für die Analyse bestimmter ökonomischer Phänomene. »Profifußballteams sind ein gutes Beispiel für eine wirtschaftliche Organisation, die regelmäßig stark standardisierte Aufgaben zu erfüllen hat«, schreibt ein dreiköpfiges Forscherteam um Aldo Rustichini, Ökonomieprofessor an der University of Minnesota. »Das Verhalten der Spieler kann Einblicke liefern, wie eine solche Organisation funktioniert und welche Rolle strategische und emotionale Faktoren dabei spielen.«

Gegenüber dem wirklichen Leben hat Fußball dabei mehrere Vorteile: Das Spiel ist wesentlich weniger komplex, und nach 90 Minuten hat man stets ein eindeutiges Ergebnis. Wenn sich die Anreizstrukturen ändern, lassen sich Ursache und Wirkung vergleichsweise klar zuordnen – die Regeln sind für alle Spieler gleich, und die Partien finden in einer kontrollierten Umgebung statt. »Das sind fast Bedingungen wie in einem Labor«, sagt der Züricher Ökonomieprofessor Bruno Frey. Hinzu kommt: Jedes Jahr finden in den europäischen Profiligen Hunderte Spiele statt. Daher gibt es für Ökonomen eine große und relativ leicht zugängliche Datenbasis. »Jedes Zuspiel, jedes Foul und jeder Torschuss der Spieler werden inzwischen aufgezeichnet«, erläutert Frey.

Besonders gut lassen sich auf dem Platz die Wirkungen von Anreizen studieren. So weist ein Forscherteam um Frey zum Beispiel nach: Zu große Einkommensunterschiede innerhalb einer Mannschaft sind kontraproduktiv. »Je größer die Einkommensunterschiede innerhalb einer Mannschaft sind, desto schlechter ist die Leistung des Teams«, lautet das Fazit von Freys Studie. Bei Topmannschaften schlage dieser Effekt besonders stark zu Buche. Spitzengehälter für einzelne Superstars spornen die anderen Spieler nicht etwa an, sondern demotivieren sie, lautet die Interpretation der Ökonomen.

Damit bestätigt sich für Frey die These, dass für Menschen nicht nur die absolute Höhe ihres Einkommens wichtig ist, sondern auch ihre relative Position im Vergleich zu anderen. Das Ergebnis sei auch außerhalb des Fußballplatzes relevant – überall dort, wo die Bezahlung von Mitarbeitern direkt an ihre Performance gekoppelt ist, zum Beispiel bei Versicherungsagenten oder Finanzberatern. Versuche, in solchen Vertriebsteams durch interne Leistungsrankings die einzelnen Mitglieder zu höherer Leistung zu motivieren, könnten nach hinten losgehen, warnen die Ökonomen.

Auch wenn eine zu große Einkommensungleichheit die Performance von Fußballteams schmälert – Geld spielt für den Erfolg einer Mannschaft eine große Rolle. Je mehr Geld ein Verein für seine Spieler ausgibt, desto höher ist die Erfolgswahrscheinlichkeit des Clubs, zeigten die Münchener Ökonomen Markus Kern und Bernd Süßmuth am Beispiel der Bundesliga. Wie viel sich ein Club den Trainer kosten lässt, ist dagegen egal – Mannschaften mit überproportional teuren Star-Trainern schneiden im Durchschnitt nicht nennenswert besser ab als andere.

Neue Besen kehren auch nicht besser

Ohnehin scheinen die meisten Vereine und Fußballfans die Bedeutung der Trainer zu überschätzen. Wenn eine Elf unter chronischer Erfolglosigkeit leidet, wird meist als erstes der Trainer gefeuert – das aber bringt einen Verein in den seltensten Fällen nachhaltig nach vorne, zeigt eine Studie des niederländischen Wirtschaftswissenschaftlers Bas ter Weel. Akribisch hat der Ökonom der Universität Maastricht analysiert, ob kriselnde Fußballmannschaften nach Trainerwechseln wieder erfolgreicher spielen. Er stellt fest: Neue Besen kehren keineswegs besser als die alten. Nur ganz kurzfristig – im ersten Spiel unter einem neuen Trainer – verbessert sich die Leistung der Mannschaft spürbar, danach verschlechtert sie sich in aller Regel wieder deutlich.

Die Hoffnungen, dass ein neuer Trainer das Ruder herumreißt, weil er Spieler zu höheren Leistungen motivieren kann, sind demnach fast immer überzogen »Es gibt so einen Effekt, aber er hält nur sehr kurz an«, schreibt ter Weel.

Basis der Untersuchung sind Daten aus der niederländischen Profiliga für die Jahre 1986 bis 2004. In dieser Zeit hat es dort 81 Trainer-Rauswürfe gegeben, bei 103 Fußballlehrern wurde ein auslaufender Vertrag nicht verlängert. »Das Berufsrisiko für Trainer ist groß«, schreibt Ter Weel. »In einer durchschnittlichen Saison tauschen mehr als 50 Prozent der Vereine den Trainer aus, und 44 Prozent der Wechsel erfolgen unfreiwillig.«

Nach einer längeren Serie von Niederlangen steigt die Wahrscheinlichkeit eines Trainer-Wechsels erheblich. Wenn eine Mannschaft vier Spiele in Folge spürbar schlechter spielt als im Durchschnitt der Saison, dann muss der Fußballlehrer um seinen Job zittern. Besonders wahrscheinlich ist sein Rauswurf, wenn er vor dem Leistungsabfall des Teams besonders viele neue Spieler geholt hat oder wenn sein Vertrag ohnehin nicht mehr lange läuft. Wenn sich durch eine Serie von Niederlagen der Tabellenplatz des Vereins im Vergleich zum historischen Durchschnitt deutlich verschlechtert, sitzt der Trainer ebenfalls auf einem besonders heißen Stuhl.

Aber woran liegt es, dass auch ein neuer Fußballlehrer eine Mannschaft nur selten nach vorne bringen kann? Daran, dass die Mannschaft einfach nur schlechten Fußball spielt, oder daran, dass die Person des Trainers nur geringen Einfluss auf die Performance des Teams hat? Um diese Frage beantworten zu können, griff der Ökonom zu einem methodischen Kniff – er konstruierte eine Kontrollgruppe aus Vereinen, die ebenfalls unter einem erheblichen Leistungseinbruch litten, aber an ihrem Trainer trotzdem festhielten. Als Maßstab für den Spielerfolg der Mannschaften nahm der Ökonom die Anzahl der Punkte, die ein Verein bei den vier letzten Spielen im Schnitt pro Match erzielt hat.

Ter Weel stellte fest: Mannschaften, die ihrem Trainer in der Krise die Treue halten, kommen in der Regel wieder besser in Tritt als solche, die ihn austauschen. Und er stieß auf weitere interessante Phänomene: Trainer, die schon lange im Geschäft sind, schaffen bei Krisen-Clubs seltener die Trendwende als Fußballlehrer, die noch über wenig Berufserfahrung verfügen. Das gleiche gilt für Übungsleiter, die früher selbst als Profifußballer gearbeitet haben.

»Die Ergebnisse legen nahe, dass die Qualität eines Trainers gemessen an seinen früheren Leistungen als Spieler und gemessen an seiner Berufserfahrung keine große Rolle für die Leistung einer Fußballmannschaft spielt«, lautet ter Weels Fazit.

Der Wissenschaftler ist zudem der Ansicht, dass sich seine Resultate auf normale Unternehmen übertragen lassen. Er nimmt sie als starkes Indiz gegen die herrschende Meinung in der Management-Forschung. Mehrere Studien, die den Einfluss von Manager-Wechseln auf den Geschäftserfolg von Unternehmen untersucht haben, kamen zu dem Schluss: Ein Austausch des Führungspersonals führt zu einer besseren Performance des Unternehmens, wenn auch das Ausmaß des Effekts nicht besonders groß ist. »Die Qualität der Manager ist für den Erfolg eines Unternehmens wahrscheinlich nicht so wichtig, wie häufig angenommen wird«, hält ter Weel dagegen.

Selbst erfahrene Fußballlehrer treffen häufig strategisch falsche Entscheidungen, zeigt eine Untersuchung der Wirtschaftswissenschaftler Christian Grund und Oliver Gürtler. Ein beliebter Fehler: Wenn die eigene Mannschaft im Rückstand ist, legen viele Trainer zu viel Gewicht auf die Offensive und wechseln zusätzliche Stürmer ein. Dadurch steigt nicht nur die Wahrscheinlichkeit, dass die eigene Mannschaft den Rückstand aufholt – auch das Risiko weiterer Gegentore nimmt deutlich zu. Der zweite Effekt scheint in der Realität zu überwiegen, zeigen Grund und Gürtler. Sie haben 1 700 Auswechslungen in der Bundesliga-Saison 2003/2004 analysiert und festgestellt: Wenn der Trainer nach einem Rückstand eine offensivere Mannschaftsaufstellung wählte, baute das gegnerische Team in 40 Prozent der Fälle seine Führung weiter aus. Nur in 21 Prozent der Fälle konnte eine zurückliegende Mannschaft aufholen. Mannschaften, deren Aufstellung nicht verändert wurde, kamen dagegen in 35 Prozent wieder nach vorne. Nur in 30 Prozent der Spiele kassierten solche Teams weitere Gegentore.

Wer andere aufhält, kommt auch voran

Mehr Tore – das wünschen sich Fußball-Fans und auch die Verbandsfunktionäre seit langem. Der Welt-Fußballverband Fifa hat deshalb vor einigen Jahren die Spielregeln verändert. Siegreiche Mannschaften bekommen seitdem drei und nicht mehr nur zwei Punkte. Bei einem Unentschieden erhalten beide Mannschaften weiterhin je einen Punkt. Dadurch wollte die Fifa die Anreize, auf Sieg zu spielen, erhöhen und hoffte auf spannendere Spiele.

Doch der Schuss ging nach hinten los, lautet das Fazit der Ökonomen Luis Garicano und Ignacio Palacios-Huerta. Am Beispiel der spanischen Profi-Liga untersuchten die beiden Forscher, wie sich die Regeländerung auf das Spielverhalten und die Ergebnisse ausgewirkt hat. Als Kontroll-Gruppe zogen sie die Spiele der gleichen Mannschaften im spanischen Pokal-Wettbewerb heran, in dem die Drei-Punkte-Regel nicht gilt.

Die Ökonomen stellten fest: Zwar ist der Anteil der Spiele, die unentschieden enden, nach der Regeländerung merklich zurückgegangen und die Zahl der Torschüsse und Eckbälle gestiegen. Aber die Hoffnung auf mehr Tore erfüllte sich nicht. »Die Wahrscheinlichkeit, dass eine Mannschaft mit vielen Toren gewinnt, ist gesunken«, heißt es in der Studie. Vierzig Prozent aller Spiele enden heute mit einem Treffer Unterschied, in der letzten Saison vor der Regeländerung waren es nur 31 Prozent. Für die deutsche Bundesliga hat Norbert Häring das Gleiche festgestellt. Nach Einführung des dritten Siegpunktes sank die Anzahl der Tore pro Spiel von 2,9 auf 2,8. Das lag vor allem daran, dass der Anteil der Spiele, die 1:0 ausgingen, von 12 auf 14 Prozent stieg.

Die neuen Anreize funktionieren nämlich nur in der ersten Phase des Spiels. Danach kehren sie sich um. Für die führende Mannschaft geht es nicht mehr darum Tore zu schießen, sondern einen Erfolg des Gegners zu verhindern. Denn kassiert ein führendes Team heute den Ausgleichstreffer, hat es viel mehr zu verlieren als früher: Gleichen die Gegner aus, sind zwei Punkte weg, nicht mehr nur einer. Seit Einführung der Drei-Punkte-Regel setzten die führenden Mannschaften viel stärker auf Defensiv-Spiel, mit lauteren und unlauteren Mitteln.

Nach einem Führungstreffer wechselt eine Mannschaft tendenziell mehr Stürmer aus und Abwehrspieler ein als früher, und sie verhält sich unsportlicher. Die Anzahl der Fouls sowie der gelben und roten Karten nahm deutlich zu.

Die Ökonomen zeigen durch den Vergleich mit der Entwicklung in den Pokalturnieren, dass sich dies nicht mit einer generell härteren Spielweise im Fußball erklären lässt. Die Zunahme der Fouls und Verwarnungen ist nur in den Ligaspielen, wo die Punkteregel geändert wurde, so ausgeprägt. Die höhere Belohnung des Gewinner führt, anders als von der Fifa gewünscht, zu einem größeren Ausmaß an Sabotage auf dem Spielfeld, stellen die Ökonomen fest.

Anreize sind allerdings nicht gleich Anreize – das führt Thomas Dohmen vom Bonner Institut zur Zukunft der Arbeit im »Labor Strafraum« vor Augen. Der Wissenschaftler hat die Trefferquote von Bundesligaprofis bei Elfmetern untersucht. Er stellt fest: Mit klassischem Leistungsdruck gehen die Fußballer sehr professionell um. In entscheidenden Spielsituationen – wenn die eigene Mannschaft zurückliegt und der Abpfiff naht – laufen Elfmeterschützen zu Hochform auf, fand Dohmen heraus. »Wenn ein Spieler durch einen Elfmeter den Ausgleich erzielen oder seine Mannschaft in Führung bringen kann, ist seine Versagensquote geringer, als wenn sein Team bereits führt oder mit mehr als zwei Toren zurückliegt.«

Was die Sportler dagegen nervös macht, ist das Spielen vor eigenen Fans. Besonders deutlich wird dies, wenn man betrachtet, wie viele Strafstöße durch das klare Versagen des Feldspielers verschossen werden – weil dieser am Tor vorbeischießt oder nur Pfosten oder Latte trifft. Auswärts passierte das bei 5,6 Prozent aller Elfmeter – zu Hause dagegen bei 7,5 Prozent. »Die Spieler wollen ihre Anhänger auf keinen Fall enttäuschen«, sagt Dohmen, »im Extremfall können hohe Erwartungen der Fans eine Mannschaft lähmen«.

Der Fall Robert Hoyzer, ökonomisch analysiert

Nicht nur die Spieler, auch die Schiedsrichter werden von Ökonomen immer wieder unter die Lupe genommen. Denn das Verhältnis zwischen den Unparteiischen und dem Fußballverband ist ein Lehrbuch-Beispiel für eine so genannte Principal-Agent-Situation. Unter diesem Begriff diskutieren Volkswirte Probleme, die sich – vereinfacht gesagt – daraus ergeben, dass man im Leben nicht alles selbst machen kann.

Viele Dinge lassen sich nur erledigen, indem man sie an eine andere Person delegiert. In den Augen von Volkswirten sind die Unparteiischen »Agenten«, die im Auftrag eines »Prinzipals« handeln – dem Fußballverband. Das Problem: Wegen ungleich verteilter Informationen kann der Auftraggeber oft schwer oder gar nicht überprüfen, ob der Auftragnehmer auch gewissenhaft arbeitet. So soll der Schiedsrichter unparteiisch sein und für die Einhaltung der Spielregeln sorgen. Ein eigennützig handelnder Agent hat aber auch Anreize, im Verborgenen seine egoistischen Eigeninteressen zu verfolgen – und nicht die seines Auftraggebers. Ein Beispiel dafür ist der Schiedsrichter-Skandal um Robert Hoyzer. Der Deutsche Fußball-Bund hatte ihm den Auftrag erteilt, für die »Durchführung eines den Fußballregeln entsprechenden Spielbetriebs« zu sorgen. Tatsächlich aber ging Hoyzer seinen Eigeninteressen nach: Er manipulierte Partien, damit seine Kumpane mit Sportwetten Gewinne machen konnten.

So viel kriminelle Energie ist sicherlich ein Einzelfall. Doch Ökonomen haben in vielen Studien immer wieder nachgewiesen: Schiedsrichter bevorzugen systematisch die Heimmannschaften. Auch das ist eine Missachtung ihres Auftrags. Statt für ein faires Spiel zu sorgen, richten sie ihr Pfeifen teilweise danach, dass sie sich beim Publikum beliebt machen. Wenn die Gastgeber nach 90 Minuten mit nur einem Treffer zurückliegen, ist die Nachspielzeit signifikant höher als in allen anderen Fällen – in Spanien um ganze zwei Minuten, in Deutschland um etwas mehr als eine halbe Minute. Das ist das Ergebnis von Matthias Sutter und Martin Kocher (beide: Uni Innsbruck). Für die Saison 2000/2001 haben sie anhand von 306 Spielen in der ersten und zweiten Fußball-Bundesliga sowie der Regionalliga außerdem nachgewiesen: Auch bei Strafstößen wird die Heimmannschaft systematisch bevorzugt. Bewertungsmaßstab war das Urteil, das die Experten des Fußball-Magazins »Kicker« im jeweiligen Einzelfall abgegeben hatten. Die Auswertung von Sutter und Kocher macht deutlich: Bei Heimteams treffen deutsche Schiedsrichter bei der Frage »Elfmeter oder nicht?« in 81 Prozent der Fälle die richtige Entscheidung. Bei den Auswärtsmannschaften liegen sie nur in 51 Prozent der Fälle richtig.

Mit den richtigen institutionellen Rahmenbedingungen können die Fußballverbände das Prinzipal-Agenten-Problem aber in den Griff bekommen, lautet die These der Ökonomen Neil Rickman und Robert Witt von der britischen University of Surrey. In einer empirischen Studie zeigen die beiden Wissenschaftler, dass die Qualität der Schiedsrichter-Entscheidungen in der englischen Premier League seit der Einführung von Profi-Referees in der Saison 2001/02 messbar zugenommen hat.

In England wurde die Bezahlung von Premier-League-Referees in der Saison 2001/02 deutlich verbessert: Statt pro Spiel wenige hundert Pfund plus Spesen erhalten sie nun ein Jahresgehalt von 33 000 Pfund und 900 Pfund pro Match. Dafür müssen die Unparteiischen alle zwei Wochen an Sitzungen teilnehmen, auf denen ihre Entscheidungen analysiert werden – wer zu viele Fehler macht, dem drohen Sanktionen bis hin zur Suspendierung.

All das wirkt: Ein Jahr später war das Phänomen der Bevorzugung der Heim-Mannschaften verschwunden. Als es noch keine Profi-Schiedsrichter gab, wurden die Heim-Mannschaften auch in England eindeutig besser behandelt. So war die Nachspielzeit signifikant länger, wenn die Gastgeber nach 90 Minuten mit nur einem Tor im Rückstand lagen. Wenn ein Treffer in letzter Sekunde die Niederlage der Heim-Mannschaft verhindern konnte, ließen die Schiedsrichter wie in Deutschland im Schnitt rund 30 Sekunden länger nachspielen als bei Partien, die nach regulärer Spielzeit klar entschieden waren.

Nach der Reform konnten die Ökonomen dagegen keinen signifikanten Zusammenhang zwischen dem Spielstand nach 90 Minuten und der Länge der Nachspielzeit mehr feststellen. »Durch die Einführung der Profi-Schiedsrichter wurden finanzielle Anreize generiert, die groß genug waren, um das Verhalten der Referees zu beeinflussen«, lautet das Fazit. Die bessere

Bezahlung und die intensive Manöverkritik machen Fehlentscheidungen für Schiedsrichter teurer – wer schlecht pfeift, dem droht ein erheblicher Einkommensverlust.

Literatur

Dohmen, Thomas (2005): »Social Pressure Influences Decisions of Individuals: Evidence from the Behavior of Football Referees«, IZA Discussion Paper Nr. 1595.

Dohmen, Thomas (2005): »Do Professionals Choke Under Pressure?, IZA Discussion Paper Nr. 1905, erscheint im Journal of Economic Behavior and Organization.

Frey, Bruno S., Benno Torgler und Sascha L. Schmidt (2006): »Relative Income Position and Performance: An Empirical Panel Analysis«, EW-Working Paper Nr. 282.

Kern, Markus und Bernd Süssmuth (2005): »Managerial Efficiency in German Top League Soccer: An Econometric Analysis of Club Performances On and Off the Pitch«, in: German Economic Review, Vol. 6, S. 485–506.

Sutter, Matthias und Martin G. Kocher (2004): »Favoritism of agents – The Case of Referees' Home Bias«, in: Journal of Economic Psychology Vol. 25, S. 461–469.

Rickman, Nein und Robert Witt (2005): »Favouritism and Financial Incentives: A Natural Experiment«, CEPR Discussion Paper Nr. 4968, erscheint in Economica.

Garicano, Luis und Ignacio Palacios-Huerta (2005): »Sabotage in Tournaments: Making the Beautiful Game a Bit Less Beautiful«, CEPR Discussion Paper Nr. 5231.

Häring, Norbert (2000): »Der dritte Punkt im Fußball: ein Schuss in den Ofen«, Financial Times Deutschland vom 31. 5. 2000.

Weel, Bas ter (2006): »Does Manager Turnover Improve Firm Performance? New Evidence Using Information from Dutch Soccer, 1986–2004«, IZA Discussion Paper Nr. 2483.

Kapitel 14

In den dunklen Hinterzimmern der Marktwirtschaft

»Nicht vom Wohlwollen des Metzgers, Brauers und Bäckers erwarten wir das, was wir zum Essen brauchen, sondern davon, dass sie ihre eigenen Interessen wahrnehmen.« Diese Zeilen aus der Feder von Adam Smith gehören zu den berühmtesten Zitaten der Ökonomie. Sie illustrieren eine Grundthese marktwirtschaftlichen Denkens: Jeder einzelne wirtschaftliche Akteur kann ruhig egoistisch handeln – die »unsichtbare Hand des Marktes« lenkt die Sache trotzdem so, dass das Ergebnis im Interesse aller liegt. Es gibt allerdings einige Voraussetzungen dafür, dass das wirklich so schön funktioniert. Der Wettbewerb muss funktionieren und die Unternehmen dürfen nicht über Marktmacht verfügen. Und jeder muss sich an die Regeln halten, die Schiedsrichter wie die Spieler, damit die Wahrnehmung der eigenen Interessen dem Gemeinwohl dient. Lange Zeit haben sich Ökonomen wenig dafür interessiert, was passiert, wenn diese Bedingungen nicht erfüllt sind. Doch das ändert sich. Zunehmend kommen Studien auf den Wissenschaftsmarkt, in denen das Instrumentarium der Ökonomie eingesetzt wird, um festzustellen, was in den dunklen Hinterzimmern der Marktwirtschaft passiert, wer wie viel Macht hat und wie er sie einsetzt. Da geht es um Unternehmer, die von ihren Beziehungen mit Politikern profitieren, um Rating-Agenturen und Banken, die ihre Macht ausnutzen, um internationale Finanzorganisationen, die anderes als Entwicklung und Krisenfestigkeit auf der Agenda haben.

Investoren sollten in die Todesanzeigen schauen

Eine Hand wäscht die andere – dieses Prinzip, so kann man den Eindruck bekommen, bestimmt das Verhältnis von bestimmten Unternehmen und bestimmten Politiker. Ex-Bundeskanzler Gerhard Schröder heuerte direkt nach seiner Abwahl beim russischen Energiekonzern Gasprom an. Der ehemalige Finanzstaatssekretär Caio Koch-Weser wechselte ohne großen Verzug zur Deutschen Bank, der frühere Wirtschaftsminister Werner Müller ging zur RAG. Der Chefvolkswirt der Europäischen Zentralbank, Otmar Issing, heuerte kurz nach seinem Ausscheiden dort bei der Investmentbank Goldman Sachs an. All diese Personalien hatten das an sich, was Schwaben »Geschmäckle« nennen: Die Politiker hatten vorher reichlich Gelegenheit, Entscheidungen zu treffen, die ihre späteren Arbeitgeber begünstigten. Dem Publikum drängt sich die Frage auf: Bekommen sie nun den Lohn für den einen oder anderen früheren Gefallen?

Politische Patronage ist eher die Regel als die Ausnahme, auch in Industrieländern, lautet die These von zwei Ökonomen der amerikanischen Vanderbilt University. Mara Faccio und David Parsley haben untersucht, was mit den Aktienkursen von möglicherweise protegierten Unternehmen passiert, wenn ein Politiker unerwartet stirbt.

Dabei warfen sie ein sehr weites Netz aus: Sie prüften nicht nur Fälle, in denen enge Verbindungen zu den Politikern aktenkundig waren. Vielmehr behandelten sie jedes Unternehmen mit Sitz im Heimatort des unerwartet dahingeschiedenen Politikers als potenziellen Empfänger einer Vorzugsbehandlung durch diesen – sei es durch Steuervorteile oder staatliche Rettungsaktionen bei Finanzproblemen, gute Behandlung durch Regulierungsbehörden oder durch maßgeschneiderte Gesetze. Insgesamt werteten die Forscher 123 Todesfälle und die Aktienkurse von über 7 000 Unternehmen aus. Sie beschränkten sich auf Fälle plötzlichen, unerwarteten Dahinscheidens. In anderen Fällen lässt sich die Wirkung auf die Unternehmenswerte nicht zuverlässig isolieren. Auf jeden Politiker kamen im Durchschnitt rund 60 potenziell privilegierte Firmen.

Trotz dieses sehr breit angelegten Vorgehens beobachteten die Autoren einen beträchtlichen, statistisch signifikanten Zusammenhang: Der unerwartete Tod eines Politikers drückt den Aktienkurs eines Unternehmens mit Hauptquartier in dessen Heimatbasis. Die Aktie der betroffenen Firmen entwickelte sich im Schnitt um knapp zwei Prozent schlechter als der jeweilige Gesamtmarkt. Dieses dürfte eine eher konservative Schätzung des Wertes politischer Beziehungen sein. Denn nicht jeder Politiker begünstigt alle Unternehmen seines Heimatortes. Zudem sind politische Beziehungen, die nicht mit der Geographie zusammenhängen, ausgeklammert.

Es lohnt sich für Investoren, schnell zu reagieren, wenn die Schlagzeilen vom Ableben eines Politikers erscheinen. Die Börsenreaktion baut sich in den ersten zehn Tage nach dem unerwarteten Tod langsam auf.

Allerdings gibt es Unterschiede im Einzelfall, die durch die statistische Analyse nur teilweise aufgedeckt werden können. Unternehmen mit einer dominanten Eigentümerfamilie profitieren offenbar stärker von politischen Beziehungen – ihr Kurs gibt stärker nach, wenn ein Politiker unerwartet stirbt. Dies scheint plausibel, denn für eine Eigentümerfamilie ist der Aufbau politischer Beziehungen über längere Zeit leichter als für ein häufiger wechselndes Management eines Unternehmens in Streubesitz.

In Ländern mit höherer Korruption leidet der Kurs erwartungsgemäß stärker unter dem Tod eines Protektors. Das Ergebnis der Studie ist aber nicht etwa allein von den Entwicklungs- und Schwellenländern getrieben. Wegen der besseren Datenverfügbarkeit dominieren die Industrieländer bei den untersuchten Fällen. Von den 123 betrachteten Todesfällen stammen drei Fünftel aus Industrieländern. Grundlage für diesen Teil der Auswertung war der Korruptionsindex von Transparency International. Darin lag Deutschland 2005 auf Rang 16, im Mittelfeld der Industrieländer. Besonders lohnen dürfte sich der Blick in die Todesanzeigen für diejenigen, die in Italien engagiert sind. Das Land stand 2005 weit hinter den meisten übrigen Industrieländern auf Rang 40.

Der Aktienkurs kleinerer Unternehmen leidet prozentual stärker unter dem Beziehungsverlust. Die Autoren erklären dies damit, dass große Unternehmen die Ressourcen haben, ein ganzes Beziehungsgeflecht zu vielen Politikern aufzubauen. So ist es in den USA nicht ungewöhnlich, dass ein Unternehmen gleichzeitig die Wahlkämpfe zweier konkurrierender Politiker oder Parteien finanziell unterstützt. Dieses Vorgehen macht Großunternehmen unabhängiger von der Gunst von Einzelpersonen.

Um die Robustheit ihres Ergebnisses zu überprüfen, haben die Autoren eine ähnliche Untersuchung ausschließlich mit Unternehmen durchgeführt, für die familiäre Bindungen zu unerwartet verschiedenen Politikern dokumentiert waren. Das Ergebnis: Der Kursverlust der Unternehmen ist nur etwas höher als bei geographisch verbundenen Unternehmen. Das lässt darauf schließen, dass geographische Beziehungen eine ähnlich große Bedeutung haben wie familiäre Beziehungen.

Die Macht der Rating-Agenturen

Rating-Agenturen erfüllen eine wichtige Informationsfunktion für die Finanzmärkte. Sie nehmen einzelnen Investoren die Arbeit ab, festzustellen, wie kreditwürdig ein Unternehmen oder Staat ist. Dadurch können kleinere Investoren, die diesen Aufwand scheuen, das Risiko besser abschätzen – und die Kreditmärkte funktionieren besser.

So weit die Theorie. In der Praxis aber gibt es auch einige Probleme rund um die Rating-Agenturen, zeigen Mark Carlson von der US-Notenbank Federal Reserve und Galina Hale von der Yale University. Denn die wenigen etablierten Rating-Agenturen haben beträchtliche Macht. Diese resultiert aus einer Besonderheit ihres Geschäftsmodells. Die Agenturen bewerten die Kreditwürdigkeit eines Unternehmen – nicht einfach seine Fähigkeit, Kredite zurückzuzahlen. Letztere wäre weitgehend unabhängig vom Urteil der Rating-Agentur. Die Kreditwürdigkeit aber ergibt sich aus der Rückzahlungsfähigkeit und aus der Fähigkeit, neue Kredite aufzunehmen. Denn oft leihen sich Unternehmen neues Geld, um damit alte Schulden zu bezahlen. Kreditgeber werden zu solch einem Geschäft aber nur bereit sein, wenn das Unternehmen ein gutes Rating hat. Und hier beißt sich die Katze in den Schwanz: Kommt eine große Rating-Agentur zu dem Urteil, dass ein Unternehmen nicht kreditwürdig ist, dann stimmt das – in gewissen Grenzen – auch. Denn viele potenzielle Kreditgeber vertrauen der Einschätzung und geben dem Unternehmen keinen Kredit mehr. Dann kann es leicht zahlungsunfähig werden, während es bei einem positiven Urteil keine Probleme gehabt hätte. Das positive Urteil wäre also auch korrekt gewesen.

In der Sprache der Ökonomen heißt das: Es gibt nicht das eine Gleichgewicht von Angebot und Nachfrage, sondern zwei – eines bei hoher Kreditwürdigkeit und eines bei niedriger. Die Rating-Agentur kann mitbestimmen, zu welchem Gleichgewicht es kommt. Das verschafft ihr eine beträchtliche Macht, die sie zum Wohle der Unternehmen und der Abnehmer seiner Ratings einsetzen oder aber zum eigenen Vorteil missbrauchen kann. Wenn etwa Rating- und Beratungsgeschäft nicht hinreichend getrennt sind, so ist nicht auszuschließen, dass man sich mit einem guten Rating für hoch dotierte Beratungsaufträge revanchiert. Oder sie bewertet Unternehmen ohne deren Auftrag, vielleicht in der Hoffnung, dass die Unternehmen sich doch zu einem bezahlten Ratingauftrag durchringen. Das bezahlte Rating könnte ja besser ausfallen. Soweit das Urteil plausibel erscheint, kostet das die Rating-Agentur nichts – auch nicht ihr Renommee. Denn aufgrund der sich selbst erfüllenden Prophezeiung ist die Kreditwürdigkeit eines gut bewerteten Unternehmens auch hoch.

Warum die Banken nicht gern googeln

Nicht nur bei Krediten, auch bei Börsengängen lassen Finanzhäuser mitunter ihre Muskeln spielen. So setzten Investmentbanken hier und da schiere Macht ein, um an lukrative Beratungsmandate zu kommen, lautet das Ergebnis einer Studie von drei Ökonomen aus der Schweiz, Frankreich und den USA.

Ein praktisches Lehrstück für die Problematik war der Börsengang von Google im Jahr 2004. Das Internet-Unternehmen wählte – zum großen Erstaunen der meisten Anleger – die Methode der Versteigerung, um seine Aktien unter das Volk zu bringen. Zu diesem Zeitpunkt kannten Börsianer fast nur noch das so genannte »Book building«-Verfahren, das von Investmentbanken organisiert wird. Dabei sind Auktionen eigentlich ein sehr gutes Instrument zur Preisfindung auf Märkten. Und theoretisch sollten Auktionen für das an die Börse gehende Unternehmen viel attraktiver sein. Die Gebühren der Banken sind viel niedriger, und – wichtiger noch – der Emissionspreis liegt meist erheblich höher.

Dass trotzdem fast alle Börsengänge per »Book building« abgewickelt werden, liegt allein daran, dass das im Interesse der Investmentbanken ist, lautet die These von Francoise Degeorge, Francois Derrien und Kent Womack. Bei dem Verfahren legen die Emissionsbanken zunächst eine Preisspanne für die Aktien fest. Dann folgt die Phase des »Book building«, in der Investoren angeben, wie viele Aktien sie innerhalb der Preisspanne zu welchem Preis ordern würden. Der Preis wird in der Regel so tief angesetzt, dass die Nachfrage das Angebot deutlich übersteigt. Die Folge: Wer von der Bank Aktien zugeteilt bekommt, kann am ersten Handelstag auf fast sichere und manchmal spektakulär hohe Gewinne hoffen.

Die Banken können solche Bonbons weitgehend nach eigenem Gusto verteilen – ein schönes Privileg. Amerikanische Gerichte stellten fest, dass es einige US-Institute illegal ausnutzten: Sie ließen sich als Gegenleistung für die Aktienzuteilung Investmentbanking-Aufträge versprechen oder kassierten überhöhte Handelsgebühren.

Kein Wunder also, dass Banken das Book Building-Verfahren vorziehen. Bleibt aber die Frage: Warum gibt es so wenig Googles? Degeorge, Derrien und Womack haben eine Erklärung parat: Weil die Banken sich für die Vorteile aus dem »Book building« revanchieren – vor allem, indem sie für eine umfangreiche und positive Berichterstattung durch Analysten und Presse sorgen.

Zum Beleg präsentieren die Forscher eine ökonometrische Auswertung französischer Börsengänge in den neunziger Jahren. Nur in Frankreich und nur in dieser Zeit wurden für Börsengänge Book building und Auktionen in etwa gleichem Umfang genutzt.

Die Forscher stellten fest: Emissionsbanken produzierten deutlich mehr und positivere Analystenreports und -Empfehlungen über Aktien, die sie per »Book building« an die Börse brachten als über Aktien, die sie versteigerten. Auch bei nicht an der Emission beteiligten Banken war dieses Muster zu beobachten – vor allem dann, wenn der Emissionsführer regelmäßig Unternehmen an die Börse begleitete und somit immer wieder Gefälligkeiten zu verteilen hatte.

Per »Book building« an die Börse gebrachte Aktien wurden zudem wesentlich häufiger mit so genannten »Booster Shots« versorgt. So heißen im Fachjargon Kaufempfehlungen von Analysten, die ausgesprochen werden, wenn sich eine Aktie nach dem Börsengang besonders schlecht entwickelt hat.

Auch die Presse berichtete deutlich mehr über die erste Gruppe von Unternehmen als über Unternehmen, die ihre Aktien versteigert hatten. Der Unterschied trat aber erst auf, nachdem über das Verfahren des Börsengangs entschieden war. Vor dieser Festlegung waren beide Gruppen von Unternehmen für die Presse noch gleich interessant. Vielleicht erklärt sich so, warum über den Google-Börsengang seinerzeit vor allem abschätzige Urteile aus der Analystenzunft durch die Presse gingen und sich der Kurs der Aktie dennoch gegenüber dem Emissionspreis verfünffachte. Welch merkwürdige Fehleinschätzung der Analysten.

Wie Fondsgesellschaften gute Presse kaufen

Auch andere Ökonomen stellen der Presse kein besonders gutes Zeugnis aus. Zumindest in Teilen der Medien gibt es keine Trennung mehr zwischen Redaktion und Anzeigen. Amerikanische Anlegermagazine scheinen wichtigen Anzeigenkunden nach dem Mund zu schreiben. Das ist das Fazit von Jonathan Reuter von der University of Oregon und Eric Zitzewitz von der Stanford University.

Die Forscher nahmen die Berichterstattung über Aktienfonds von fünf wichtigen US-Medien unter die Lupe. Ausgangspunkt war die Frage: Wird über Fonds eines Anbieters wohlwollender berichtet, wenn dieser viele Anzeigen schaltet?

Die Autoren konzentrierten sich auf die Finanzbranche, weil diese sich besser als andere eignet, um journalistische Befangenheit nachzuweisen. Denn im Gegensatz zu vielen anderen Produkten lässt sich die Qualität eines Aktienfonds im Voraus und im Nachhinein objektiv gut beurteilen. Auf den Prüfstand kamen die Tageszeitungen »New York Times« und

»Wall Street Journal« sowie die Anlegermagazine »Money«, »Kiplinger's Personal Finance« und »Smart Money«. Auf diese fünf Medien entfällt in den USA fast die Hälfte des Werbevolumens von Fondsgesellschaften.

Die Ökonomen beschafften sich für die Jahre 1997 bis 2002 Daten über das Anzeigenvolumen, das Fondsgesellschaften in den einzelnen Medien schalteten. Zudem werteten sie per Hand aus, wie positiv oder negativ jede Zeitung über welche Fonds berichtete.

Die Ergebnisse sind brisant. Zwar scheint bei den Tageszeitungen die Trennung zwischen Redaktion und Anzeigenabteilung zu funktionieren – die Ökonomen konnten weder bei der »New York Times« noch beim »Wall Street Journal« Gefälligkeitsjournalismus feststellen.

Ganz anders aber ist das Bild bei den Anlegermagazinen. Reuter und Zitzewitz stellten bei »Money«, »Kiplinger's Personal Finance« und »Smart Money« einen engen Zusammenhang fest zwischen den Anzeigenausgaben einer Fondsgesellschaft und der Wahrscheinlichkeit, dass Fonds dieses Anbieters empfohlen werden. So erwähnte zum Beispiel »Money« im jährlichen Ranking der 100 besten Fonds 84 Prozent aller Gesellschaften, die im Vorjahr Anzeigen in Höhe von mindestens einer Million Dollar geschaltet hatten. Von den Firmen, die gar nicht inserierten, tauchten dagegen nur gut sieben Prozent in der Liste auf.

Für sich genommen sagt diese Korrelation noch nicht viel aus – möglicherweise erhalten gute Fonds viel Aufmerksamkeit in den Medien und werden unabhängig davon stark beworben. Daher untersuchten die Forscher die Qualität der einzelnen Fonds, basierend auf der Wertentwicklung in der Vergangenheit, der Höhe der Verwaltungsgebühren sowie der Bewertung durch Rating-Agenturen. Die Ökonomen hatten dafür ein mathematisches Verfahren entwickelt, mit dem sie berechneten, welche Fonds empfohlen würden, wenn es nach diesen Qualitätskriterien ginge. Das Ergebnis: Unter den 100 von »Money« empfohlenen Fonds sind acht oder neun nur deshalb dabei, weil die Muttergesellschaften viele Anzeigen gebucht hatten. Bei »Kiplinger's« und bei »Smart Money« verhielt es sich ähnlich.

In einem zweiten Schritt untersuchten die Forscher: Erzielen die Anleger, die Fonds-Tipps befolgen, überdurchschnittlich hohe Renditen? Sie stellten fest: »Die Empfehlungen haben keinen Informationsgehalt über die zukünftige Wertentwicklung der Fonds.«

Immerhin zeigten die Ökonomen: Dies liegt nicht daran, dass wichtige Anzeigenkunden bevorzugt werden. Der Grund ist vielmehr, dass die Medien bei der Auswahl der empfohlenen Fonds generell falsche Kriterien anwenden. Sie legen laut Studie zu viel Gewicht auf die Ertragsentwicklung in der Vergangenheit und beachten andere wichtige Faktoren wie die Fondsgebühren zu wenig.

Letztlich scheint nur einer von den Tipps zu profitieren – die Fondsgesellschaft. Die Autoren der Studie zeigten: Positive Presseberichte über bestimmte Fonds führen in den folgenden zwölf Monaten zu erheblichen Mittelzuflüssen.

Wenn die Wall Street ruft, der IWF kommt gesprungen

Internationaler Währungsfonds und Weltbank sollen das Funktionieren der Weltfinanzmärkte sicherstellen und Entwicklungsarbeit leisten. Die Handelsinteressen und sonstigen Interessen großer Anteilseigner zu vertreten, kommt in ihren Statuten nicht vor. Und doch geraten die beiden Institutionen immer wieder von links und von rechts unter Beschuss. Der Vorwurf von links: Statt die Interessen der hilfsbedürftigen Entwicklungs- und Schwellenländer zu vertreten, dienten diese Organisationen vor allem den großen Industrieländern. Oft heißt es sogar, der IWF diene nur den Interessen der Wall Street und der großen US-Konzerne. Von der amerikanischen Rechten kommt die gegenteilige Kritik, die beiden Institute verschwendeten mit Krediten an unfähige Regierungen amerikanisches Steuergeld.

Riccardo Faini und Enzo Grilli, zwei italienische Ökonomen, die in Rom und Washington lehren, haben untersucht, inwieweit die Kreditvergabe von Währungsfonds und Weltbank mit den kommerziellen Interessen der Hauptanteilseigner USA (17 Prozent der Anteile), Europa (insgesamt 30 Prozent) und Japan (sieben Prozent) übereinstimmt. Beide Forscher wissen, wovon sie schreiben, denn sie waren zuvor als Exekutivdirektoren für den Währungsfonds und die Weltbank tätig.

In den Entscheidungsgremien der beiden Finanzinstitutionen werden die Stimmen entsprechend den Kapitalquoten gewichtet. Da jedoch selten formell abgestimmt wird, lässt sich das Abstimmungsverhalten der einzelnen Anteilseigner nicht direkt ermitteln.

Stattdessen verglichen Faini und Grilli für die Jahre 1990 bis 2001 das regionale Muster der Handelsverflechtungen der größten Kapitaleigner und das regionale Muster der Kreditvergabe. Da der IWF vor allem dann stark involviert wird, wenn regionale Finanzkrisen ausbrechen, führten sie als zusätzliche Variable zur Erklärung der Kreditvergabe ein, ob es in der jeweiligen Region im betrachteten Jahr eine Finanzkrise gab oder nicht. Den durchschnittlichen Anstieg der Kreditvergabe im Krisenfall rechneten sie heraus, damit die Zufälligkeit des Auftretens von Krisen das Ergebnis nicht verzerrt.

Die beiden Forscher kamen zu dem Ergebnis, dass die Handels- und Finanzinteressen der USA den mit Abstand größten Einfluss auf die Kreditvergabe von Währungsfonds und Weltbank ausüben. In allen fünf untersuchten Regionen – Lateinamerika, Asien, Afrika, Osteuropa und dem Nahen Osten – ist die Kreditvergabe stark korreliert mit dem Anteil der US-Exporte, die in die betreffende Region gehen und mit der relativen Höhe der Forderungen des US-Bankensystems an diese Länder.

Die europäischen Banken können im Gegensatz zur Wall Street nicht auf globaler Ebene damit rechnen, dass der Währungsfonds ihnen mit Liquiditätshilfen an die Schuldnerstaaten aus der Patsche hilft, wenn ihre Kredite notleidend werden. Nur in Bezug auf die mittel- und osteuropäischen Transformationsländer, wo das Engagement europäischer Banken besonders groß ist, ist ein statistisch signifikanter Einfluss auf die Kreditvergabe von IWF und Weltbank zu erkennen.

Europas Einfluss auf die Kreditvergabe der beiden Institutionen scheint vielmehr vor allem von Handelsinteressen inspiriert. In allen fünf Empfängerregionen gilt, dass sie leichter an Kredite kamen, wenn Europa in starkem Maße dorthin exportierte. Allerdings ist der Zusammenhang deutlich geringer, wenn die Handelsinteressen der USA tangiert sind. Japan muss sich damit begnügen, die Geschäftspolitik von

Fonds und Weltbank dort zu beeinflussen, wo die Interessen seines Bankensystems im übrigen Asien tangiert sind. In den übrigen Regionen spielt Japans Interessenlage augenscheinlich keine Rolle für die Kreditentscheidungen.

Die Kritiker von links können sich also bestätigt fühlen, wenn auch bei aller Entwicklungsrhetorik ohnehin immer klar war, dass IWF und Weltbank keine karitativen Vereinigungen sind. Interessant ist der relativ geringe Einfluss Europas. Obwohl die europäischen Länder zusammen einen deutlich höheren Anteil am Kapital von IWF und Weltbank halten als die USA, kommen ihre Interessen deutlich weniger zur Geltung. Hier rächt sich Faini und Grilli zufolge, dass die Europäer ihre nationalen Partikularinteressen vertreten und sich so gegenseitig neutralisieren.

Literatur

Carlson, Mark und Galina Hale (2006): »Rating Agencies and Sovereign Debt Roll-Over«, in Topics in Macroeconomics, Vol. 6, Nr. 2, Artikel 8.

Degeorge, Francois, Francois Derrien und Kent Womack (2004): »Analyst Hype in IPOs. Explaining the Popularity of Bookbuilding«, CEPR Discussion Paper 4462, erscheint in Review of Financial Studies.

Faccio, Mara und David Parsley (2006): »Sudden Deaths: Taking Stock of Political Connections«, CEPR Discussion Paper Nr. 5460.

Faini, Riccardo und Enzo Grilli (2004): »Who runs the IFIs?«, CEPR Discussion Paper Nr. 4666.

Reuter, Jonathan und Eric Zitzewitz (2006): »Do Ads Influence Editors? Advertising and Bias in the Financial Media«, in: Quarterly Journal of Economics, Vol. 121, S. 197–226.

Kapitel 15

Eine Warnung zum Schluss

Jeder kennt die zynische Empfehlung: »Glaube nur der Statistik, die du selbst gefälscht hast.« Ähnliches ließe sich für ökonometrische Untersuchungen sagen, aus denen ein guter Teil der in diesem Buch präsentierten Erkenntnisse abgeleitet ist. Denn wenn es Menschen gibt, die der Kunstfigur des Homo oeconomicus recht weitgehend entsprechen, dann sind das Ökonomen. Ein Wirtschaftswissenschaftler wird an seinen veröffentlichten Forschungspapieren gemessen, und nicht jedes Ergebnis lässt sich gleich gut publizieren. Ein Ergebnis, wonach sich eine bestimmte Hypothese statistisch nicht belegen lässt, ist kaum in einem Journal unterzubringen. Deshalb haben die Wirtschaftsforscher einen sehr starken Anreiz, statistisch signifikante Ergebnisse zu produzieren. Und es gibt Tricks, Ergebnisse signifikant werden zu lassen. Sie sind für denjenigen, der nur den Aufsatz liest, nicht immer leicht zu erkennen.

Wenn Wissenschaftler solche Tricks bewusst anwenden, um publizierbare Ergebnisse zu produzieren, obwohl sich im Laufe der Untersuchungen gezeigt hat, dass es eigentlich nichts zu belegen gibt, dann ist das unethisches Verhalten, auf das die Profession herabsieht. Aber das ist nur der Extremfall. Es gibt oft einige methodische Stellschrauben, die man legitimer Weise so oder so einstellen kann. Man kann es keinem Forscher verübeln, wenn er ausprobiert, was am besten funktioniert und die Wahl der genauen Methodik daran ausrichtet.

Aber Ökonomen wollen nicht nur publizieren. Häufig wollen sie auch Einfluss ausüben. Denn apolitische Menschen werden selten Ökonomen. Deshalb sind viele nicht neutral bei dem, was sie zeigen wollen. Sie stellen bewusst oder unbewusst die Stellschrauben ihrer Methodik so, dass Ergebnisse herauskommen, die ihren Dogmen oder Werturteilen entsprechen. Das ist an sich nichts Ehrenrühriges, bedeutet es doch immer noch, dass derjenige, der bestimmte Argumente vorträgt, gefordert ist, diese empirisch zu belegen und derjenige, der die Gegenthese vertritt, diese Belege überprüfen und widerlegen kann.

Dennoch, wer ökonomische Studien konsumiert, der sollte sich immer bewusst sein: Ökonomenrat kann von Vorurteilen gefärbt sein. Empirische Belege für eine These sollte der Konsument ökonomischer Studien daher nicht leichtfertig als »Beweise« akzeptieren. Bestenfalls sind es starke Indizien – je überzeugender die Methodik und je weniger die Stellschrauben, die zur Erlangung signifikanter Ergebnisse bewegt werden konnten, desto überzeugender. Das trifft auch für die in diesem Buch vorgestellten Studien zu. Besonders, wenn es sich um ganz junge Papiere handelt, die noch nicht in einer guten Fachzeitschrift veröffentlicht wurden, sollte der Leser die Ergebnisse nicht als endgültige Wahrheiten abspeichern. Selbst Studien, die den Auswahl- und Prüfprozess der anspruchsvollsten und renommiertesten Zeitschriften durchlaufen haben, werden gelegentlich widerlegt.

Dieses Buch ist allerdings kein Sammelsurium schräger Ergebnisse, die mit zweifelhaften Methoden abgeleitet wurden. Wir haben nur die Ergebnisse solcher Studien dargestellt, von denen wir überzeugt sind, dass sie den aktuellen, unter führenden Ökonomen akzeptierten Forschungsstand wiedergeben.

Mit Vorsicht zu genießen – Ökonomenrat ist gefärbt

Mitunter setzen sich Ökonomen sogar in wissenschaftlichen Studien mit ihren eigenen Vorurteilen auseinander. Ein gutes Beispiel für solch kritische Selbstbespiegelung ist eine Untersuchung von vier Politikwissenschaftlern und Ökonomen aus Israel und den USA. Sie haben untersucht, ob Ökonomen, die ja überall die Debatte über die Wirtschafts- und Sozialpolitik maßgeblich mit bestimmen, vor allem ihren neutralen Sachverstand oder auch ihre spezifischen Werturteile in die Diskussion einbringen.

Die Quintessenz des Forscherteams lautet: Vorsicht! Die Empfehlung, bei Expertenrat immer zu prüfen, welche Werturteile darin eingehen, gilt für Ökonomen in besonderem

Maße. Denn ihr Wertegerüst scheint systematisch von dem anderer Menschen abzuweichen. Der Gegensatz »Egoismus versus Altruismus« scheint Werte- und Verhaltensbesonderheiten von Ökonomen allerdings nicht gut abzubilden. So verhielten sich Ökonomiestudenten in Laborexperimenten zwar egoistischer als andere Studenten, doch sind sie anderen Studien zufolge in etwas größerem Umfang ehrenamtlich tätig und gaben Fundsachen etwas häufiger zurück.

Neil Gandal, Sonia Roccas, Lilach Sagiv und Amy Wrzesniewski verwendeten deshalb ein stärker differenziertes psychologisches Modell und testeten es durch eine Befragung von Ökonomiestudenten und anderen Studenten. Damit konnten sie den scheinbaren Widerspruch auflösen. Die Forscher spalteten das Egoismusmotiv auf in Karrierebewusstsein, Konsumorientierung und Machtstreben. Bei Altruismus unterschieden sie zwischen Universalismus und Wohltätigkeit. Wohltätige tun gerne etwas für Menschen, die ihnen in irgendeiner Form nahe stehen. Universalisten haben auch das Wohl derer im Blick, mit denen sie wenig oder keinen Kontakt haben.

Ökonomiestudenten sind nach den Ergebnissen der Forscher konsumorientierter als ihre Kommilitonen aus anderen Fächern. Auch ihr Machtstreben und Karrieredenken ist stärker ausgeprägt. Zudem haben sie anonymen Mitmenschen gegenüber ein weniger ausgeprägtes Mitgefühl. Gegenüber Menschen, denen sie nahe stehen, sind angehende Ökonomen aber genauso mitfühlend und hilfsbereit wie Studenten aus anderen Fächern. »Ökonomen kann man sich als Freunde oder Nachbarn wünschen, aber sie interessieren sich weniger für das Wohl von Leuten, die nicht zu ihrem Umgang gehören«, bringen die Autoren der Studie das Ergebnis auf einen Nenner. Einziger signifikanter Unterschied im übrigen Wertekanon war die Tatsache, dass Ökonomen Tradition deutlich weniger wichtig nehmen als Nicht-Ökonomen.

Werden Ökonomen vielleicht dadurch, dass sie sich ständig mit dem Konstrukt des Homo oeconomicus beschäftigen, egoistischer? Die Antwort der Autoren auf diese nahe liegende Frage lautet: Nein, es ist vielmehr das Ergebnis einer Selbstselektion. Junge Menschen mit einem bestimmten Wertegerüst scheinen besonders dazu zu neigen, Ökonomie zu studieren. Das schließen sie daraus, dass zwischen Ökonomen im Erstsemester und in höheren Semestern keine signifikanten Unterschiede in den Werturteilen festzustellen waren. Der Unterschied zur Normalbevölkerung war schon im ersten Semester da und verstärkte sich im Lauf des Studiums nicht. Die Forscher überprüften ihre aus den Befragungen abgeleitete These von der Selbstselektion anhand einer Kontrollfrage. Sie wollten von Studienanfängern wissen, welche Werte sie in besonderem Maße mit Ökonomen verbinden. Ehrgeizig, intelligent und erfolgreich waren die drei meistgenannten Werte. Wer Ökonomie studieren will, scheint also in der Regel zu wissen, zu welchem Menschenschlag er sich gesellt.

Ein Politiker, dem ein Ökonom zu Reformen rät, die Freiheit, Individualität und privaten Konsum fördern, bestimmte Bevölkerungsgruppen aber belasten, sollte sich daher bewusst sein: Die Werturteile seiner Wähler stimmen nicht unbedingt mit denen seines Ratgebers überein.

Die Glücksritter der Statistik

Linkshänder haben häufiger hohen Blutdruck und sind häufiger schizophren, sie haben aber seltener Arthritis und Magengeschwüre. Das alles und noch mehr referieren drei amerikanische Wirtschaftsforscher namhafter US-Universitäten als Ausgangspunkt für die Forschungsfrage ihrer Studie »Handedness and Earnings«, die im »Journal of Finance« erscheint. Darin untersuchten sie, wie es mit den Einkommensperspektiven von Linkshändern im Vergleich zu Rechtshändern aussieht.

Das Ergebnis: Linkshänder verdienen im Durchschnitt 15 Prozent mehr als vergleichbare Rechtshänder, jedenfalls, wenn sie männlich sind und eine College-Ausbildung haben. Sonst nicht.

Das »Journal of Finance« genießt in der Ökonomenzunft international einen tadellosen Ruf – es gilt als selektiv und anspruchsvoll. Doch einiges spricht dafür, dass die Ergebnisse der Linkshänder-Studie einem systematischen »Data-Mining« zu verdanken sind. Darunter verstehen Wissenschaftler die theorielose Analyse von Datenbeständen mit dem Ziel, potenziell interessante oder nützliche statistische Zusammenhänge aufzudecken. Oft kommen solche Korrelationen aber rein zufällig zu Stande, ohne dass ein kausaler Zusammenhang besteht.

Ein anderes Beispiel für »Data Mining« präsentiert der Dortmunder Statistikprofessor Walter Krämer in seinem Buch »*So lügt man mit Statistik*«. Zusammen mit seinem Mitarbeiter Ralf Runde gelang es ihm, an der deutschen Börse einen »geteilt-durch-fünf-Rest-eins-Effekt« nachzuweisen. An Börsentagen, die geteilt durch fünf den Rest eins ergeben, also am 1., 6., 11., 16., 21., 26. und 31. Tag des Monats, hat der deutsche Aktienindex DAX eine signifikant höhere Rendite als sonst.

Wie kam dieses Ergebnis zustande? Die beiden Statistiker testeten eine ganze Reihe ähnlicher »Regeln« wie »Geteilt-durch-fünf-Rest-zwei«, »-Rest-drei« und so weiter. Es hätte mit dem Teufel zugehen müssen, wenn dabei kein signifikantes Ergebnis herausgekommen wäre. Signifikant heißt: Wenn das Datum irrelevant für die Entwicklung der Börsenkurse wäre, würde eine entsprechende Abweichung vom normalen Verlauf nur mit einer Wahrscheinlichkeit von einem, fünf oder zehn Prozent auftauchen.

Am Daten-Bergbau scheiden sich die wissenschaftlichen Geister. Viele Software-Hersteller bieten dafür komplexe Computerprogramme an. Sie preisen diese als Forschungswerkzeuge an, die teure und langwierige Arbeit von Statistikern und Ökonometrikern unnötig machen. In akademischen Zirkeln finden diese Programme vor allem in den Marketing-Fachbereichen Abnehmer. Dort gilt die theorielose Schatzsuche in Daten als respektable Methode – zum Beispiel, um aus den Kundendaten einer Firma Beziehungen zum Kaufverhalten herauszufiltern.

Unter Volkswirten und in vielen anderen Disziplinen ist »Data-Mining« dagegen ein Schimpfwort, mit dem Wissenschaftler Forschungsergebnisse abqualifizieren. Der Vorwurf lautet: Wenn man genügend viele Datenreihen analysiert, findet man zwangsläufig zufällige Zusammenhänge, die auch statistische Signifikanztests bestehen. Diese Signifikanzschwellen sind aber nur aussagekräftig, wenn man vorher eine These hat, die man anhand einer eng begrenzten Anzahl relevanter Datenreihen überprüft. Wer dagegen ohne theoretische Beschränkungen einen Datensatz mit zehn Variablen mit Data-Mining-Methoden untersucht, findet 45 Zweierpaare, die er auf statistische Zusammenhänge testen kann. »Das reicht in der Regel, damit zwei oder drei dieser Beziehungen allein durch Zufall den Signifikanztest bestehen«, sagt der australische Ökonom und Data-Mining-Kritiker John Quiggin.

»Wenn man danach strebt, eine statistisch signifikante Beziehung zu finden, aus der man eine wissenschaftliche Publikation machen kann, dann wirkt diese Strategie wahre Wunder«, betont Quiggin. Denn bei der Aufdeckung von »Data-Mining« gibt es ein schwer überwindliches Problem: Wenn ein Wissenschaftler ein empirisches Forschungspapier vorlegt, kann niemand überprüfen, wie viele Datenreihen er analysiert hat, bevor er die in seiner Arbeit präsentierten, scheinbar signifikanten Beziehungen entdeckt hat.

Aber wie erkennt man Data Mining? Bei Krämers »geteilt-durch-fünf-Rest-Eins-Effekt« ist klar, dass es keine theoretische Erklärung für das Phänomen gibt. Daher drängt sich der Verdacht geradezu auf. Aber wie ist es mit der folgenden Studie, die einen Effekt von Sportergebnissen auf die Börsenkurse nachweist? 1 100 Fußballländerspiele seit 1973 werteten Alex Edmans von der Sloan School of Management des MIT, Diego Garcia von der Tuck School of Business in Dartmouth und Oyvind Norli von der Norwegian School of Management für 39 Länder aus. Sie ermittelten: Am Tag nach einer Niederlage des heimischen Nationalteams in einem solchen Ausscheidungsspiel fielen die Aktienkurse um 0,38 Prozent niedriger aus, als im Durchschnitt zu erwarten gewesen wäre. Für Länder, in denen Fußball keine so große Rolle spielt, wiesen sie in einer Analyse von 1 500 Cricket-, Rugby-, Eishockey- und Basketballspielen ähnliche, aber schwächere Effekte nach.

Handelt es sich um Data Mining oder haben die Forscher tatsächlich existierende psychologische Stimmungseffekte am Aktienmarkt offengelegt? Die Gutachter der Fachzeitschrift »Journal of Finance«, in dem die Studie erscheint, sahen offenbar letzteres gegeben. Tatsächlich gibt es eine halbwegs plausible Hypothese, mit der man das Phänomen erklären kann. Händler und Anleger könnten, wenn etwas ihre Stimmung positiv beeinflusst, eher geneigt sein, Aktien zu kaufen – und sich umgekehrt zurück halten, wenn ihre Laune in den Keller geht.

In der Fußballstudie hatten nur Niederlagen einen statistisch signifikanten Einfluss auf die Aktienkurse. Siege verliehen der Börse keinen nachweisbaren Schub. Diese Diskrepanz begründen die Autoren mit der Psychologie. Ein Volk hege in der Regel unrealistische Erwartungen an die Leistungsfähigkeit der eigenen Mannschaft. Ein Sieg bestätige also die Erwartungen der Mehrheit und sei schon in den Kursen enthalten. Eine Niederlage hingegen komme unerwartet und drücke die Stimmung und letztlich die Kurse. Außerdem bringe in internationalen Ausscheidungsspielen ein Sieg die Mannschaft eine Stufe weiter, eine Niederlage aber beende für sie den Wettbewerb – sei also objektiv folgenreicher. So schöne plausible Geschichten lassen sich also erzählen, um auch das schrägste Ergebnis mit ökonomischer Theorie zu unterfüttern.

Aber Plausibilität ist eine schwache Sicherung. Wenn man genügend viele Datenreihen durchprüft und aus zehn signifikanten Ergebnissen auswählen kann, dann werden schon ein paar darunter sein, zu denen sich eine plausible Geschichte erzählen lässt.

Eher als nach Plausibilität sollte der kritische Leser sich zuerst fragen, wie viele ähnliche Datenreihen der Autor wohl zur Verfügung hatte, um diejenigen auszuwählen, die das passende Ergebnis lieferten. Bei den Börsenkurs-Studien sind es typischerweise sehr, sehr viele. Das ist aber nicht immer der Fall. Manchmal ist auch klar, dass die Forscher nur den Datensatz sinnvoll analysierten konnten, für den sie die Ergebnisse beschreiben.

Wer Data Mining erkennen will, der sollte sich fragen: Ist es plausibel, dass am Anfang tatsächlich eine Hypothese stand, die empirisch überprüft wurde, oder ist genauso wahrscheinlich, dass die These erst nach der Entdeckung der Korrelation aufgestellt oder angepasst wurde? Wenn jemand ein Forschungspapier schreibt, wonach männliche Linkshänder mit College-Ausbildung in bestimmten Altersgruppen mehr verdienen als entsprechende Rechtshänder, sollte man sich bewusst sein, dass der Autor dann auch nach Korrelationen der Einkommen bei Frauen, bei anderen Altersgruppen und bei allen Kombinationen dieser Merkmale geforscht haben. Wenn dabei nur ein oder zwei Untergruppen eine signifikante Korrelation von Einkommen und Linkshändigkeit aufweisen, so ist die Wahrscheinlichkeit sehr hoch, dass es sich um eine Scheinkorrelation handelt.

Die Kontrollvariablen bestimmen das Ergebnis

Nicht immer ist es für den Laien so leicht, statistische Arte-
fakte von tatsächlichen Zusammenhängen zu unterschieden,
wie in manchen der oben angeführten Beispiele. Selbst Ökonomen, die in ihren Fachgebieten zu den Experten gehören
und für die besten Fachzeitschriften Studien begutachten,
müssen manchmal die Waffen strecken. Ein gutes Beispiel ist
die gesundheitsökonomische Kontroverse darüber, ob die
Zunahme starken Übergewichts vor allem in den USA ursäch-
lich mit dem gleichzeitigen starken Rückgang des Rauchens
zusammenhängt. In einem Aufsatz, der 2006 in der führenden Fachzeitschrift »Journal of Health Economics« veröffentlicht wurde, »widerlegen« die MIT-Gesundheitsökonomen
Jonathan Gruber und Michael Frakes ein zwei Jahre zuvor in
der gleichen Zeitschrift veröffentlichtes Ergebnis von Shin-Yi
Chou, Michael Grossman und Henry Saffer. Gruber und Frakes zeichnen Schritt für Schritt nach, welche unspektakulären
Neu-Einstellungen bestimmter Stellschrauben das ökonometrische Ergebnis massiv umkehren.

Chou und seine Mitautoren hatten in ihrer Untersuchung
festgestellt, dass zunehmendes Übergewicht tatsächliche eine
unerwünschte Nebenwirkung des verminderten Rauchens
sei. Gruber und Frakes untersuchten die gleichen Datenreihen zunächst mit der gleichen Analysetechnik und kamen
zum selben Resultat. Das zeigt, dass sauber gearbeitet wurde.
Aber schon, als sie an kleinen methodischen Stellschrauben
drehten, brach das Ergebnis in sich zusammen.

Chou, Grossman und Saffer hatten Höhe und Veränderung die Zigarettenpreise in einzelnen US-Bundesstaaten damit verglichen, wie sich das Durchschnittsgewicht der Einwohner in den verschiedenen Bundesstaaten veränderte. Im
Idealfall kann man so den Einfluss des Rauchens auf das Gewicht isolieren. Wenn überproportional steigende Zigarettenpreise in statistisch signifikanter Weise mit Gewichtszunahme
einhergehen, wäre das ein Indiz für einen ursächlichen Zusammenhang.

Doch um den Effekt isolieren zu können, mussten die
Wissenschaftler allerlei so genannte Kontrollvariablen ein-

führen. So müssen sie zum Beispiel den allgemeinen, von den Rauchgewohnheiten unabhängigen Trend zu höherem Gewicht aus den Daten herausrechnen – ebenso wie das Phänomen, dass die Einwohner bestimmter Bundesstaaten eher zu Übergewicht neigen.

Und diese Stellschrauben spielen für das Ergebnis eine enorme Rolle. Allein eine veränderte Neutralisierung des allgemeinen Trends zu höherem Gewicht reduziert die statistisch erfasste Wirkung der Zigarettenpreise auf die Hälfte. Noch dramatischer war der Einfluss einer anderen methodischen Änderung. Wenn man statt der Zigarettenpreise die Tabaksteuern betrachtet, kehrt sich sogar der Effekt um – dann suggerieren die Ergebnisse, dass höhere Tabaksteuern zu weniger Übergewichtigkeit führen.

In seltener Ehrlichkeit rechnen Gruber und Frakes zudem vor, dass sich ihr Ergebnis in einer völlig unplausiblen Größenordnung bewegt – ebenso wie die konkurrierenden Resultate der Studie von Chou und Co. Dass eine renommierte Fachzeitschrift diesen Aufsatz dennoch abgedruckt hat, ist eine seltene Ausnahme und liegt wohl vor allem daran, dass der Artikel von Chou, Grossman und Saffer zuvor im gleichen Journal erschienen war.

Literatur

Chou, Shin-Yi., Michael Grossman und Henry Saffer (2004): »An Economic Analysis of Adult Obesity: Results from the Behavioral Risk Factor Surveillance System«, in: Journal of Health Economics, Vol. 23, S. 565–587.

Edmans, Alex, Diego Garcia und Oyvind Norli (2005): »Sports Sentiment and Stock Returns«, Working Paper, erscheint im Journal of Finance.

Gandal, Neil, Sonia Roccas, Lilach Sagiv, Amy Wrzesniewski (2005): »Personal Value Priorities of Economists«, in Human Relations, Vol. 58, S. 1227–1252.

Gruber, Jonathan und Michael Frakes (2006), »Does Falling Smoking Lead to Rising Obesity«, in: Journal of Health Economics, Vol. 25: S. 183–197.

Krämer, Walter (2006): »So lügt man mit Statistik« (8. Taschenbuchauflage). München, Piper.

Krämer, Walter und Gerd Gigerenzer (2005): »How to Confuse with Statistics«, in: Statistical Science Vol. 20, S. 223–230.

Ruebeck, Christopher, Joseph Harrington und Robert Moffitt (2006): »Handedness and Earnings«, NBER Working Paper Nr. 12387, erscheint im Journal of Finance.

99 überraschende Erkenntnisse

1. Der Mensch handelt deutlich weniger egoistisch und rational, als die Ökonomie traditionell annimmt (Seite 7).
2. Bei ökonomischen Entscheidungen konkurrieren verschiedene Regionen im Gehirn miteinander (Seite 11).
3. Wenn ein Kindergarten Gebühren für verspätetes Abholen einführt, nehmen die Verspätungen zu (Seite 13).
4. Kinder verhalten sich wie ein Homo oeconomicus (Seite 14).
5. Menschen, die sich gerne rächen, verdienen weniger und sind häufiger arbeitslos (Seite 15).
6. Wenn die eigene Bezahlung von der Leistung im Vergleich zu Kollegen abhängt, engagiert man sich weniger (Seite 16).
7. Mitarbeiter, die überwacht werden, engagieren sich weniger (Seite 17).
8. Realistischere Annahmen über das menschliche Wesen führen zu keynesianischen Ergebnissen (Seite 19).
9. Trotz steigenden Wohlstands sind die Menschen in den Industrieländern heute nicht glücklicher als in den fünfziger Jahren (Seite 23).
10. Die relative Einkommensposition ist für Menschen wichtiger als die Höhe des Einkommens (Seite 24).
11. Obwohl uns Geld nicht glücklich macht, stellen wir es zum eigenen Schaden in den Mittelpunkt unseres Lebens (Seite 25).
12. Arbeitslose leiden stärker unter der sozialen Ausgrenzung als am Einkommensverlust (Seite 25).
13. Arbeitslose, die in Regionen mit hoher Arbeitslosigkeit leben, sind mit ihrer Situation weniger unzufrieden (Seite 25).
14. Soziale Ungleichheit schmälert in Europa das Wohlbefinden der Menschen – in den USA nicht (Seite 25).
15. Menschen, die viel fernsehen, sind mit ihrem Leben unzufriedener (Seite 26).
16. Je länger Menschen täglich zur Arbeit pendeln, desto unglücklicher sind sie (Seite 27).
17. Unsere Erinnerung an unser Empfinden ist systematisch verzerrt (Seite 30).
18. Hohe Grenzsteuersätze auf Einkommen können die Lebenszufriedenheit erhöhen (Seite 32).

19. Wirtschaftswachstum ist Voraussetzung für gesellschaftlichen Fortschritt (Seite 32).

20. Höhere Tabaksteuern machen viele Raucher zufriedener (Seite 34).

21. Arbeitgeber senken nicht gerne die Löhne (Seite 39).

22. In den USA haben Mindestlöhne zu steigender Beschäftigung im Fast-Food-Sektor geführt (Seite 41).

23. Mindestlöhne wirken auch nach ihrer Abschaffung weiter (Seite 44).

24. Rechtsradikalismus wächst mit steigender Arbeitslosigkeit (Seite 46).

25. Die Erfindung der Anti-Baby-Pille brachte die wirtschaftliche Emanzipation der Frauen entscheidend voran (Seite 55).

26. Frauen arbeiten auch dann mehr im Haushalt, wenn sie mehr verdienen als ihre Männer (Seite 56).

27. Frauen verdienen deshalb weniger, weil ihnen der Verdienst weniger wichtig ist (Seite 57).

28. Frauen lassen sich in Verhandlungen leichter über den Tisch ziehen (Seite 58).

29. Frauen konkurrieren ungern mit Männern (Seite 61).

30. Die weibliche Scheu vor Wettbewerb beruht auf Sozialisation, nicht auf genetischen Faktoren (Seite 62).

31. Kinder aus Akademiker-Haushalten gehen mit einer achtmal größeren Wahrscheinlichkeit aufs Gymnasium als Kinder aus Arbeiter-Familien (Seite 65).

32. Je später Schulkinder nach ihrer Leistung auf verschiedene Schulformen aufgeteilt werden, desto größer ist die Chancengleichheit des Bildungssystems (Seite 66).

33. In Deutschland heiraten junge Menschen aus unterschiedlichen sozialen Schichten seltener als in Großbritannien (Seite 69).

34. Kinder, die früh auf eine weiterführende Schule wechseln, werden häufiger verhaltensauffällig (Seite 70).

35. Arbeitslosigkeit bekämpft man am besten im Kindergarten (Seite 72).

36. Kultur spielt eine große Rolle dafür, wie viel Frauen arbeiten und wie viele Kinder sie bekommen (Seite 79).

37. Diplomaten aus Ländern mit hoher Korruption missbrauchen oft ihre diplomatische Immunität (Seite 80).

38. Wo man an ein Leben nach dem Tod glaubt, ist das Wirtschaftswachstum höher (Seite 82).

39. Kulturelle Faktoren sind für die wirtschaftlichen Probleme Süd-Italiens hauptverantwortlich (Seite 83).

40. In Ländern, in denen man Fremden nicht traut, kaufen die Menschen weniger Aktien (Seite 86).
41. George W. Bush gewann im Jahr 2000 wegen des konservativen TV-Senders »Fox News« die US-Präsidentschaftswahl (Seite 88).
42. Die Konjunkturberichterstattung beeinflusst die Stimmung der Verbraucher (Seite 91).
43. Im 19. Jahrhundert hatten die Indianer in den »Great Plains« weltweit den höchsten Lebensstandard (Seite 93).
44. Die USA fallen größenmäßig immer weiter hinter Europa zurück (Seite 94).
45. Im 17. Jahrhundert war der Durchschnittsmann in Europa nur 1,60 Meter groß, die Durchschnittsfrau nur 1,52 Meter (Seite 95).
46. Wer leicht übergewichtig ist, hat eine höhere Lebenserwartung (Seite 96).
47. Große Menschen verdienen mehr – weil sie intelligenter sind (Seite 98).
48. Wer gut aussieht, hat bessere Karten auf dem Arbeitsmarkt (Seite 100).
49. Hübsche Menschen treten selbstbewusster auf und haben bessere Kommunikationsfähigkeiten (Seite 101).
50. Vasco da Gama war der erste Global Player (Seite 105).
51. Importzölle der EU für asiatische Güter senken in den USA die Preise (Seite 109).
52. Die USA importieren heute viermal so viele Produktvarianten wie 1970 (Seite 110).
53. Die Globalisierung hat die Zahl der sehr armen Menschen auf der Welt halbiert (Seite 111).
54. Mehr Wettbewerb kann zu sinkenden Innovationsanstrengungen führen (Seite 112).
55. In Industrieländern sinken die Zinsen, wenn die Währung in die Knie geht (Seite 115).
56. Die USA werden durch eine Abwertung reicher (Seite 117).
57. Das heutige Weltwährungssystem lässt sich als Neuauflage des Festkurssystems von Bretton-Woods begreifen (Seite 119).
58. Asiens Wechselkurspolitik hilft Amerika und schadet Europa (Seite 119).
59. Amerika exportiert dunkle Materie (Seite 121).
60. Ausländische Kapitalanlagen fallen in Amerika in ein schwarzes Loch (Seite 121).
61. Offiziell erzielen Ausländer mit ihren Kapitalanlagen in den USA Renditen nahe Null (Seite 121).

62. Je weniger man sich über Aktien und Unternehmen informiert, desto höhere Renditen erzielt man am Kapitalmarkt (Seite 127).
63. Frauen erzielen höhere Renditen (Seite 127).
64. Informierte Anleger diversifizieren zu wenig (Seite 127).
65. Analysten, die in der Vergangenheit gut lagen, prognostizieren Unternehmensgewinne besonders schlecht (Seite 128).
66. Aufklärung über Interessenkonflikte von Beratern schadet den Beratenen (Seite 130).
67. Renten-Analysten prognostizieren die Vergangenheit (Seite 131).
68. Blasen zu reiten ist ökonomisch vernünftig (Seite 133).
69. Selbstbewusste Top-Manager investieren nach Kassenlage (Seite 142).
70. Gute Manager korrigieren ungern eigene Fehler (Seite 143).
71. Wenn der älteste Sohn des Inhabers Firmenlenker wird, kommt es leicht zu einem Desaster (Seite 145).
72. Outsourcing kann tödlich sein (Seite 146).
73. Explodierende Managergehälter kann man mit stark gestiegenen Firmenwerten gut begründen (Seite 149).
74. Fähigkeitsunterschiede zwischen Top-Managern sind sehr gering (Seite 149).
75. Hohe Leistungsanreize können die Leistung mindern (Seite 151).
76. Die meisten Auktionsgewinner bei eBay zahlen mehr als sie müssten (Seite 155).
77. Wer auf eBay bietet, sollte sich nicht an die Empfehlungen des Auktionshauses halten (Seite 157).
78. Der durchschnittliche Kunde eines Fitnessstudios verschenkt den Gegenwert einer Jahresmitgliedschaft (Seite 159).
79. Gerade treue Kunden lassen sich die jederzeitige Kündigungsmöglichkeit etwas kosten (Seite 159).
80. Kunden mit Vorliebe für Pauschaltarife sind doppelt so wertvoll wie rationale Kunden (Seite 161).
81. Vom Bild einer Frau lassen sich Männer leichter zum Kauf anregen als durch einen niedrigen Preis (Seite 162).
82. Produktvielfalt kann Kunden vom Kauf abhalten (Seite 162).
83. Trotz Werbung werden Produktverbesserungen weniger schnell bekannt als Produktverschlechterungen (Seite 165).
84. Kunden von teuren Markenprodukten bemerken Qualitätsverbesserungen besonders schnell (Seite 165).
85. Kunden von Nobelmarken strafen diese für Qualitätsverschlechterungen nicht besonders stark ab (Seite 165).

86. Autokäufer, die sich online informieren, nehmen den Händlern 22 Prozent der Handelsspanne ab (Seite 170).
87. Je größer die Einkommensunterschiede innerhalb eines Fußballteams, desto schlechter sind dessen Leistungen (Seite 173).
88. Wie viel der Trainer verdient, ist für die Siegeswahrscheinlichkeit eines Profifußballteams unerheblich (Seite 137).
89. Fußballteams, die in einer Krise am Trainer festhalten, kommen besser wieder in Tritt (Seite 174).
90. Mannschaften, die bei einem Rückstand ihre Aufstellung beibehalten, schneiden besser ab (Seite 174).
91. Die Einführung des dritten Siegpunktes im Fußball hat die Anzahl der Tore vermindert und zu mehr Fouls geführt (Seite 177).
92. Vor eigenen Fans versagen Elfmeterschützen besonders häufig (Seite 177).
93. Wenn die Heimmannschaft nach 90 Minuten zurückliegt, lassen Schiedsrichter besonders lange nachspielen (Seite 179).
94. Der Tod eines Politikers senkt den Aktienkurs von Unternehmen, die ihre Zentrale in dessen Heimatort haben (Seite 183).
95. Rating-Agenturen beeinflussen mit ihren Urteilen die Kreditwürdigkeit der bewerteten Unternehmen (Seite 186).
96. Vom Book-Building-Verfahren bei Neuemissionen profitieren allein die Banken (Seite 187).
97. Anlegermagazine schreiben vor allem über Fonds, die bei ihnen inserieren (Seite 189).
98. Die Interessen der Wall Street haben einen nachweisbaren Einfluss auf die Kreditvergabe des IWF (Seite 191).
99. Ökonomen sind überdurchschnittlich konsumorientiert, machtbewusst und ehrgeizig (Seite 196).

Personenregister

Sachregister